语 言 学 论 丛

西安外国语大学学术著作出版专项资助
中国博士后科学基金面上项目资助

俄罗斯现代修辞学的
社会功能研究

Социальные функции
современной русской риторики

林 梅 著

北京大学出版社
PEKING UNIVERSITY PRESS

图书在版编目（CIP）数据

俄罗斯现代修辞学的社会功能研究 / 林梅著. —北京：北京大学出版社，2020.11
（语言学论丛）
ISBN 978-7-301-31630-6

Ⅰ. ①俄⋯ Ⅱ. ①林⋯ Ⅲ. ①俄语－修辞学－研究 Ⅳ. ①H355

中国版本图书馆CIP数据核字（2020）第178367号

书　　　名	俄罗斯现代修辞学的社会功能研究 ELUOSI XIANDAI XIUCIXUE DE SHEHUI GONGNENG YANJIU
著作责任者	林　梅　著
责任编辑	谭术超
标准书号	ISBN 978-7-301-31630-6
出版发行	北京大学出版社
地　　　址	北京市海淀区成府路205号　100871
网　　　址	http://www.pup.cn　新浪微博：@北京大学出版社
电子信箱	pup_russian@163.com
电　　　话	邮购部 010-62752015　发行部 010-62750672　编辑部 010-62759634
印　刷　者	北京虎彩文化传播有限公司
经　销　者	新华书店 720毫米×1020毫米　16开本　22印张　340千字 2020年11月第1版　2020年11月第1次印刷
定　　　价	68.00元

未经许可，不得以任何方式复制或抄袭本书之部分或全部内容。
版权所有，侵权必究
举报电话：010-62752024　电子信箱：fd@pup.pku.edu.cn
图书如有印装质量问题，请与出版部联系，电话：010-62756370

序

  修辞学(риторика)是一门历史久远的学科,其产生可以追溯到古希腊罗马时期,随后在不同的社会条件下呈现出动态的发展格局。俄罗斯修辞学(русская риторика)以1620年问世的第一部教科书为其体系化的发端,历经了发展的高峰和低谷,并在文化转型的现代社会条件下重新焕发了生机。修辞学的发展历史证明了该学科与社会的变迁有着紧密的联系:一方面社会变迁为学科的发展提供了条件;另一方面学科的研究成果为社会话语建设提供了知识的源泉。林梅教授的《俄罗斯现代修辞学的社会功能研究》比较全面地论述了在俄罗斯社会发展现阶段修辞学如何在公民思想建设、社会职业繁荣、教育教学进步等领域发挥其相应的作用。这是一部以俄罗斯修辞学的社会属性为切入点、以挖掘该学科社会意义为研究内容的著作,具有开拓性的学术价值。

  《俄罗斯现代修辞学的社会功能研究》一书突破了将修辞学理解为研究语言单位修辞资源或者研究辞格的传统范式,从俄罗斯文化,包括社会文化、政治文化、宗教文化等角度对修辞学这一语言学分支学科的图景进行了多角度的阐释。这种研究视角与国内汉语修辞学研究者提出的"广义修辞学"概念较为接近。

《俄罗斯现代修辞学的社会功能研究》一书对于解决我国俄语学界的一些困惑也颇具现实意义。例如作者在书中对 стилистика 和 риторика 这两个术语进行了辨析。在文学作品分析的过程中，我们经常会读到 "риторические тропы и фигуры" 等用法，那么它与 "стилистические тропы и фигуры" 的关系究竟如何？стилистика 可以为文学批评提供方法，那么 риторика 适用于文学研究么？这些经常令我们困惑的问题可以在本书中找到解释或答案。书中部分章节着重讨论了与修辞学相关的术语的意义，从语文传统和修辞传统上区分了在不同文化语境下术语理解的特点。作者同时指出，修辞学和诗学在古希腊时期就是相互联系的，如体现亚里士多德美学思想的代表作就包括《修辞学》和《诗学》，而维诺格拉多夫也就诗学和修辞学的关系发表过见解。修辞学在现代发展阶段虽然主要以现实话语为研究对象，但它的基本原理对于文学创作仍然适用：创作思想的产生和对读者在审美以及思想意识层面施加影响等都是作者修辞能力的体现；而读者要正确地理解作者的创作意图，尤其是作品的社会意义，也离不开个人修辞技能的培养。

本书详尽地介绍了俄罗斯修辞学的教育教学功能，对于修辞课程在俄罗斯各级教育体系中如何培养受教育者的社会话语意识、完善他们的话语个性、提高他们的交际能力等方面进行了全面的分析。研究的结论对我国的语文和外语教育教学具有一定的借鉴意义。文学话语鉴赏能力与现实话语建构能力并重，是语文工作者应该努力的方向。

值得一提的是，得益于博士研究生阶段师从俄罗斯修辞学历史学家安努什金的学术经历，林梅教授非常擅长用史学研究的方法来阐释修辞学的相关内容，对于研究中涉及的核心概念能够做到溯古论今，即从历史发展的脉络中动态地分析它们的内涵和外延，从而力求保证研究结论的客观性和科学性。此外，她还对俄罗斯修辞学者研究中国语文和修辞传统的观点进行了梳理，这有利于我国学者了解中国古典文论重要思想在俄罗斯的接受情况。从 "他者" 视角反观自己，从来都不无裨益。

序

《俄罗斯现代修辞学的社会功能研究》是林梅教授在北京外国语大学博士后流动站内完成的研究成果。这一成果显示了她对于学术研究的执着。在学界对于该学科尚未展开全面研究的情况下,她勇于尝试,厚积薄发。林梅教授进入流动站时就已经是一位成果颇丰的成熟学者。在站期间她一丝不苟地按照计划展开科研工作,超额完成了流动站规定的科研任务,积极申报项目,获得了第57批博士后面上项目基金的一等资助和国际学术交流项目立项。她的学术视野宏阔,科研能力极强,总能准确地找到关键点,以"问题先行"的态度有的放矢地进行理论与实践研究。

修辞学在俄罗斯的研究方兴未艾,而俄罗斯修辞学在我国的研究尚存在非常大的空间。本书是修辞学的宏观研究成果,无论从理论还是实践方面,都为这一领域后续研究的展开提供了非常有益的参考。该书亦可以作为俄语专业研究生阶段的教学材料使用。

黄玫
2019年7月于北京外国语大学

前　言

俄罗斯修辞学（русская риторика）起源于西方古典修辞学。自 1620 年第一本修辞学教材问世以来，该学科在俄罗斯稳步发展，并于 19 世纪上半叶达到了学科发展史上的巅峰阶段，随后由于多种原因开始衰落。20 世纪 30 年代以后，受当时俄罗斯社会、政治和文化等条件的制约，俄罗斯修辞学成为一种禁忌，俄语修辞学（стилистика русского языка）从名称上完全代替了它（相关术语的翻译问题将在本书第二章第三节进行讨论和说明）。20 世纪 70 年代以来，受语言研究的功能转向、社会政治环境改变以及欧美修辞学重新掀起研究热潮等因素的影响，修辞学在俄罗斯走上了复兴之路。苏联解体后，俄罗斯经历了急剧而深刻的经济转轨和制度变迁。在这一社会及文化转型的过程中，传统的与现代的、保守的与激进的、本民族的和他民族的各种文化因素都处在不断冲突、碰撞和融合之中。在这样的大背景下，俄罗斯修辞学以发展本民族的文化与语言为己任，提倡民族性的"修辞典范"，主张通过修辞性的对话消除人类冲突，致力研究在文化转型条件下符合俄罗斯文化传统以及当前俄罗斯社会发展态势的话语生成及建构规则。可以说，重新获得独立学科地位的俄罗斯修辞学忠实地继承了古典修辞学的传统，同时吸收了更多的民族文化因素,逐步发展成为当前具备完全学科建制的俄罗斯现代修辞学。

俄罗斯修辞学的发展和俄罗斯社会及文化形态的演变有着紧密的联系:一方面社会的变革为修辞学的发展提供了思想源泉;另一方面,修辞学本身就是一种社会文化现象,它作为一门研究"从思维到话语"的科学具有其社会功能:它指导产生有创意的思想和行为,而这些思想及行为会逐渐改变相对稳定的社会认知和社会结构,产生新的社会文化风格,甚至催生新的社会格局。

俄罗斯修辞学发展历史曲折,中间经历过发展的低谷和断裂,从20世纪七八十年代开始形成复兴之后的现代修辞学。从内容和方法上看,现代修辞学的研究并没有重起炉灶,而是建立在西方古典修辞学和俄罗斯传统修辞学成果的基础之上。目前,俄罗斯形成了以莫斯科大学、莫斯科国立师范大学、国立普希金俄语学院、彼得堡大学、彼得堡矿业大学、沃罗涅日国立大学、乌拉尔联邦大学、克拉斯诺亚尔斯克国立大学、萨拉托夫国立大学、阿斯特拉罕国立大学等为中心的一批相当有影响力的学术——教学流派(有关这些流派的学术观点和影响详见俄罗斯修辞学会国际年会决议、安努什金2007、2009和樊明明等2007)。它们以各自的学术兴趣为背景,对俄罗斯修辞学展开了较为全面的研究:

第一,俄罗斯修辞学历史研究。俄罗斯修辞学在17世纪初具规模,随后经历了巅峰和衰落期,其发展道路曲折,还出现了与之相邻学科,如语文学(словесность)、俄语修辞学(стилистика)、言语素养学(культура речи)等学科交互发展的情况。对修辞学历史的研究展示了这一学科的演变历程,探寻了它发展的思想根基,这对于理解现代修辞学的内涵与实质有着重大的意义。

第二,俄罗斯修辞学学科定位和性质研究。该方向的研究归根结底是对修辞学研究对象的讨论。因为只有确定了研究对象,才能够进一步明确研究思路及方法,进而对学科的性质及归属进行界定。修辞学的研究对象从最初的演讲话语到现在的言语交际,一直是俄罗斯学者争论的焦点:有的人认为修辞学应该把所有的话语形式纳入研究范围,而有的学者则认为:"当它(指修辞学的研究)跨越口头言语与书面言语、实践言语与诗学言语、公众言语与个人言语的界限时,就丧失了自身的研究目标。"(转引自樊明明等 2007:115)这样的争论持续至今,没有定论。

第三,普通修辞学理论研究。俄罗斯学者致力于该学科民族化的理论建构,他们把修辞(学)视为一种民族文化现象,积极发展了"论题""修辞论辩""修辞典范"等理论范畴,并进一步探究说服三要素在当前社会具体话语环境中的功能及机制。此外,该角度的研究将修辞实践视为社会文化现象,强调合理和有效话语的社会管理及个性培养功能。

第四,专域修辞学(又称部类修辞学)研究。俄罗斯的学术传统将修辞学的研究分为两部分:普通修辞学和专域修辞学。如果说普通修辞学研究言语活动的一般规则,那么专域修辞学则研究具体交际场景中的话语建构规律,它与话语职业特征及话语体裁(речевой жанр)息息相关。俄罗斯专域修辞学主要以职业作为话语体裁划分的依据,现阶段取得较为丰硕成果的专域修辞学分支学科是教育修辞学、政治修辞学、法律修辞学、事务修辞学、传媒修辞学等。除了职业领域,家庭修辞学等口语范围内的研究近年来也引起了俄罗斯修辞学研究者的重视,这与俄罗斯重视家庭在社会中的作用也有一定的关系。

第五,修辞学教育教学研究。这个领域的大部分研究者也承担着本学科在各级各类教育机构中的教学实践工作,他们在理论上更感兴趣的是修辞学在现代教育中的地位和作用,以及如何将修辞学引入学校教育(教学大纲的制定)、修辞学课程中应包括什么内容(教学内容)、如何教授这门课程(教学方法)、修辞学教学应该达到什么样的目的(教学效果)等实践问题。

目前,俄罗斯学者在修辞学研究方面已取得的成果对该学科的社会属性和社会功能都较为重视。秉承亚里士多德所提出的"修辞学是关于社会与社会管理的科学"这一观点,俄罗斯学者在定义"修辞学"时就指出,该学科是一种哲学的世界观和人文知识的方法论,它具有培养个性和管理社会的功能。同时,由于学科研究对象"话语"是管理和组织社会生活的工具,因而修辞实践也就构成了社会生活的规范与风格。罗日杰斯特文斯基的《修辞学原理》、安努什金的《语言与生活》、米哈利斯卡娅的《俄罗斯的苏格拉底》等著述对修辞学及其研究对象"话语"在现代俄罗斯社会中的作用都有所论述。但就研究视角和研究目的来说,俄罗斯学者进行的是添砖加瓦的"建构式"研究,对于该学科如何发挥其社会功能,如何履行其"全面关照话语生成"的机制并没有过多的讨论。而这些问题对于解读学科的发展机制,甚至对于我国相关学科的发展都极具参考价值。

与俄罗斯研究现代修辞学的热潮相比,中国的俄语学界并没有给予这门学科充分的关注,这是因为中国俄语学界对修辞学,尤其是对"риторика"这一术语的认识普遍还存在一定的误区。造成这种情况主要有以下两个原因:第一,俄罗斯修辞学在其发展历史上的衰落时期曾被俄语修辞学从名称上全面替代。因此,国内很多学者认为"修辞学"这一语言学术语的对应形式就是"стилистика";第二,较权威的字典中 риторика 的词条仍保留了20世纪修辞学复兴之前对其不正确或不全面的释义:(1)演说术,雄辩术;(2)<转>浮夸的言词,华丽的辞藻;(3)旧时宗教学校的修辞班。受上述原因的制约,我国大多数俄语学者仍将资源修辞学、辞格学、功能语体学和篇章修辞学作为修辞学的全部研究内容,发表的大部分专著和论文也多以此为题。而纵观我国为数不多的关注该学术现象学者的研究成果(指公开发表的论文和专著),大致可以分为以下几个研究角度:对古典修辞学核心理论或概念的介绍;对修辞论辩理论的研究;对 риторика 和 стилистика 这两门学科异同的探讨;对俄罗斯现代修辞学研究现状的整体描述和对学科基本框架的宏观研究;运用普通修辞学理论进行个别话语体裁的分析。

可以看出,我国俄语界无论是在俄罗斯现代修辞学的哲学基础、精神实质、民族特色、社会功能等宏观研究领域,还是在运用该学科基本理论对具体言语现象进行修辞分析的微观研究方向,都有非常大的延伸空间。

本书是在跨文化语境中对当前俄罗斯社会及文化转型条件下俄罗斯现代修辞学进行的宏观研究,它将俄罗斯现代修辞学作为一种文化现象来解读,目的在于通过对特定社会文化条件下该学科社会功能的研究来揭示其发展模式和动力,并进一步解读其民族文化精神实质。

为了保证研究成果能够达到预设的目的,我们按照以下思路展开了研究工作:(1)梳理俄罗斯修辞学历史发展过程中的社会文化背景,揭示该学科成长与社会发展之间的相互作用与关系;(2)明确修辞学的定义、研究对象、学科定位、基本理论框架等问题;区分语文学传统中修辞学与语体学、言语素养学、演讲学等其他相邻学科的联系与分野;(3)梳理作为修辞学研究对象的"话语"这一关键概念的历史演进;厘清修辞学视野中现代话语环境下的俄罗斯民族话语观,分析其宗教哲学基础,研究其对于现代社会的积极意义;(4)分析俄罗斯现代专域修辞学在社会各个话语领域的影响,将其视作该学科履行社会功能的具体途径并进行研究;(5)确认俄罗斯现代修辞学对于当代教育的意义,充分挖掘其在发展学生交际能力和培养言语个性方面的重要作用。

本书的研究建立在以下主要观点之上:

第一,俄罗斯修辞学的发展与社会及文化的变迁有着紧密的联系,它们之间存在作用与反作用。

第二,俄罗斯修辞学作为言语学科体系的组成部分十分关注并充分强调言语的社会性。

第三,俄罗斯现代修辞学中的社会功能在很大程度上满足了当前俄罗斯社会的修辞需要。该学科的社会功能在当前文化及思想意识多元化的俄罗斯社会发挥了重要的作用：它提倡完善交际者的道德品质，从而使其树立正确的世界观、塑造良好的个人形象、掌握修辞技能，最终更有效地实施修辞行为。

在研究工作中我们注重在以下几个方面展开论述：

首先，梳理俄罗斯修辞学发展的历史，分析俄罗斯修辞学与俄罗斯社会发展的关系。俄罗斯修辞学历史研究者安努什金指出，如果对修辞学发展史上具有里程碑意义的著作进行分析，就不难看出，"它们不是偶然在社会的变革时期问世，而是或预言、或伴随、或总结了具有重大意义的文化现象"（2002:9）。

其次，揭示俄罗斯现代修辞学的民族文化实质。俄罗斯修辞学起源于西方古典修辞学，但在其发展的过程中形成了自己的特点：它忠实地继承了俄罗斯东正教的文化传统，强调修辞典范的意义。这与20世纪中叶以来西方修辞学（主要是欧美修辞学）的哲学—认知学倾向有很大的区别。俄罗斯现代修辞学所提倡的若干核心概念（如"论题体系""修辞典范""现代修辞原则"等）都具有独特的民族文化色彩，这正是本书所关注的中心问题。

最后，探究俄罗斯现代修辞学的发展动力。自20世纪70年代末80年代初开始复兴以来，在短短的三四十年间，俄罗斯修辞学已发展成了一门有着完备建制的、独立的人文学科。那么，其发展的动力来自何处？我们认为，最主要的原因是俄罗斯现代修辞学作为一种文化现象，最大程度上满足了文化转型时期社会的修辞需要，成为人们在话语实践中极具指导意义的学说。本书尝试将俄罗斯现代修辞学的社会功能置于社会及文化发展的大背景中进行考察，从而揭示这门学科内在的发展动力。

本书的研究分析材料是目前俄罗斯学界公认的十几个流派的代表人物的代表著述以及自1998年以来每年一次的俄罗斯修辞学国际学术研讨会出版的论文集，部分语料来自俄罗斯国家语料库。

前 言

本书的创新之处在于将俄罗斯修辞学置于社会文化的大背景下进行考察,通过对该学科社会功能的全面考察明确了该学科关注话语生成的本质,所选取的研究角度有助于阐释这一学科的哲学—伦理学基础及精神实质。具体体现为以下几点:

第一,修辞学是一门与社会发展联系紧密的学科,从该学科发源之时它就与当时的社会现实以及话语环境息息相关。本书以该学科的社会属性为依据,力求从社会功能这一独特的视角解释该学科的本质。

第二,对 риторика, стилистика, культура речи, оратория 等造成我国学术界困扰的语言学术语进行了对比分析,并从俄罗斯语文学发展历史的角度解释了混淆存在的原因。对核心概念 риторика 的不同汉译进行了分析,并对其中映射出的中俄修辞学传统的差别进行了论述。

第三,对作为修辞学研究对象的"话语"(слово)的历史演进进行了梳理,并以西方文化中的"逻各斯"和中国传统文化中的"道"和"文"作为对应比较概念,对不同文化中的话语观进行了总结。

第四,力求从宏观(即普通修辞学)和微观(专域修辞学)两个层面解释俄罗斯现代修辞学的学科发展动力及模式,它不同于运用该学科基本原理对文本进行的分析式研究,也不同于对该学科主要学术思想和流派的介绍与评析。研究成果能够更为清晰地展示该学科动态发展的脉络。

本书的研究是一种以解读和分析为目的的评价性研究,具有一定的语言学史研究性质,为了使研究工作不流于程式化并保证研究成果的客观性,我们在研究工作中采用了以下方法:

(1)归纳法与计量史学法相结合。使用归纳方法所预期的目标,无非是得出结论和作出评价。而结论和评价是否客观,首先取决于原始资料占有得是否足够丰富,其次取决于对原始资料理解得是否全面。收集资料是运用归纳方法的重要环节。目前,俄罗斯有关修辞学的著作、学术论文、教科书等数量巨大,但质量参差不齐。我们认为,在选择作为研究客体的资料时,除了依赖研究者自身的修辞素质,运用计量史学的方法是较为客观的,如统计某部著作的出版发行量、某部教材使用时间的长短、读者的数量分析等;

(2)核心概念分析的方法。很多俄罗斯学者认为,当前的俄罗斯社会最大的症结在于民众普遍缺乏统一的精神力量,而俄罗斯国家或民族的崇高精神世界只能体现在言语的生成和使用之中。因此,许多俄罗斯语文学家和修辞学家都针对当前俄罗斯社会言语环境多元化的具体情况提出了自己对凝聚国民智力、提升言语有效性的理解和主张。每一种理解和主张都会有其作为理论支撑的"核心概念",如罗日杰斯特文斯基对古典修辞学概念"修辞道德"(этос)、"修辞逻辑"(логос)和"修辞情绪"(пафос)的再解读、沃尔科夫重新建构的"论题体系"(общие места)、米哈利斯卡娅提倡的"修辞典范"(риторический идеал)等。对核心概念的内涵及外延的分析既可以帮助我们理清俄罗斯现代修辞学对建设俄罗斯社会言语文化的期望,也有助于我们认识俄罗斯言语学科的哲学—伦理学基础和精神实质。

(3)比较的方法。比较是人类研究事物、认识事物的一种基本方法,也是修辞学研究的一种基本方法。本书是对文化转型条件下的俄罗斯现代修辞学的社会功能进行考察,因此,研究必定涉及不同文化背景下俄罗斯修辞学学科体系及其构成要素异同的比较。此外,我们在研究中也采用了外语研究中常用的演绎法、分类法、描写法等方法。

本书的研究具有相应的理论与实践意义。首先,俄罗斯学界认为,20世纪90年代中期以来,俄罗斯社会及文化进入转型期(трансформация)。在这个过程中俄罗斯现代修辞学充分发挥其社会功能,积极构建符合当前社会需要及俄罗斯民族利益的话语规则。因此,本书的研究是理解该学科哲学—伦理学基础、精神实质和发展动力不可或缺的一部分,也是多视角、全方位研究俄罗斯现代修辞学的途径之一;其次,本书有助于勾勒世界范围内修辞学复兴的总图景。作为修辞学现代研究的组成部分,俄罗斯修辞学的复兴受到席卷整个欧美地区的修辞学热潮的影响和带动。本研究可以与欧美修辞学理论及实践研究相呼应,构建更全面的外国现代修辞学研究体系;再次,本书的研究有助于促进我国修辞学的发展。虽然中国修辞学和俄罗斯修辞学的起源迥异,精神实质和哲学基础也有很大的差别,发展至今理论构建也不尽相同,但俄罗斯现代修辞学在发展模式、发展动力等方面仍然能给我们一些启示和借鉴;最后,本书对俄罗斯现代修辞学教育教学资源的挖掘对我国俄语、甚至语文教育教学均具有一定的参考意义。

目 录

序 …………………………………………………………………… 1

前 言 ………………………………………………………………… 5

第一章　俄罗斯现代修辞学思想探源 ……………………………… 1

第一节　俄罗斯现代修辞学学科概述 ……………………………… 2
　　1.1.1　从俄罗斯修辞学的定义说起 ……………………………… 3
　　1.1.2　俄罗斯现代修辞学的学科格局 …………………………… 6

第二节　俄罗斯社会变革中的修辞学思想发展 …………………… 14
　　1.2.1　修辞学的社会问题意识 …………………………………… 15
　　1.2.2　俄罗斯社会现实与修辞学的蜕变 ………………………… 18

第三节　对修辞学误读的反拨 ……………………………………… 38
　　1.3.1　"好"修辞还是"坏"修辞 ……………………………… 38
　　1.3.2　片面的修辞认识 …………………………………………… 44

第二章　俄罗斯现代修辞学的学科属性 …………………………… 51

第一节　"跨学科"和"整合性" ………………………………… 52
第二节　人文学科体系中的俄罗斯修辞学 ………………………… 57

2.2.1　早期的三科四律 ………………………………… 58
　　2.2.2　语文学(словесность) …………………………… 60
　　2.2.3　现代言语学科体系 ……………………………… 64

第三节　"риторика"与"стилистика" ………………………… 66
　　2.3.1　术语之争 ………………………………………… 67
　　2.3.2　术语 риторика 的翻译 …………………………… 70
　　2.3.3　从 риторика 的翻译看中俄修辞传统的异同 …… 77

第四节　规范与偏离：修辞学与语法学及言语素养学 ……… 81
　　2.4.1　修辞学和语法学 ………………………………… 81
　　2.4.2　修辞学和言语素养学 …………………………… 84
　　2.4.3　规范与修辞创新 ………………………………… 87

第五节　从学科起源到学科分支：修辞学与演讲学 ………… 89
　　2.5.1　古典修辞传统中的演讲话语研究 ……………… 89
　　2.5.2　相关术语的意义 ………………………………… 91
　　2.5.3　俄罗斯修辞学关照中的演讲话语研究 ………… 92

第三章　现代修辞学关照中俄罗斯社会的话语建设 … 99

第一节　修辞学视野中话语观的历史演进 …………………… 100
　　3.1.1　作为修辞学研究对象的话语 …………………… 100
　　3.1.2　"话语"(слово)的历史演进 …………………… 104
　　3.1.3　跨文化语境中对话语本质的探求 ……………… 116

第二节　现代俄罗斯社会的话语环境 ………………………… 125
　　3.2.1　俄罗斯社会转型与话语环境的改变 …………… 125
　　3.2.2　民族认同感重建过程中的话语 ………………… 129

第三节　修辞典范：现代社会的话语追求 …………………… 136
　　3.3.1　作为修辞典范范畴的"真""善""美" ………… 136

3.3.2　作为修辞典范范畴的"聚合性" …………………………… 139

第四节　论辩性对话：现代社会存在与发展的方式 …………………… 142
　　　3.4.1　作为方法的说服 ……………………………………………… 143
　　　3.4.2　基于"或然性"的修辞论辩 ………………………………… 146
　　　3.4.3　"论题体系"理论的论辩力量 ……………………………… 152
　　　3.4.4　话语的对话性 ………………………………………………… 156

第五节　社会话语实践活动中的修辞指导 ………………………………… 163

第四章　现代俄罗斯社会职业领域的修辞建设 ……… 171

第一节　教育修辞学 …………………………………………………………… 172
　　　4.1.1　修辞学传统中的课堂演讲及教学形式 …………………… 173
　　　4.1.2　修辞学基本理论在教育教学活动中的体现 ……………… 176

第二节　政治修辞学 …………………………………………………………… 182
　　　4.2.1　政治话语与政治修辞学 ……………………………………… 183
　　　4.2.2　俄罗斯政治修辞学研究现状 ………………………………… 184
　　　4.2.3　说服三要素在政治话语中的功能 ………………………… 187
　　　4.2.4　政治修辞中的隐喻 …………………………………………… 192

第三节　法律修辞学 …………………………………………………………… 198
　　　4.3.1　修辞学传统中的法庭演讲 …………………………………… 199
　　　4.3.2　法律修辞实践中的话语表达方式 ………………………… 201
　　　4.3.3　法律修辞中论辩的论点及论据 …………………………… 205
　　　4.3.4　法律论辩的功能 ……………………………………………… 209

第四节　传媒修辞学 …………………………………………………………… 215
　　　4.4.1　俄罗斯修辞学话语体系中的传媒话语 …………………… 216
　　　4.4.2　作为俄罗斯现代修辞学研究对象的传媒话语 …………… 221
　　　4.4.3　传媒话语与社会文化 ………………………………………… 223

4.4.4 传媒话语表达特点 ………………………………………… 227

第五章 现代俄罗斯社会的修辞教育教学 ……………… 233

第一节 修辞教育教学历史回顾 ………………………………… 234

第二节 俄罗斯现代修辞学的教育教学资源 …………………… 237
5.2.1 有关修辞教育教学的争议 ………………………………… 237
5.2.2 俄罗斯现代修辞教育教学经验 …………………………… 244
5.2.3 俄罗斯修辞教育教学组织的基本原则 …………………… 256
5.2.4 俄罗斯现代修辞学教育教学研究的地区特色 …………… 260

第三节 俄罗斯普及和高等教育体系中的修辞学课程 ………… 270
5.3.1 俄罗斯现代教育教学体系中的修辞课程 ………………… 270
5.3.2 俄罗斯各级教育机构中的修辞课程建设 ………………… 278

结 语 ……………………………………………………………… 288

参考文献 …………………………………………………………… 291

附录1 外国人名对照 …………………………………………… 307

附录2 达里《俄罗斯民间谚语》摘录 ………………………… 312

附录3 讲座话语分析 …………………………………………… 317

附录4 美国教科书片段 ………………………………………… 318

附录5 俄罗斯教科书中对培养言语技能的建议 ……………… 320

后 记 ……………………………………………………………… 329

第一章 俄罗斯现代修辞学思想探源

俄罗斯修辞学以古希腊罗马时期古典修辞学的理论和学科框架作为基础，至今已经历了四百年的发展历史（以1620年出现第一本修辞学教科书为学科发端）。修辞学在俄罗斯的发展可称为戏剧化，经历了从"人文学科的无冕之王"到被研究和教育领域彻底摒弃的大起大落。尽管如此，它所继承的古典修辞学的核心概念却相对完整地保留了下来，如"五艺"（пять разделов общей риторики）、"论题"（топы，общие места）、"修辞典范"（риторический идеал）、"言者形象"（образ ритора）等。这些概念在俄罗斯现代修辞学中同样成为关键词。修辞学的历史演变显示，该学科的产生、发展与社会文化、政治、经济等领域的变迁密切相关，显示出强大的社会意识及社会功能，即解决社会问题的能力。在这个意义上俄罗斯修辞学也不例外。根据俄罗斯修辞学历史研究专家安努什金的观点，俄罗斯每60—70年都会发生社会变革，与此相应的是修辞学为新的社会形态提供符合其发展特点的话语理论。另外，修辞学自学科产生以来，一直饱受"话语两面性"的困扰，在修辞学发展的现阶段，也有不少学者对修辞学的误读进行了反拨。本章主要对上述学科基本理论问题进行阐述。

第一节　俄罗斯现代修辞学学科概述

遵循理论和实践探讨的学术规范，本书在基础理论阐述部分也期望给修辞学下一个相对完整并客观的定义，并在此基础上描述俄罗斯现代修辞学的概况。但正如许多修辞学研究著作的作者所感叹的那样，想要给修辞学做一个精准的定义"并非易事"。纵观俄罗斯本国学者对修辞

第一章 俄罗斯现代修辞学思想探源

学的理解,可以看到它们之间存在相当的差异。俄罗斯修辞学的定义一直是学界争议的焦点,在2017年2月举办的第21届俄罗斯修辞学会国际年会上,围绕修辞学的定义问题与会者还展开了热烈的讨论与辩论。这一方面给本领域的学术研究造成了相当的复杂性,另一方面却也可以理解为这门学科发展的内部动力所在:在不同观点的交锋中学科得以不断调整研究视野、优化研究方法、丰富研究视角。从学科结构上看,俄罗斯修辞学分为普通修辞学和专域修辞学两大部分。普通修辞学基本继承了古典修辞学的理论框架,在发展的过程中汲取了更多的俄罗斯民族文化因素。专域修辞学的研究以俄罗斯社会基本职业划分为依据,呈现出与俄罗斯社会发展相呼应的趋势。

1.1.1 从俄罗斯修辞学的定义说起

古希腊罗马时期的学术传统将修辞学定义为"在任何事情上都能够找到说服方法的艺术"(亚里士多德/Аристотель)和"说好的和修饰过的话语的艺术"(昆体良/Квитилиан)。在俄罗斯的语文传统中,修辞学被定义为"关于演说的学说"(罗蒙诺索夫/М.В. Ломоносов)、"构思、布局和表达思想的科学"(科尚斯基/Н.Ф. Кошанский)和"研究言语的学说"(泽列涅茨基/К.П. Зеленецкий)。在俄罗斯现代修辞学研究的框架中,许多俄罗斯学者从各自的学术背景出发,对该学科进行了不同角度的阐释。樊明明等学者所编著的《人文修辞学》第二章中列举了一些较有代表性的观点。(见2007:77—79页)在这些观点中,罗日杰斯特文斯基(Ю.В. Рождейственский)的一些观点颇能体现现代修辞学的研究特点。

罗日杰斯特文斯基是俄罗斯现代修辞学研究的先行者和理论奠基人之一,也是苏联—俄罗斯语文界复兴修辞学的领军人物。"在修辞学这个复杂的科研课题的'集团化'研究上,他发挥了重要的领导和组织作用。"(樊明明等,2007:17)俄罗斯修辞史学家安努什金也评价说:"在修辞学尚属禁忌之时,罗日杰斯特文斯基首先发出了研究修辞学的号召。"(1998:162)除此之外,安努什金还将罗日杰斯特文斯基所开创的莫斯科大学学派称为"罗日杰斯特文斯基修辞学学派"(риторическая школа Рождественского)。

罗日杰斯特文斯基认为,修辞学是关于在话语中发展思维的学说,构思和言语表达都是它的研究内容,学科的基础是言语的概念性结构,这个结构由情感表现力和对听众、读者的感情基础作用来充实。同时,他还指出,修辞学是关于话语的学科(话语理论),它的功能和任务是"管理社会,形成道德和伦理,构成风格,研究话语创造的心理机制"(1996:94—95)。在《修辞学理论》一书中罗日杰斯特文斯基进一步指出了修辞者要解决两个问题:"第一个问题在于正确理解任何形式的话语作品,并区分有效信息";"第二个是善于构思并将所获得的思想运用话语进行表达",换言之,是"通过独白、对话等形式实施交际意图,达到交际目的"(2006:10—11)。基于对罗日杰斯特文斯基现代修辞学认知的分析,可以就这门学科的定义和实质做出如下解读:修辞学是关于有说服力和有效话语的理论和艺术,是研究一定社会现实条件下话语创造的客观规律及规则的基础性学科。众所周知,话语是管理和组织社会和生产过程的工具,因此,促使形成有利于社会大多数成员的社会生活准则及话语风格就成为修辞学的主要社会功能。基于这样的理解,可以就修辞学定义的分析做如下的归纳和延伸:

第一,修辞学是动态发展的科学理论体系。在古希腊罗马时期修辞学的学科理论就已经初具规模。随后经过长期的发展,形成了体系性的学科理论框架。这一理论体系不仅提供话语生成各个阶段的研究视角和方法,也是体现出一种民族和社会的话语观。它既表达了对建构符合社会和民族利益话语的期许,还体现了社会对拥有话语权个体的话语行为所提出的规范。动态发展的另一个表现就是现代修辞学极大扩展了自己的研究领域,从作为学科研究起源的演讲一直到各种体裁的言语交

第一章　俄罗斯现代修辞学思想探源

际。古典修辞学就已经将书面表达、哲学和科学文献纳入研究范围,而现代修辞学则将各种形式的话语,从日常口语到媒体话语,都作为自己的研究对象。

第二,修辞学是思维的艺术,同时也是用话语表达自己哲学—职业立场的艺术。修辞学所提倡的不仅是说话的艺术(如演讲艺术),还是如何思考的艺术(确切地说是道德的思考)、更是如何形成正确的世界观、伦理观、生活观以及如何汲取知识并且通过话语表达自己生活立场的艺术。由此,可以看出修辞学具有区别于其他语言学、言语学分支学科的强烈的社会功能:它关注基于个体生活立场的思维创新和话语创新。换言之,就是个体如何运用修辞能力在社会中充分表达个人立场并为他人所接受,进而实现个人生活及职业价值。

第三,修辞学是关于完善话语的理论和实践。完善的话语即"有说服力的和有效的、符合规律的和适合的"(安努什金 2009:94)话语。在各种修辞学的定义中学术背景各异的研究者都在力求寻找一个准确的修饰语,因此修辞学也常被定义为有关"某种话语"的科学。和这些形容词相对应,修辞学框架中对话语的评价就有"说服性""清晰性""准确性""正确性""逻辑性""形象性""简洁性""得体性"等标准。另外,考虑到话语的社会功能与社会属性,话语对社会道德发展的正面意义也是修辞学视角中话语评价的重要标准之一。然而,上述任何一个标准都不可能单独对实践中的话语建构起到指导作用,如果所有的标准都得到满足,那么,完全可以用"完善的"(совершенный)这一定语来修饰"话语"一词,完善的话语也可以理解为"话语典范"。话语的完善性和社会及个体对话语典范的认知相关。

第四,修辞学是关于个性培养的学说。人们常说"言如其人",即言说者个体的品德与性格会体现在他的话语表达之中。事实上话语和其建构者的品行之间不仅仅是单向的关系,它们相互影响、互为体现。因此,对话语的锤炼有助于形成完善的人格。言说者在建构话语的过程中形成的是世界观、生活和职业立场以及运用话语表达和捍卫自己立场的能力。在这一点上,古今优秀政治演说家就提供了很有说服力的例证。演说者的个性发展是在修辞经验不断积累和修辞技能不断提高的过程中实现的。

应该指出的是,俄罗斯本国学者对修辞学,包括对现代修辞学的理解,呈现出相较于欧美修辞学者不同的视角。美国修辞学研究者在肯尼斯·伯克(Kenneth Burke)等人对古典修辞学再认识的基础上重视话语的象征意义,并以此作为"诱发合作"的方法。而俄罗斯修辞学研究者则更加注重该学科对于文化转型条件下俄罗斯社会和作为社会成员的个人的意义。总结俄罗斯学者们的观点,可以将修辞学做如下定义:修辞学是研究如何在充分考量交际各方立场的条件下使用有效言语体裁实现符合社会发展需求的预设交际目的科学,也是研究如何通过话语发展思维、培养个性、管理社会的艺术的科学。本书以此定义作为展开相关研究工作的基础。

1.1.2 俄罗斯现代修辞学的学科格局

俄罗斯的修辞传统将研究分为普通修辞学(общая риторика)和专域修辞学(частная риторика)(又译部类修辞学)两部分。这一区分可以上溯到17世纪基辅神学院时期。当时的拉丁修辞学研究认为,存在共同的话语建构规则(即普通修辞学的研究对象)和各种话语体裁中话语建构的建议(即专域修辞学的研究对象)。

俄罗斯修辞学的普通修辞学提供了研究话语普遍性的理论体系,而这一体系基本建立在西方古典修辞学的基础之上,以其传统的五部分(пять разделов общей риторики)(又译为普通修辞学的"五艺")作为基本框架,对"论题""八段建构"等核心概念进行了民族化的重构。普通修辞学的理论体系力求在宏观层面阐明话语作为一种人际交往行为和社会行为的产生和及运作机制,并为专域修辞学领域中具体话语体

第一章 俄罗斯现代修辞学思想探源

裁的分析与研究提供模式和框架。

普通修辞学五部分的前三部分在古希腊亚里士多德时期得到了较为清晰的阐述,即修辞发明(构思)、篇章结构(谋篇布局)和文采风格。亚里士多德所指的普通修辞学包括的内容是:(1)演说者形象;(2)构思:话语内容;(3)结构;(4)话语情绪;(5)话语风格(词汇表达、发音及体态语)。

古罗马时期修辞学理论的代表作《献给赫伦尼厄斯的修辞学》(大约写于公元前89—前86年间,作者不详)中首次明确了古典修辞理论的五部分,其中每一部分都表示话语生成和实现的具体步骤:(1)构思;(2)布局;(3)表达;(4)记忆;(5)发表。这种分类方法是罗马修辞学的典型构架,后来成为西方修辞学的基本范式,俄罗斯修辞学也沿用了这样的模式。以下具体分析这五部分的理论如何契合话语的生成和发表。

第一,构思(изобретение)(又译为"修辞发明")。构思指意图、思想及话语内容的生成。从某种角度上说,构思解决的是"说什么"和"写什么"的问题。构思的过程是确立论点,选择与之相应的论据的过程。"构思"这一术语在古希腊罗马时期的古典修辞学中已经得到运用。"找到并选择说什么是一件伟大的事情:它就像身体里的灵魂;找到一个合乎常理的看法甚至比口才更重要,因为什么事情可以脱离常理呢?当然,我们认为完美的那些演讲者知道如何来选择论点和论据。"(西塞罗/Цицерон,1972:340)古典修辞学理论建议演说者挑选并使用对他有利的论点和论据,同时回避那些不利的论据。古典修辞学还认为,一个令人信服和有效演讲的论据应该是被受众所接受的。演讲中体现出来的核心世界观、价值观等基本观点应该是符合受众的基本认知的。而这些共同认知所构成的体系则被称为"论题体系"(топика)。

修辞的构思建立在论题体系的基础之上。论题体系的俄语表述直译成汉语就是"共同的地方"(общие места),因此,可以将论题理解为某一社会或民族所共同拥有和接受的事物。理论上说,论题是一个基本的价值观和智力的范畴,交际者依靠论题和交际对方达成同一。社会的道德及意识形态生活就是由一些社会全体成员公认的观点所构成,而这些观点就是论题。与此同时,论题还是话语构建发展的方法。这个意义上的论题展示的是如何就一个话题建构相应的话语。西塞罗认为共有16种用于话语建构的论题,而科尚斯基则认为有24种。安努什金认为,为了建构有效、合理的话语,以下14种论题最为常用:(1)定义;(2)部分/整体;(3)种/属;(4)性质;(5)对立;(6)称名;(7)比较;(8)因果;(9)条件;(10)让步;(11)时间;(12)地点;(13)证明;(14)举例。(见2007:139)

  论题体系在19世纪,即俄罗斯修辞学发展的巅峰时期之后,遭到了批评。这也成为了修辞学衰落的原因之一。对论题理论的批评源于在教授修辞学时对其经院哲学式的运用。作为一种观念运动或哲学思潮,经院哲学以苛细烦琐、泥古守旧出名,又往往被质疑为悬空不实、故作深奥。也有少数人热衷于讨论一些荒诞无解的问题,比如"天使有多少类,应当怎样分类?每一类天使的仪容装束的特点、美点何在?针尖之上,站得下多少位天使?"等。19世纪别林斯基(В.Г. Белинский)和泽列涅茨基(К.Н. Зеленецкий)展开了对于论题理论的批评,并于稍后对修辞学全面展开了批评。后者甚至证明,思想是不能被"构思"的。但实践中的话语结构分析证明,任何有效话语的建构都要依赖于论题,论题的缺失直接影响到话语内容的合理性、说服性、有效性以及话语表达的逻辑性。除此之外,大部分现代的篇章理论正是建立在作为话语情景描写方法的论题理论之上。论题的运用是一种思想发展的创新,它帮助言说者在话语准备阶段构思出与话语情景相宜且必需的思想。有关论题理论将在第三章第四节进行更为详尽的讨论。

  第二,布局(расположение)。布局是关于话语结构的规则。这一部分的理论负责解决"按什么顺序说"和"按什么顺序写"的问题。我们在阅读文字作品的时候经常会有在开篇即被情节或者表述牢牢吸引的经历;在日常交流中也有和对方交谈了一会儿但仍然不明就里的情况。这些都和将构思好的内容按照什么顺序进行表达有着直接的关系。布局规则要求将在话语构思阶段产生的思想按照合理的、较为固定的顺序形成话语结构。传统的话语表达顺序是引言（称呼和公布题目）,描述,叙述,论述（证明）,驳斥,结语（结论及充满激情的呼吁）。针对每一部分的具体研究成果在20世纪的言语学科中均有体现。这一经过论证的话语表达顺序直接影响到话语的说服力和有效性。布局部分的一个核心概念是"хрия",它最初的意思是"命题作文",根据其使用特点可将其翻译为"话语八段建构法"。话语八段建构法曾经是俄罗斯语文教学中的重要内容,它与论题体系相结合,为话语建构者提供了操作性较强的结构：引言、定义、原因、反证、对比、举例、引用和结语。这个结构在早期的演讲研究中百试不爽。但是随着学科研究的深入以及学科研究领域的不断扩展,话语八段建构法也体现出了它的局限性。比如话语建构的第一部分可以呈现出千变万化的开端：举例、对比,甚至是引用谚语俗语都在某种程度上能够引起受众的兴趣。因此,话语八段建构法更多的价值还是体现在有利于形成"系统性思维"以及对论述对象进行全面描述等方面。现代修辞学提倡针对不同的话语体裁进行相应的话语结构研究。

第三,表达（выражение）。表达这部分负责解决的是"如何说"和"如何写"的问题。亚里士多德在论述"话语表达"时指出,对于演说者来说,重要的不仅仅是知道说什么以及按什么顺序,如何说也同样是话语建构的关键环节。表达所关注的是如何选择交际场景所需要的和适宜的词汇和句式。很多学者认为,修辞就是选择,从表达这个层面上来说选择的依据就是话语建构者对语境的判断。这里所说的语境是宏观意义上的语境,除了交际发生的具体时间和地点、交际目的和内容以及交际对象以外,交际发生的社会文化背景也包括在考察范围之中。

传统上研究表达的学说将话语质量、辞格纳入研究范围。这一部分的研究同现代言语学科体系中的俄语修辞学（стилистика русского языка)基本相重合,语言表现力和交际有效性成为它们共同关注的问题。关于话语质量,俄罗斯修辞学提出了"有效性""说服性""正确性""生动性""形象性""简洁性"等标准。那么要使话语具备这些特质,除了要考虑语言单位的修辞资源和语体之间的联系以外,还要将体裁特征纳入研究的范围,从而提高话语建构的针对性和适用性。另外值得注意的是,表达和个人言语风格有关。虽然修辞学作为一门科学研究的是话语的体系性和规律性,但这和提倡在话语表达时充分体现个性并不矛盾。相反,修辞学在研究规律的过程中崇尚创新,在符合话语建构基本规律条件下,内容及表达的创新更能够吸引受众的注意,进而得到他们的认同。

第四,记忆(память)。这一环节是话语从生成到表达的过渡环节。这个部分和第五部分是古典修辞学针对演讲这一话语形式提出来的。演讲的内容通常提前都以书面的形式准备好,但是带稿演讲通常被认为是对自己的发言不够熟悉,或者演讲技能不够纯熟的表现。因此,传统的修辞学将"记忆"作为五部分中的一个组成要素,并设计了大量有助于记忆训练的练习。安努什金指出,除了话语建构者的个人记忆能力和个人记忆习惯等因素外,以下的五个方法都利于形成并巩固记忆:

(1)多次默读或朗读形成记忆;

(2)多次抄写或校对形成记忆;

(3)一边朗读一边回忆已经记住的段落;

(4)脱稿演练;

(5)将演讲录音并进行分析。(见2007:28—29)

第五,发表(произношение)。也有学者将这一部分总结为"发表与身势语"(произношение и телодвижение)。发表是古典修辞学框架中非常重要的一个环节。它对演讲者的语言和语言外技能都有所要求。通常来说,发表包括说话的风格和体态语言。前者又可细分为呼吸、话语切分、停顿、节奏、语调、逻辑重音和心理重音、声音的大小、节奏、韵

第一章 俄罗斯现代修辞学思想探源

律、口齿清晰程度、发音法、响亮程度和发音是否轻盈。体态语在现代语言研究中是伴随语言学或辅助语言学的研究对象,它包括言语交际时非语言手段的使用和功能等问题。发表是发话者在交际过程中的最后一个环节,但同时也是受话者接受话语的第一个环节。对于受话者来说,他直观听到的(发话者的嗓音和发音)和看到的(发话者的表情、手势、目光接触等)构成了一个"言说者形象"。"言说者形象"是交际有效性的评估标准之一。

通过对五部分内容的分析可以得出以下结论:前三部分的理论适用于解释所有话语体裁的生成过程,而第四部分对于公共话语具有指导意义,第五部分除了演讲这一话语形式以外,对于口头交际的其他话语体裁也具有意义。

俄罗斯学界就普通修辞学的内容也存在着不同的解读。沃尔科夫(А.А. Волков)认为普通修辞学的内容反映出修辞者从话语构思到话语发表的全过程,它包括(1)修辞者的学说;(2)论辩理论;(3)修辞话语建构的学说。(2001:10)沃尔科夫所说的普通修辞学的第三部分其实就是我们上文中所论述的"普通修辞学的五部分"。同时他也承认,为了使学习者更容易接受,第一部分和第二部分的内容通常不会单独讲授,而是渗透在第三部分中。

专域修辞学研究的是具体交际场景中话语建构的规则。纵观修辞学的发展历史,关注其研究对象,可以看出,该学科极大地扩展了研究对象的范围,从最初的演讲发展为社会各个领域不同体裁的话语。专域修辞学的格局如何,首先取决于话语分类的原则。这一原则的制定与学科发展所处阶段的社会状况有着极大的关系。

最早的话语分类可以上溯至亚里士多德时期:他将演讲分为议政演讲、典礼演讲和法庭演讲。而这三种演讲话语对应的社会现实正是古希腊时期最为活跃、对社会生活最具影响的领域。这一时期的另一位修辞学家阿那克西米尼(Анаксимен)则认为修辞是一切言说的艺术,适用于所有的话语场景，而并不局限于公共话语。他把话语分成七种：劝说、劝止、赞颂、责骂、指控、辩护和探究。他认为这七种话语在各个场合，甚至是日常的交谈中，都能够发挥作用。阿那克西米尼的分类从交际目的出发，和语用学中言语行为（речевой акт）的分类标准较为接近。随后，由于政治、社会条件的变化，西方修辞学也发生了演变。首先，因为古典民主制的消亡和马其顿帝国体制的建立，面向公众的议政修辞急剧萎缩，被小范围的宫廷政议所取代。其次，马其顿帝国复杂的民族结构导致许多矛盾必须通过法律途径解决，法庭修辞从而得到极大的发展。此外，庞大帝国的行政事务管理需要书面交际，促成修辞实践由纯口语形式转向口语与书面语形式混合。中世纪时期，基督教发展迅速，在这个过程中修辞发挥了无与伦比的作用。基督教源于古犹太宗教，认为上帝通过"神言"创造并管理世界。基督教发源初期，教徒们使用古希腊语进行宗教的交流和传播，基督教修辞实践随之发展起来。这一时期圣奥古斯丁（Блаженный Августин）提出了基督教修辞理论，他的《论基督教教义》常常被称为基督教修辞学"第一本手册"。文艺复兴时期的修辞学重新焕发生机。这一时期增加了许多过去没有的行业，随之出现了大量满足各行业需要的专门修辞手册。随着教会控制的削弱和欧洲各民族国家的崛起，用各国语言写成的修辞著作大量涌现。16世纪著名的英国本土化修辞学著作是托马斯·威尔逊（Thomas Wilson）的《修辞艺术》，这本书探讨了如何在法律、国事、宗教仪式和许多其他不同场合应用修辞，由于它具有突出的系统性而为修辞史学家称道。19世纪中叶，随着商业活动的频繁进行，文字记录和交流形式越来越重要，西方社会从口语社会过渡到文字写作社会，修辞研究领域从传统的口语彻底转向书面语。20世纪修辞学再次复兴，在欧美国家又焕发了生机。以美国为例，以修辞学基本理论为基础，发展了与社会政治及文化生活紧密相关的黑人修辞学、女性修辞学、小说修辞学等方向。

在俄罗斯修辞学的发展历史上，该学科也进行了话语分类的各种尝试。1705年普罗科波维奇(Ф.Л. Прокопович)的《修辞学》中将演讲的种类分为典礼演讲、教堂演讲、婚礼演讲,他还提出了书信撰写和历史撰写的规则。莫斯科大学的梅尔兹利亚科夫(А.Ф. Мерзляков)在其著作《简明修辞学》(Краткая риторика)(1804—1828)中就对以下话语类型进行了研究:(1)书信;(2)交谈;(3)科学著述或教科书;(4)正史和野史;(5)以内容和交际意图作为划分标准,演讲可分为宗教演讲、政治演讲、法庭演讲、典礼演讲和学术演讲。19世纪中期专域修辞学就研究领域来说,获得了极大的扩展。科尚斯基(Н.Ф. Кошанский)就正式提出并确定了"专域修辞学"这一术语,同时将以下话语形式作为专域修辞学的研究对象:(1)书信;(2)交谈(指哲学或戏剧的交谈,而非日常对话);(3)叙述;(4)演讲;(5)学术作品。19世纪下半叶语文学逐渐取代修辞学,言语体裁的研究范畴中增加了口头民间创作,而书面作品的研究则更倾向于文学作品的分析和研究。

正如在前文中分析的那样,修辞学的理论不仅仅适用于演讲研究,它对社会生活领域所涉及的各种话语体裁都具有实践上的指导意义。俄罗斯修辞学在复兴之后形成了现代修辞学的新学科格局,其中专域修辞学领域发生了巨大的变化。现代专域修辞学包括了尽可能多的话语形式:(1)口头话语:(a)书面文化产生之前的话语形式,即没有书面记录的话语形式,包括日常对话,传说及民间口头创作;(b)演讲话语,包括政治演讲、法庭演讲、典礼演讲、教学演讲、宣传演讲和布道演讲等。演讲话语虽然是口头发表的形式,但一般来说是在话语生成阶段有相对的书面记录形式作为随后口头发表的基础;(c)复现式的话语。这一类型的话语是书面形式的完全复现,如新闻的播报和舞台话语等;(2)书面话语(书信、文件、文章等);(3)印刷品,包括文艺作品,学术作品及期刊等;(4)大众交际,包括大众传媒(广播、电视、报纸、电影、广告等)和信息学。

现代专域修辞学关注各种职业话语的建构。俄罗斯修辞学家认为,当今社会的大部分智力职业都是积极运用话语的职业。因此,话语是组织和管理社会生活的工具。政治话语、法庭话语、教育话语、宗教话语、军事话语、外交话语仍然是社会话语的基本类型。每一种职业话语都要求有自己的修辞理论与实践,如医学修辞、商务修辞、事务修辞等。这一研究领域应该特别引起职业教育的重视,因为没有修辞技能和知识,专业人员便无法满足所从事职业对从业人员话语能力的要求。

在对俄罗斯现代修辞学发展轨迹的回顾中可以发现,现阶段的普通修辞学理论和传统的普通修辞学理论在结构上并没有实质性的变化,而专域修辞学则应对社会话语实践的发展进行了内容上的扩展。20世纪80年代修辞学在俄罗斯社会踏上了复兴之路,随后这门学科重新在研究和教育领域焕发了生机。普通修辞学为社会思想领域的发展提供了创新理论依据。同时,专域修辞学所提供的与职业话语建构密切相关的规则和建议对于"发话者/言者"来说极具操作性。由此可见,俄罗斯现代修辞学所发挥的社会功能是该学科发展的主要动力之一。

第二节 俄罗斯社会变革中的修辞学思想发展

修辞学自产生之时起就与社会政治形势紧密相关,正是由于古希腊时期民主城邦制的施行给予更多公民参与城邦政治生活的机会。同时,由于城邦管辖范围的不确定性又引发了大量的财产诉讼,从而出现了政治演讲和法庭演讲的繁荣。随后修辞学的发展轨迹也同样证明,不同社会发展时期流行不同的修辞体裁,进而产生不同的修辞文化。同时,修辞文化也反作用于社会生活,它促进社会各领域的交流和融合,有助于在非暴力的条件下解决社会问题。具体到俄罗斯修辞学的发展和社会变革之间的关系,俄罗斯修辞学历史研究者安努什金则指出,如果对修辞学发展史上具有里程碑意义的著作进行分析,就不难看出,"它们不是偶然在社会的变革时期问世,而是或预言、或伴随、或总结了具有重大意义的社会事件"(2002:9)。

1.2.1 修辞学的社会问题意识

修辞学关注有效的、合理的、充分考虑交际各方利益的、符合社会规范或有利于社会健康发展的话语。因此,不论对修辞学作何理解,毋庸置疑的一点是,它在以非暴力手段处理冲突、协调行动、更新观念、发展文明的一切努力中所发挥的关键作用是不言而喻的。修辞不露声色地支撑着交流、传播、公关、广告及一切形式的宣传,"为所有这些以象征手段调节大众看法和态度的行业提供了基础观念、总体思路和基本方法,而且在保证国家根本体制的正常运转、构筑主流意识形态、维持和增强所谓'软性权利'等事关社会和民族兴旺盛衰的要害利益上,起着举足轻重的作用"(刘亚猛,2004a:2—3)。

关于修辞学的社会功能,鞠玉梅(2011:60)也指出:

> 修辞具有很明显的社会功能。修辞研究几乎就是社会研究,因为修辞包括语言在内的一切象征符号,人们在社会交往中使用修辞符号交流彼此之间的情感和思想,相互影响或劝说以达成同一。理解、合作和决策是基于修辞的,修辞活动是形成和维持和谐社会的固有的活动。这一点在当代修辞学理论中愈加重要。如果说古典修辞理论是"心理的",那么当代修辞理论则是"社会的"。……修辞的功能之一是调节社会关系,修辞所关涉的终极目的是出于社会系统和文化背景中的人与人之间的和谐共存。修辞研究社会冲突以及言语交际行为的模式和规范,诸如通过言语控制来实现社会生活的秩序化。

通过在本章第一节第二部分中对专域修辞学研究对象变化的论述可以看出,修辞学在不同社会发展阶段所关注的话语体裁是不尽相同的。例如古希腊时期对法庭论辩的思考,中世纪时期对基督教传教话语的研究,文艺复兴时期对古典修辞著作的诠释,一直到现代对传媒话语的探究,无不体现出修辞学对社会生活的关注:它不仅仅从单纯话语结构和表达上对这些体裁进行分析,更关注这些体裁如何在社会现实中发挥作用。

俄罗斯修辞学家认为,世界上存在多种冲突(包括国家间冲突、民族间冲突、种族间冲突等),其根源是冲突各方修辞意识的淡薄和修辞能力的缺失。这一观点看似有些偏激,像是研究者为了显示所研究学科的重要性而故弄玄虚,但如果不把修辞仅仅看作话语的表达,而是将修辞能力或修辞意识理解为在话语构建时对交际双方利益的充分考虑进而努力达到一个"同一"的行为过程,那么这一观点就变得不是那么令人怀疑了。当然,任何话语都是有话语权归属的,它总是指向一定的目的或利益。因此,通过话语交际达到交际各方利益的最大化是修辞理论和实践的终极理想。

俄罗斯修辞学复兴之后的发展模式对当今不同领域的学术研究具有一定的借鉴意义。它回答了是"问题先行"还是"理论和方法先行"的问题。传统的研究范式习惯于理论/方法先行,即"先到海外或者其他学科寻找一些方法,再来寻找可以运用这一方法的问题"(陈佳璇等2011:76)。有学者将这一研究范式形象地比喻为"犹如先去买一把斧头,然后回到家看看有什么东西可以砍"(同上)。而复兴的俄罗斯修辞学,没有极力恢复和宣传学科的理论和方法,而是将目光投向了当时苏联社会以及后来的俄罗斯社会中亟待解决的问题,全面彰显了这门学科的社会功能。对于俄罗斯修辞学家来说,与理论和方法相比,更重要的是问题。首先考察对于修辞学来说,俄罗斯社会生活中有什么问题?什么才是问题?什么才是首要的问题?只有找到了问题才能去寻找合适的解决方法。俄罗斯修辞学会会长、国立普希金俄语学院教授安努什金在中国讲学时说:"我们每个人在生活中都面临着这样或者那样的问题,

第一章 俄罗斯现代修辞学思想探源

而语言学家的任务就在于解决这些问题。我们的国家亦是如此。"可以说,俄罗斯修辞学有强烈的问题意识和深刻的社会关怀,它致力于解决当代语言生活的重大问题,它的研究视野涵盖了社会生活的各个层次。修辞学发展的最大动力是当代社会的发展和变革。

西方社会的现实与修辞学的复兴之间的关系也印证了上述的观点:

> 两次世界大战后,随着新的世界格局的形成,美国作为世界头号大国的地位得以确立和巩固。美国的政治体制借鉴了古希腊的政体模式,大众演讲和竞选演说作为表达民主和体现民主的方式在美国大行其道。战后,遍布美国各高校的演讲系对和言语交流有关的修辞学产生了浓厚的兴趣并创办了一系列修辞学组织和刊物,带动了相关领域对古典修辞的再研读和新突破。他们逐渐意识到"语言不是一种可以通过斗争被塑造来适合个人意志的易受影响的媒介,而是一种创造性的力量,有助于决定人类对自己及其世界的认识"(胡曙中,1999:508)。与此同时,在战后的恢复与重建中,欧洲大陆不同领域的学者也对人类的生存现状进行了深刻的反思。他们不约而同地从人类的本质中寻求解决冲突的方法。他们重新审视语言的作用,试图揭示话语的力量,并转而重视修辞学。这一切都从深层次上对行将就木的修辞理论发出召唤。(姚喜明,2009:218)

从现有的俄罗斯修辞学历史研究成果来看,该学科的发展历史与俄国社会以及意识形态的演变有着密切的关系。安努什金指出,研究现实话语(政治话语、事务话语、法律话语等)的修辞学总是在社会转型和生活风格变化时体现出更为强烈的现实意义。他还通过修辞学历史的研究发现,社会话语修辞的变化以及社会意识形态和经济结构的变化大概以50—70年为一个周期。

安努什金有关社会和话语的另一个观点是：不但社会的发展和变革会体现在现实话语和文学话语中，话语同样反作用于社会的政治和经济结构。具有创意的思想和话语会逐渐改变相对稳定的社会认知，产生新的生活和行为风格，甚至催生新的政治格局。如果对俄罗斯修辞学发展历史进行回顾，就可以发现修辞学理论与实践的创新思维是如何为随后的社会变革奠定了思想基础。

1.2.2 俄罗斯社会现实与修辞学的蜕变

俄罗斯修辞学的发展历史大约以50—70年为一个周期。在这一段时间内社会足以酝酿一次具有创新性的风格革命。每一个发展阶段都会经过新观点和新风格的提出和普及、新思维和生活风格的确立、从创新转为保守、受到批评和质疑以及最终被替代这几个步骤。

根据安努什金的研究，俄罗斯的修辞学历史可以分为以下几个阶段：

1. 11—16世纪，修辞学的前科学和前教科书阶段；

2. 1620—1690/1695年，修辞学发展的前彼得时期，出现了第一本以修辞学命名的教科书，修辞学被作为"三艺"之一成为研究和教授的对象；

3. 1690—1745/1750年，修辞学发展的彼得时期，彼得一世统治早期的修辞作品得到认可和普及；

4. 1745/1750—1790/1800年，修辞学发展的罗蒙诺索夫时期，罗氏的著作被视为俄罗斯修辞学的经典作品；

5. 1800—1850/1860年，修辞学理论的繁荣时期，其研究的巅峰阶段。这一时期梅尔兹利亚科夫和科尚斯基等人的著作非常普及，修辞学被理解为关于思维和话语、关于散文话语建构的科学；

6. 1850/1860—1917/1920年，修辞学遭受批评的时期，它被排挤出教育体系；

7. 1917/1920—1985/1990年，修辞学发展的苏维埃时期。修辞学的主要实践领域是共产主义意识形态和思想的传播与宣传。

8. 1985/1990年至今，修辞学的信息社会时期。基于这一时期修辞学研究的独立性，将这一时期的修辞学称为"现代修辞学"。

接下来论述每个发展时期社会现状与修辞学发展之间的互动关系。

1.2.2.1 前科学和前教科书时期

在前科学和前教科书时期，虽然人们的话语行为还没有受到体系性修辞学理论的指导，但各种体裁的修辞实践早已成为当时社会生活的一部分并为修辞学发展为一门学科奠定了基础。利哈乔夫（Д.С. Лихачев）指出，当时的"俄罗斯土地为创造语言艺术做好了充分的准备"（转引自帕诺夫 /М.И. Панов 2003:44）。

"修辞学"（риторика）一词在罗斯时期，至少是从7世纪开始就为人所知。риторика 一词在古罗斯的文字记录中的形式是"риторикия"，后者是直接从希腊语翻译而来。риторика 和 ритор 两个词作为外语词汇的俄语翻译是"витийство"和"витий"。词根 вет- 的意义是"说"，它是许多现代俄语词汇的词根：совет, привет, ответ, завет, навет 等。从当时文献中词频统计来看，витийство 和 витий 的使用比 риторикия 和 ритор 更为频繁。

与西方古典修辞学产生和雅典时期实行的民主城邦制的相互关系不同，前教科书和前科学时期修辞学的出现与罗斯受洗以及确立教会地位不无联系。事实上在古罗斯的多神教时期社会生活中就出现了演讲这一实践活动形式。而真正意义上具有一定科学体系意义的修辞学是保加利亚和希腊的修行者传入罗斯的。与智者雅罗斯拉夫（Ярослав Мудрый）大公同时期的修士格奥尔吉（Георгий Амартол）在《编年史》（Хроника）一书中介绍了古希腊时期修辞学的基本理论，《古希腊编年史》(XI-XIII世纪)从东斯拉夫文化的角度描述了古希腊修辞学。罗斯时期出现了一篇描写修辞格的文章，它是君士坦丁堡一位图书管理员胡罗夫斯基(Хуровский)的《论形象》(О образах)的译文，随后被收录在1073年斯维亚托斯拉夫(Святослав)的《选集》(Изборник)之中。文中分析了27个形象，也就是今天我们所说的辞格，其中重点分析了在当时修辞实践中最为常用的寓喻和隐喻辞格。

古罗斯时期杰出的演讲家是以伊拉里昂主教(Иларион)为代表的基督教传教士。伊拉里昂主教1049年在基辅圣索菲亚教堂发表的关于法律和天惠的布道演讲(Слово о законе и благодати)被认为是宗教演讲实践的典范。他演讲的风格十分生动，文中辞格使用频繁。他善用修辞学理论，形成了独特的演讲风格，这给他本人也带来了崇高的荣誉，民间将他称为"基辅主教"。基辅罗斯时期著名的布道演讲家还有弗拉基米尔·莫诺马赫大公(Владимир Мономах)、基里尔·图罗夫斯基主教(Кирилл Туровский)、彼得·莫吉拉教士(Пётр Могила)等人。弗拉基米尔·诺莫马赫大公发表的名为《训导》(Поучение)的青少年寄语成为极具代表性的道德伦理演讲典范。

在前科学和前教科书时期修辞学在教学领域也占有一席之地。在七世纪加里西亚—沃伦公国时期的东正教文献《Выголексинский сборник》中，有关圣费奥多尔·斯图季特(Феодор Студит)的生平时写道："他先接受了语法的教育，然后是修辞学"（转引自安努什金2009:186）。这也就是说，在当时的教育体系中，基础阶段教授阅读和书写(чтение и письмо)，然后就进行"高等"(высший)学科的教授，即语法学和修辞学。

在学科发展的这一时期，修辞学者和哲学家被称为"智者"(мудрец)和"行家"(знаток)。但对于修辞学家(指修辞学理论和实践的研究者)和修辞者(指修辞实践者)来说，那时就已经有了不同的看法和态度。修辞者被分为两种："虚伪的和自夸的"和"听从神的旨意并获得智慧的"。这一点与西方古典修辞学产生初期相似,即对学科的哲学伦理基础始终存在质疑。

1.2.2.2　1620年俄罗斯第一本修辞学教科书

риторика这一词形首次出现在文字记载中是在1620年的《修辞学》中。这本教科书是拉丁版本的俄语翻译,该术语的读音还保存了拉丁语的发音,即重音在倒数第二个音节上。与现代俄语词汇的重音相同的读法直到彼得一世时期才出现(见安努什金 2009:187)。

1620年的《修辞学》是俄罗斯第一本修辞学教科书,通常认为该书是由马卡里(Макарий)从拉丁文翻译成古俄文的,但也存在译者不详的观点。原书的作者是德国新教神学家、人文主义教育家梅兰希顿(Филипп Меланхтон, Philipp Melanchton)。梅兰希顿在这本教科书中继承了古典修辞学规定的五大传统任务,强调修辞学和辩证学不是对立存在,而是在一个大修辞框架内的统一。他还增加了古典修辞学没有论及的三种新的话语形式,即阐释、评论和布道,从而使修辞学成为包含言说和诠释的一门更加综合的学说。1620年教材的译者在把此书翻译成古俄语的过程中做了补充修改,增加了一些注释和新的俄语例子,将拉丁语的名字改成了俄语。秉承古典修辞学的传统,1620年的《修辞学》以"问—答"的对话形式写成,书中比较全面地阐述了西方修辞学当时的研究成果。全书共有两卷,第一卷是构思,第二卷是语言修辞。在第一卷中,作者不仅讨论了如何构思,还论述了"话语的六个部分",即话语结构。另外,如何调整听众的情绪也在这一卷中有所涉及。在第二卷中,作者阐述了关于辞格的理论,详细分析了123种辞格及演讲的4种类型:教育演讲(научающий род: школьное и церковное обучение)、法庭演讲(судебный род)、议政演讲(рассуждающий род: совещательные речи при решении государственных дел)和典礼演讲(показующий род: хвалебные речи)。作者还强调了模仿演讲范例的重要性。

该书出版于1620年，这一时期正值俄国历史上"混乱时期"（Смутное время）刚刚结束。"混乱时期"大约是从16世纪末到17世纪初，期间俄国社会生活的各个方面危机加剧，社会动荡不安。1605年，沙皇鲍里斯·戈东诺夫（Борис Годунов）突然死亡，俄国进入"混乱时期"。直到下诺夫哥罗德的米宁（К.З. Минин）和波扎尔斯基（Д.М. Пожарский）率领民兵把波兰侵略军赶出莫斯科以后，这一动荡时期才终于结束。1613年2月在莫斯科举行了缙绅大会，推选出16岁的年轻大贵族米哈伊尔·罗曼诺夫（Михаил Романов）为沙皇（1613—1645）。俄国历史上长达300多年的罗曼诺夫王朝的统治就此拉开序幕。而1620年的教科书《修辞学》正是在国家新的管理体系得到了确立之时问世的，这也正是社会变革在教育领域的反映。当时的俄国教育实践明确地呈现出三大人文学科一统天下的景象，即语法学、修辞学和辩证法。1620年之前就已经出现的《七贤说》（Сказание о седми свободных мудростях）中就对这三门学科进行了描述，1620年的《修辞学》、斯莫特里茨基（Мелетий Смотрицкий）的《语法》和达马斯金（Иоанн Домаскин）的《逻辑》中进一步进行了论述，确认这三门学科构成了17世纪俄罗斯语文学的基本结构。

1.2.2.3　彼得一世时期

罗曼诺夫王朝最著名的沙皇是彼得一世，即彼得·阿列克谢耶维奇·罗曼诺夫（Пётр Алексеевич Романов），人们一般称他为彼得大帝。他是罗曼诺夫王朝的第四位沙皇。17世纪末到18世纪上半叶，彼得一世对俄国进行了改革，普及了教育并加强了对欧洲的借鉴。在文化教育方面，为了改变俄国文化教育的落后面貌，彼得一世规定各级政府直接管理教育，建立各种类型的学校，开始推行学校教育。除了军事学校之外，还在各省开办实施普教的算术学校，规定所有贵族子弟必须学

第一章 俄罗斯现代修辞学思想探源

习,同时还派人去西欧国家学习。此外,彼得一世政府还通过各种途径,把西欧近代科学著作翻译介绍到俄国来。他扩大了书籍的出版,1703年第一份官方铅印的报纸《新闻报》问世。废除旧历法(以9月1号"创世日"为新年的旧历法),从1700年1月1日起采用当时欧洲的儒略历法。此外,他还勘地域、绘地图、寻矿藏、观天文、设图书馆和陈列馆,并于1724年创建了俄罗斯科学院。这种昌明的社会文化环境为修辞学等人文学科的发展提供了条件。彼得一世的改革极大地促进了政治和军事演讲的发展。除此之外,彼得一世还进行了宗教改革,加强皇权。"17世纪下半叶的宗教分裂对俄罗斯的修辞学发展也有一定的影响。新旧教派为了维护自己的教义而进行辩论,他们的辩论在俄罗斯语言文化史上留下了明显的印记。"(樊明明等,2007:18)

安努什金指出,这一时期问世并对后世产生了深远影响的修辞学论著多形成于17世纪末至1710年间,如利胡德(Сафроний Лихуд)的《论修辞的力量》(О риторической силе)(1698年)、乌萨乔夫(М.И. Усачёв)的《修辞学》(Риторика)(1699年)和亚沃尔斯基(Стефан Яворский)的《修辞的权利》(Риторическая рука)(1698年)等。这一时期的修辞学论著在学术任务和内容风格上各有特色。利胡德的《论修辞的力量》是由希腊语翻译而来,是彼得一世时期最为普及的修辞学教科书之一。该书分为四部分:第一部分论述了修辞学的本质与优点,列举了16个论题并举例说明;第二部分是关于言语修饰的论述;第三部分对话语陈述加以论述;第四部分对典礼演讲的内容进行了描述。该书几乎囊括了当时政治和家庭交际的大部分场景,对在这些场景中如何展开话题进行了论述。乌萨乔夫在《修辞学》一书中介绍了修辞学的定义、三种言语类型、普通修辞学的五部分和掌握修辞的基本方法。该书的第一卷主要讨论了论题体系。与同时期的修辞学研究者相比,乌萨乔夫对论题体系进行了分类,将它们分成了"原生论题"和"相关论题",这也是现代修辞学中论题划分为"内部论题"和"外部论题"的雏形。也有学者认为乌氏对论题的划分过于细致，显得较为烦琐。（见安努什金1998:5）该书的第二卷主要讨论"布局"部分。之后又分别对表达、记忆和发表等进行了论述，完全体现了对欧洲古典修辞学传统的继承。这部《修辞学》对修辞学发展的下一阶段，即罗蒙诺索夫时期产生了巨大的影响。罗氏1743年和1747年的修辞学著作不仅在篇章结构和基本术语的使用上借鉴了乌萨乔夫的《修辞学》，还在学科定义等重大问题上以乌氏的著作为基础，继续展开更为深入的论述。

1.2.2.4 罗蒙诺索夫时期

18世纪下半叶，俄国政局稍趋稳定，在数次宫廷政变之后开始了叶卡捷琳娜时代。叶卡捷琳娜（Екатерина Ⅱ Алексеевна）早年读过许多西欧启蒙思想家的作品。她在1762年发动政变即位后，便请启蒙思想家狄德罗（Дени Дидро）来彼得堡，用以证明她是一位"开明君主"，是启蒙思想的信奉者。她兴办各类学校，提倡文学创作。这一时期对于话语（слово）的兴趣逐日递增，修辞学在研究和教学领域都拥有颇高的地位，被称为"学科之王"（царица наук）。在这样的学术环境下，罗蒙诺索夫的两部著作，即《修辞学简明指南》（Краткое руководство к риторике）（1743年）和《修辞实践简明指南》（Краткое руководство к красноречию）（1747年）分别问世。罗蒙诺索夫为俄罗斯民族修辞学的发展奠定了基础，在他的教育教学活动中始终贯穿着对修辞学的思考，其修辞学观点集中反映在上述这两部著作中。罗蒙诺索夫在俄罗斯的历史上首次用俄语写成了通俗的修辞学著作，在他之前都是用拉丁语或晦涩难懂的古斯拉夫语进行写作的。罗氏还对当时语文学领域中的若干概念，如риторика和красноречие等，进行了区分。他首次将красноречие作为一个科学术语对待，将其定义为说服的艺术，本质是一种修辞实践的能力。而将риторика作为一个研究修辞实践的理论体系看待。罗氏的许多修辞创新理念都体现在他的这两部著作

第一章 俄罗斯现代修辞学思想探源

中。书中他将"激发听众情绪"也纳入"构思"这一章,并认为"很少有人能不受喜好的支配而完全按照推理来行事"。罗氏的著作还充分体现了作者本人的修辞典范观,他没有将修辞学的研究对象简单固定在已经成文的话语作品上,而将更多的注意力放在言说者应该致力于发表什么样的话语上。对于罗氏来说,言说和事实的统一(единство слова и дела)是修辞行为的根基。罗蒙诺索夫对于修辞学发展的另一个贡献是他的修辞学思想和见解被广泛运用于修辞教学实践中,甚至在当代也没有失去其现实意义。在米哈里斯卡娅(А. К. Михальская)的《修辞学基础》(Основы риторики)一书中就使用了罗氏的"话语建构法"。在如何培养修辞实践者方面,罗氏认为,一个出色的演讲者必须具有睿智的思想、良好的记忆力、洪亮的声音和悦目的外形。除了这些天资以外,他还必须接受过良好的教育、具有诗学的底蕴、熟知历史和文学知识、同时还拥有人类崇高的品德和哲学的才思。在修辞教育教学方面罗氏着重指出演讲者所必须具有的修辞技能,即合理建构话语的能力,以及运用语言资源准确表达思想,进而唤起听众相应情感的能力。

罗氏将西方的理论同俄罗斯语言与文化相融合,实现了这一学科的民族化。樊明明等学者对罗蒙诺索夫的修辞学理论体系的特点做出了如下的总结:

> 第一,继承了"五艺"的结构模式(主要是构思、布局和表达三部分);
> 第二,涵盖语文创作的广阔领域,包括(文学和非文学的)散文及诗歌;
> 第三,在语言表达部分的论述中涉及不少语言规范化的问题;
> 第四,在风格理论方面提出了开拓性的见解;

第五，以俄语为母体的辞格研究有了极大的发展。（2007：25）

但是，罗氏的理论也有值得商榷的地方，樊明明等人（2007：25—26）也指出：

> 由于受历史的局限，罗氏在继承传统的同时，也将论题体系理论发展到了极致，将构思理解为开拓思路的过程（不突出论据的选择），而实现这一过程的机制，是一个发端于昆体良时期而在近代史时期被推至极端的"论题"体系；罗蒙诺索夫拓展思路的16个论题在著作中占有大量分量，以论题为思维工具、将论题分解为树系图的做法违背了创作的基本规律，他的"谋篇布局"烦琐僵化，命题演说理论更加死板，同中国的"八股"如出一辙。总的来说，罗氏理论体系反映了欧洲启蒙时期的古典传统派的理念：这里既包含亚里士多德、西塞罗的某些精华，也有罗马以后发展起来的烦琐哲学。

1.2.2.5 学科发展的巅峰时期

罗蒙诺索夫时期之后，俄罗斯修辞学的研究日益壮大，于19世纪上半叶达到了其学科发展的巅峰阶段。这一时期，俄罗斯科学院、国民教育部先后成立，实施教育改革，学校数量大大增加，教育更加普及。19世纪前10年是建立俄罗斯标准语、形成标准语统一体系、建立民族语言统一规范的时期。这一时期修辞学教授达到了空前的规模，各类学校的修辞教学，甚至家庭修辞教学都颇具规模。

这一阶段修辞学研究的代表人物较多，例如尼科利斯基（А.С. Никольский），他的逻辑学和修辞学著述以系统性和简明扼要为人称赞；

第一章　俄罗斯现代修辞学思想探源

再如里日斯基(И.С. Рижский)，他的学说加深了人们对于修辞学是一门关于修饰话语和言语风格的科学的认识。

在这一时期莫斯科大学还成立了修辞与诗学教研室。梅尔兹利亚科夫从1809年开始担任这个教研室的主任，他对俄罗斯修辞学的发展也有很大的贡献。梅尔兹利亚科夫认为，如果修辞理论(риторика)提供了连续准确表达思想和合理布局的规则，那么修辞实践(красноречие)就是运用话语正确、清晰并且符合交际目的地表达自己思想和情感的能力。他还认为，话语对人的影响是巨大的，因此，修辞学研究的不限于"说服和证明"，它还是一门"教人明智、激发想象、触碰心灵和影响意志力"的学问。梅氏著有《简明修辞学》(Краткая риторика)一书，在1809年至1828年之间再版四次。梅氏并未采用构思布局等传统的五部分作为基本结构，而是将风格学说作为修辞学的基础理论。梅氏的另一个重要的研究成果是他在专域修辞学领域首先提出了话语的分类：书信，对话，教学文章，历史相关文献，演讲（宗教演讲、政治演讲、法庭演讲、典礼演讲和教学演讲）。

这一时期另一位杰出的修辞学家、修辞教育家科尚斯基的作品也颇有影响。他是普希金(А.С. Пушкин)在皇村中学时的老师。他的主要著述是《普通修辞学》(Общая риторика)（1818年，十次再版）和《专域修辞学》(Частная риторика)（1832年，七次再版）。科氏的著述语言生动，其中不乏逻辑学和诗学的知识，并运用大量实践例证来证明自己的观点。他认为修辞学是关于思想的获取、排列和表达的科学。有关他在修辞学理论方面的见解在樊明明等人的《人文修辞学》一书中有详细的介绍（见2007:40—45），我们在这里就不再赘述。我们主要介绍一下他有关修辞学教育方面的观点。他认为有三种主要途径可以提高修辞能力：一是阅读经典。科尚斯基认为好的修辞者一定会通过话语表现出"好的词汇、好的思想、好的表述、好的篇章布局……"，由此，他的话语便可具备高尚、优秀、伟大等风格。科尚斯基所提倡的经典阅读就是基于对这些具体修辞手段和风格的分析之上；二是独立思考。科尚斯基认为所有通过阅读得到的知识一定要通过独立思考才能进入自己的认知范围；三是练习。科尚斯基认为只有借助于练习所获取的知识才能转化为能力，并且练习应该是长期和固定的。

对比梅氏和科氏的修辞学论述不难发现他们的分歧。这些分歧源于他们对于修辞学学科本身的不同理解。梅氏对修辞学的理解接近文艺复兴后期法国学者拉米斯的观点，即话题的构思和材料的组织安排应该划归辩证学，而修辞学的研究对象只包含文体风格和表达两项。而科氏，与梅氏恰恰相反，坚定地认为构思是修辞学的重要组成部分，唯一需要注意的是不应该机械地运用构思理论。

这一时期的修辞学研究还在结构上分为了普通修辞学和专域修辞学两部分。综合这一时期关于普通修辞学和专域修辞学的论述，就它们的研究内容做如下总结：

普通修辞学包括：

（1）语文学科的分类（语文学、逻辑学、语法学、修辞学、诗学、美学）；传统上关于真修辞和伪修辞的讨论；

（2）构思理论，关于思想来源或者作为寻找话语材料方法的论题体系学说；思维的逻辑基础（概念、论点、论证）以及论点和论据的布局；

（3）言语作为发展叙述方法的普及；

（4）言语结构布局的理论：序言、称名、叙述、描写、证明、反正、结论；

（5）关于八段建构法的学说；

（6）关于文体和风格的学说（风格的学说可以做两种理解：三品说理论和言语品质的理论）；

（7）关于辞格的学说（包括语义辞格和句法辞格）；

（8）关于圆周句的学说；

（9）关于激发情感的学说；

第一章　俄罗斯现代修辞学思想探源

（10）关于审美力的学说（审美力是用话语表达高尚情操的能力）；
（11）关于记忆的学说（发展记忆能力和训练记忆的方法）；
（12）关于发音和身体语言的学说；
（13）教授修辞学的基本原则；
（14）考虑到不同作者独特的意识形态和修辞倾向的示例文章分析。

专域修辞学涉及话语分类。19世纪修辞学在发展鼎盛时期将所有类型和体裁的话语分为书信、交谈或对话、教学或者学术文章、历史（历史及文学散文）、演讲（政治演讲、法庭演讲、典礼演讲、学术演讲、布道演讲）。

1.2.2.6　学科发展的衰落时期

19世纪中期俄罗斯人文学科领域里出现了一个矛盾的现象：一方面修辞学的发展非常繁荣；另一方面它所提倡的风格遭到了一些学者的批评，别林斯基认为修辞学是"庸俗的和毫无新意的"。对修辞学猛烈的批评证明当时的俄国社会需要一种新的思想和话语风格。别林斯基等批评家均认为语文学研究的中心应该是着力表现生活的自然派文学作品，而话语创作的主要形式应该是广义的诗歌：抒情作品、戏剧和小说。哲学文献、事务作品和演讲等逐渐被认为是不重要的话语形式。在这种环境下，修辞学的研究内容逐步分化为俄语修辞学（стилистика русского языка）、语文学、诗学等学科。

19世纪中期俄国废除了农奴制。1855年亚历山大二世（Александр II Николаевич）继位。他在全国范围内推行了一系列颇有自由主义色彩的改革。其中最具影响的是1861年农奴制改革。政治体制决定着管理体制。亚历山大二世所推行的改革方针需要在政治上做一系列改变。因此，几乎在废除农奴制的同时，他又对政治、军事、教育体制等作了相应的改革。1863年颁布的大学章程恢复了被尼古拉一世（Николай I Павлович）剥夺了的大学自治权。大学委员会自主解决学术、科研和行政、后勤事务，国家行政代表只监督其工作。1865年还取消了对书籍和首都报刊出版前的检查，使得出版业较之前有了较大的自由。

　　这一时期的修辞学被排挤出了教育体系，取而代之的是语文学(словесность)。当时在俄国的学校中开设的语言和语文课程有俄语、语文、希腊语和拉丁语，其他必修的语言有法语和德语，供选修的是英语。俄罗斯修辞学的内容分散至语文学和俄语修辞学中进行教授。作为修辞学理论一部分的辞格研究一直在继续。虽然作为学科的修辞学的状况十分尴尬，但在任何社会中都不可或缺的修辞实践却在继续。19世纪下半叶较为繁荣的修辞实践形式是法庭演讲。俄罗斯法庭演讲理论的研究者一致认为，法庭演讲的诞生和繁荣直接源于俄国19世纪60年代的司法改革。此前，在司法程序里一直是书面材料起主导作用，极少出现通过公众演讲的方式决定法律问题的机会。1864年俄国通过了新的司法章程，司法开始脱离行政当局的管辖和束缚，取得了独立，建立了陪审团制度。这些都成为法庭演讲理论产生和发展的前提条件。由于引入了陪审团制度，法庭演讲的公开性、公众性和控辩双方的辩论都引起了广泛的社会共鸣。科尼(А.Ф. Кони)、波罗霍夫希科夫(П.С. Пороховщиков)等优秀的法庭演讲实践家脱颖而出。安努什金指出，在新的社会机制中会产生新的交际形式。随着1906年国家杜马(Государственная Дума)的成立，政治辩论和争论的作用凸显出来，政治演讲得到了发展。杜马中出现了一批杰出的政治演说家，其中影响较大的当属斯托雷平(П.А. Столыпин)。斯托雷平是俄国国务活动家，1906年起任内务大臣和内阁总理大臣。作为一名俄罗斯的改革家，他需要经常在杜马演讲，推行他的改革思想和措施。"在面对议员演讲时斯托雷平显示出非凡的作为一个优秀演讲者的素质和能力。他在演讲时所说的 'Не запугаете!' (你们吓唬不住我们!)和 'Им нужны великие потрясения, нам нужна великая Россия !' (他们需要重大的震荡，而我们需要伟大的俄罗斯!)已经成为经典名句"。俄罗斯总统普京十分

第一章　俄罗斯现代修辞学思想探源

赞同斯托雷平在政治演讲中体现出来的精神，并在自己的演讲中仿照了他的表达："我们不需要重大的震荡，我们需要伟大的俄罗斯。"19世纪末得到发展的演讲形式还有宗教演讲。约翰·克罗恩什塔茨基(Иоанн Кронштадтский)的布道吸引了成千上万的人。他的布道演讲充满了真诚的信仰和对上帝的笃信，并且使用话语的力量将这种信仰植入人们的心中。他说："我不仅努力在话语上做一个真诚的牧师，还努力在行为上和生活中成为这样的人。"

1.2.2.7　学科发展的苏维埃时期

进入20世纪，1917年的胜利"很大程度上是列宁领导的布尔什维克党在修辞上的胜利"（安努什金2009:198）。不可否认的是，当时俄国社会民主工党的领袖们都十分擅长公众演讲并且十分重视这一话语形式的影响力。在意识形态和价值观彻底转型的今天，很多俄罗斯的语文学家和修辞学家都在回望那一段历史，期望对当时的社会环境及修辞学学科发展之间的关系做出一个恰当的阐述。俄罗斯语文学界对于弗拉基米尔·伊里奇·乌里扬诺夫(Владимир Ильич Ульянов)、谢尔盖·米罗诺维奇·基洛夫(Сергей Миронович Киров)和米哈伊尔·伊万诺维奇·加里宁(Михаил Иванович Калинин)等人的话语创造力还是给予了肯定的评价，他们认为将其定性为"苏维埃时期庸俗的意识形态神话"是不妥当的。直到现在还有学术作品以分析列宁的演讲艺术作为研究的对象，而列宁作为一个政治演讲家也多次在修辞学和演讲学的教科书中被提及。安德列耶夫(А.А. Андреев)着重指出了列宁演讲话语的缜密逻辑、语言手段的丰富性和形象性以及话语丰富的感情和感染力。与此同时，安努什金也指出，布尔什维克无尽地美化了列宁的形象，将他所有的言语交际实践都作为人们学习和模仿的对象，这无疑在一定程度上忽略了俄罗斯历史上沉淀和积累下来的哲学、宗教和精神文化精髓。当时的社会环境对于推动修辞学发展的客观现实，樊明明等人（2007:64）指出，"由于当时政治形势的发展，需要大批擅长演讲的人才，需要用生动、有号召力的演讲来进行政治宣传与斗争。在学术和教育界，对 живое слово（生动有趣的话语、演说）的讨论和研究空前活跃"。"живое слово"这一词组在苏维埃政权早期是相当活跃的一个说法。1918年11月15日在彼得堡成立了首所"演讲学院"（Институт живого слова）。在演讲学院执教的学者们编写了大量提高和发展演讲艺术的计划和大纲。维诺格拉多夫（В.В. Виноградов）就"人民演讲艺术"进行了探讨，更具体地说是"在相互交流基础上"的公众演讲。俄罗斯特有学科"言语素养学"的创始人维纳库尔（Г.О. Винокур）在《语言文化》（Культура языка）一书中倡议语文研究应"从呆板的体系研究转向作为社会交际和影响手段的生动的话语"（转引自安努什金，2009:200）。

遗憾的是，这样繁荣的研究盛况并没有持续多长时间。30年代以后作为表达个人思想的演讲完全被禁止，很多学者也完全失去了学术自由。最后一本关于演讲艺术的书是戈夫曼（Виктор Гофман）的《演说者的话语》（Слово оратора）（1932年），其中对政治和修辞的关系作出了论述："修辞的原则是变相的政治原则，而修辞学则是更加神秘的政治学。修辞学作为演讲话语的理论就像政治理论的替代品一样，主导着政治斗争"（转引自安努什金，2009:202）。

当然，演讲作为一种实践并没有消失。苏维埃的生活方式，苏联人的形象都是通过话语和交际风格传达和体现的。在与西方进行的"冷战"中，苏联人的固定思维一直没有改变。俄罗斯修辞家在反思"冷战"时期这段历史时指出，和西方在意识形态以及信息心理上的争锋（идеологическая и информационо-психологическая война）过程中，苏联的修辞是失败的。对内，即对本国人民来说，"当时的思想体系是高高在上的，并没有深入人们的内心和血液"（安努什金 2009:201）。在各种党和工会的会议上人们听到的都是形式上的、从书面语照搬过来的话

第一章 俄罗斯现代修辞学思想探源

语,没有任何独创性,也不引人入胜。人们感受不到发言者的真诚,从内心对这种交际风格产生了抗拒。对外,即在国际交往上,苏联的国家修辞能力也频频遭到质疑。我国学者刘亚猛(2004a:3)也有类似的观点:

> ……也无法想象西方能够不依靠其比前苏联和东欧集团棋高一着的意识形态修辞和地缘政治修辞而在"二战"后持续了半个世纪的冷战中因为后者的自我崩溃而最后胜出。
>
> 关于这一点,我们只消比较一下"冷战"时期东、西方分别给对方和自己贴的标签就会看得很清楚。西方以"铁幕"指称苏联和东欧集团,而以"自由世界"自诩。苏联和东欧集团则习惯以"社会主义阵营"和"资本主义阵营"分别指称自己和对方。"铁幕"的狰狞形象使任何人都不由感受到一种窒息的冷酷。"自由"是人们为了它甚至可以牺牲生命和爱情的最高普世价值之一。这两个指称从感情、心理、思想意识上对对立双方的一般群众都产生极大的修辞冲击。相比之下,类似"社会主义阵营"和"资本主义阵营"这类干巴巴毫无色彩的政治经济学术语,既缺乏触动人们的情感和心理的力量,对普通老百姓更谈不上有任何直接的修辞诉求。

关于苏联时期修辞学的研究,樊明明等学者(2007:70)总结道:

> 自30年代起(即20世纪30年代——笔者注),传统人文修辞学(即我们文中的"俄罗斯修辞学"——笔者注)在学术领域完全沉寂,"人文修辞学"一词逐渐成为一种禁忌,伴随这个词汇的是这样一些负面的评价意义,如华而不实、言辞的过分藻饰、情感虚假等等。与此同时,人文修辞学的学术研究也销声匿迹,滑落到有史以来的最低点。可以说,苏联时期传统

修辞学作为一门学科完全被抛弃、遗忘,而它所研究的有些问题则分散到现代修辞学、文艺语言研究、篇章研究、演说语言研究等不同的学科中。

1.2.2.8　当代俄罗斯社会与俄罗斯修辞学的复兴

20世纪80年代以来,修辞学在俄罗斯实现了全面的复兴。下列因素在俄罗斯修辞学的复兴之路上产生了关键的、积极的影响:

第一,社会政治环境氛围逐渐改变(主要指五六十年代政治上的松动和80年代末的社会政治变革),民主政治逐步推进,将修辞学作为对立阶级进行宣传和欺骗手段的观点不再禁锢人们的思想。我国俄语研究家张会森(2011:86)指出:"社会的大变革和社会思潮的异动,促成了修辞学(指 риторика—笔者注)的复兴(риторика 十月革命后曾退出学术和教学舞台)"。1985年戈尔巴乔夫改革所开始推行的民主化进程带来了思想和话语的新风格。改革的支持者体现出自由和激情的话语风格,交际方式也变得越来越民主。这样的话语环境提供了更多自由表达个人观点的机会,但同时也要求言说者对话语更加深思熟虑和承担相应的责任。安努什金(2009:202)认为,"当时的苏联缺乏周密的和深思熟虑的改革纲要,由此,不仅导致了行为上的混乱,还产生了号称'民主'、实则'庸俗'的交际风格"。他还认为,监管的取消,使这样的风格在媒体话语中变得十分常见。1990年,苏联取消了宪法第六条关于苏共领导地位的规定,在法律上废除了一党制,使多党制合法化,并实行总统制。1991年12月25日,苏联正式解体,俄罗斯作为苏联的政治继承体,取代了苏联在联合国安理会常任理事国地位。可以说,20世纪90年代初是俄罗斯社会发生巨变的转型时期,随着苏联的解体,其社会意识形态、经济发展模式、甚至是个人生活方式都发生了颠覆性的变化:政治上实行了多党制,经济上从计划经济转型为市场经济。日渐宽松的话语环境使人们获得了更多自主的话语权。在行使这些权利时,建构有效的、完善的话语就成为最具迫切性的任务,而修辞学作为一门从思维到话语发表,全面关照话语生成的科学为这一任务的顺利完成提供了极具操作性的建议和规则。沃尔科夫(2001:168)认为,现代修辞学应该"教会人们运用各种形式的话语",更重要的是让人们明白话语对于构建生活、工作、学习和相互交流的重要意义。

第二,语言学研究由"形式主义"向"功能主义"倾斜的趋势。"语言研究中的功能主义思想就是把语言看成是一种交际形式和一种社会产物,它旨在通过语言在社会交际中应实现的功能来描述和解释语言系统不同层次上的各种特征。"(王铭玉等,2007:1)自觉地对语言进行功能研究始于20世纪20年代成立的布拉格学派。该学派的创始人马泰休斯(Матезиус)认为:"语言是人类活动的产物,语言与人类活动一样具有目的性。对作为交际手段的言语活动所做的分析表明,说话人最为普通的目的在于表述,这一点是显而易见的。因此,必须采取功能的观点来进行语言的分析。"(转引自戚雨村,1997:73)荷兰功能语言学家梵·迪克(Ван Дейк)认为,形式主义和功能主义的主要分歧体现在以下几个方面:

	形式主义	功能主义
语言定义	语言是句子的组合	语言是社会性的交际工具
语言的主要功能	表达思想	进行交流
语言的心理基础	语言能力,即说出、理解并判定句子正误的能力	交际能力,即运用语言进行社会性交际的能力
语言系统及运用	在逻辑和方法上,研究语言能力优先于研究语言运用	研究语言系统首先应在语言运用的框架内进行
语言的语境	对句子的描写独立于上下文和情景	描述语言表达形式必须联系它们在特定语境中的功能

（续表）

	形式主义	功能主义
语言习得	在有限且结构凌乱的语言素材基础上，儿童靠先天禀赋构建语法	通过在自然语境中展现的、广泛且高度有序的语言素材，儿童学会语言和语言使用的规律
语言普遍现象	语言普遍现象应看作是人类机体先天形成的特征	语言普遍现象可以从三个方面的制约因素得到解释：(1)交际目的；(2)语言使用者的心理和生理素质；(3)语言使用的环境
句法、语义和语用的关系	句法独立于语义；句法和语义一并独立于语用；优先序列为句法经语义至语用	语用是包容一切的框架，研究语义和句法必须在其中进行；语义从属于语用，句法从属于语义；优先序列为语用经语义至句法

（转引自王铭玉等，2007:3—4）

事实上，功能主义的哲学思想渊源可以追溯到古希腊的柏拉图（Платон）和普罗塔哥拉（Протагор）。他们认为语言是人谈论问题的手段，是一种活动方式，是一种选择系统，其标准是可接受性或用途。而古典修辞学的研究证明人们已经开始不自觉地对语言在使用中的各种功能进行探讨，比如研究说话人如何使用各种语言手段来达到最大程度的感染力，获得最佳的表达效果等。俄罗斯语文学领域功能主义研究的日益深入唤起了人们的修辞学记忆，因此我们认为，语言研究的功能转向是修辞学在俄罗斯复兴的外部条件之一。

第三，席卷欧美地区的修辞学复兴热潮。同俄罗斯修辞学发展轨迹相似，19世纪也是西方修辞学发展的低谷。19世纪的修辞学从强调论辩的取材到重视文体风格，从以口头交际为主到着重书面写作，从一门综合性显学到被分散到诸多专业领域。到了20世纪，两次世界大战后，随着新型世界格局的形成，美国作为世界头号大国的地位得以确立和巩固。美国的政治体制借鉴了古希腊的政治模式，大众演讲和竞选演讲作为表达民主和体现民主的方式在美国大行其道。战后，遍布美国各高校的演讲系对和言语交流有关的修辞学产生了浓厚的兴趣，并创办了一系列修辞学组织和刊物，带动了相关领域对古典修辞学的再研读和新突破。他

第一章 俄罗斯现代修辞学思想探源

们逐渐认识到"语言不是一种可以通过斗争被塑造来适合个人意志的易受影响的媒介,语言本身却是一种创造性的力量,有助于决定人类对自己及其世界的认识"(胡曙中,1999:508)。与此同时,在战后的恢复和重建中,欧洲大陆不同领域的学者也对人类的生存现状进行了深刻的反思。他们不约而同地从人类的本质中寻求解决冲突的方法。他们重新审视语言的作用,试图揭示话语的力量,并转而重视修辞学。"这一切都从深层次上对行将就木的修辞理论发出了召唤。"(姚喜明,2009:218)俄罗斯人文社会科学研究者一方面对于西方的话语实践"深恶痛绝",另一方面又积极地借鉴西方话语研究的理论(其中也包括修辞学)。1979年布雷斯卡娅(О.П. Брынская)的副博士学位论文《新时期美国修辞学的主要特征》(Основные черты американской риторики новейшего времени)将美国的修辞学定位于"母语语文教学的核心课程"和"社会进步的发动机",还论述了修辞学与其他学科的关系,分析了美国"演讲家形象"的基本特征。1983年格尔玛诺娃(Н.Н. Германова)的论文《19世纪美国幽默的语言学文体学特征》(Лингвостилистическая характеристика американского юмора XIX века)简要介绍了美国的修辞学和文体修辞学教科书、文选,论述了美国19世纪末政治和布道修辞学与文艺作品的关系,阐明了文体在美国语文学研究中的地位。1986年俄罗斯第一部全面介绍当代西欧及美国新修辞学成就的论文集《新修辞学:渊源、问题、前景》(Неориторика: генезис, проблемы, перспективы)出版。1987年拉琴科(В.Н. Радченко)的《美国20世纪关于演讲艺术的学科》(Американская наука об ораторском искусстве в XX веке)对美国的演讲艺术进行了研究,涉及了美国演讲学科发展的历史分期问题,并对有关演讲术的一些概念、演讲范例进行了系统化梳理。可以说,西方新修辞学的兴盛对于俄罗斯修辞学的复兴提供了模式和途径的参考。

综上所述,在外部和内部因素的共同作用下,俄罗斯修辞学重新获得了独立的学科地位并重返俄罗斯的普及和职业教育体系,成为人文和社会科学研究不可或缺的一部分。与此同时,俄罗斯修辞学忠实地继承了古典修辞学的传统,同时被注入了更多的民族文化因素,逐步发展成为具备完全学科建制的俄罗斯现代修辞学。

第三节 对修辞学误读的反拨

修辞学从古典时期算起已经经历了两千多年的历史,对于它的理解始终存在着各异的观点。在各国修辞学的发展史中,一直存在着不同的声音,俄罗斯修辞学尤甚。在这些批评和反对的观点中,除了积极的学术争议,还存在不少对修辞学的误读。其中一些误读一直伴随着学科的历史发展,另一些则同修辞学发展现阶段的社会文化背景休戚相关。俄罗斯修辞学研究者的部分成果旨在拨乱反正,但要改变大众意识中已经根深蒂固的误解也并非易事。

1.3.1 "好"修辞还是"坏"修辞

在展开本节的论述之前,先以俄罗斯国家语料库报刊分语料库中"修辞学"一词搜索结果中的几个用法为例来考察一下这个词汇在新闻媒体话语中的意义:

例一:2014年6月30日《消息报》刊登的俄罗斯国家杜马国际事务委员会主席阿列克谢·普什科夫(А.К. Пушков)的采访:

Все обвинения России в распространении терроризма—чистая риторика, к которой серьезно в Парламентской ассамблее ОБСЕ не относятся. Тут все прекрасно понимают, что никаких террористов на юго-востоке Украины нет. Президент Швейцарии называет их сепаратистами, кто-то называет их боевиками, но ясно, что о как таковом терроризме речь не идет. Жители юго-востока Украины не провели ни одного террористического акта на терри-

第一章　俄罗斯现代修辞学思想探源

тории Украины.（所有对于俄罗斯散布恐怖主义的指责都是无中生有，欧洲安全委员会大会对这些无稽之谈并不在意，因为所有的人都十分清楚，乌克兰东南部没有任何恐怖分子。瑞士联邦主席将他们称为分离主义者，有的人称之为武装分子，但显而易见的是，没人提及恐怖主义。乌克兰东南部的居民在乌克兰的领土上没有实施一例恐怖行动。）

例二：在2018年7月，特朗普（Дональд Трамп）与普京（В.В. Путин）会面后，他改口否认俄罗斯干涉美国大选，阿列克谢·普什科夫在社交网站上发布的观点中再次使用了类似的表述：

Трамп не впервые частично меняет риторику по возвращении в США: так было и год назад после встречи с Путиным в Ганновере. В политике манёвры неизбежны. Важно другое: будет ли после саммита прогресс на обсуждавшихся направлениях? Мяч на стороне США.（美国总统特朗普与俄罗斯总统普京会晤后回国改变说辞已经不是第一次了，一年前与普京在汉诺威会晤后也是这样。政治上用手腕是难以避免的。重要的是另一件事，此次会晤后，讨论过的方向能否取得进展？选择权在美国手上。）

例三：2014年5月13日《消息报》刊登的"乌克兰的免费天然气结束了"一文：

В пятницу министр энергетики и угольной промышленности Украины Юрий Продан сообщил, что Украина не будет платить за газ... Риторика угроз не устраивает Россию...（周五乌克兰能源与煤炭工业部部长尤里·布罗丹称，乌克兰不再支付天然气的费用……口头的威胁对俄罗斯并没有作用……）

从上述语例可以看出，表示"修辞学"或"修辞实践"的риторика一词有时会用于贬义，表达说话者的不满情绪或讽刺的态度，而根据上下文的搭配该词可以理解为"花言巧语""巧言令色""不实之词"等意义。确实，在对修辞学理解的过程中，存在着误读的声音，有些观点甚至在很长一段时间内占据着主导地位。对俄罗斯修辞学的理解也存在同样的情况。苏联时期的修辞学处境尴尬,一直存在着"修辞就是花言巧语的欺骗"这一误解,它也是曲解学科发展历史的反映。

修辞学虽然在俄罗斯实现了全面的复兴,但如同该学科历史所显示的那样,它仍然经受着学术研究范围内外的质疑。在非学术研究的氛围中,确实存在着一种对修辞学错误的"共识":如苏联时期仅仅把它等同于政客用"花言巧语"和"不实之词"来迷惑和欺骗大众,现代人们有时会把修辞与商家令人眼花缭乱的广告联系起来,总之是把修辞(学)看作是与"实话实说"相对立的一种虚骄、夸张的"虚妄之词"。对于此类说法俄罗斯很多学者都指出其谬误之处。如安努什金(2007:24)认为,"不论如何,这些对修辞的理解对于20世纪中层知识分子的认知来说是司空见惯的,但是也是庸俗的和不成功的。这样的理解也不符合古典甚至现代修辞学作为一门研究有说服力话语的学科或艺术。"

修辞学从发端的古典时期到学科发展的现阶段,一直经受着"修辞的最终目的是操控(манипуляция)受众"的误解。但事实却是,只有"好"的修辞者和"坏"的修辞者,而没有"好"的修辞学和"坏"的修辞学。对修辞学"好"和"坏"的评价,很大程度上是对修辞学的伦理基础是否认同的问题。

修辞学是一门人文学科,它的一个显著特点就是认为修辞活动应受伦理道德的制约。这是因为修辞活动是修辞者向受众施加影响的劝说性活动,这种影响可以是正面的,也可以是负面的。如果修辞者不是品行端正的人,如果修辞活动脱离了社会道德规范和伦理原则的制约,那么就很可能形成修辞资源滥用的局面。有关修辞学的伦理基础,在古典修辞学时期就是一个屡屡被提及的问题。

昆体良在《雄辩术原理》(*Institutio Oratoria*/Инструкция ораторства)的序言里申明自己从教的目的是要培养"完美的演说家"。所谓"完美",不但指掌握高超的修辞和辩驳的技艺,而且指拥有健全的心

第一章　俄罗斯现代修辞学思想探源

智、高尚的人格。他认为,只有一个"好人",一个具备优秀品格的人,在学到了论辩演说的本领之后才会处处以社会公益为重,出入政坛、行使法权才能够伸张正义,研究哲学、探讨学问才能够求真穷理。其实,这也是历来人类教育的一致目标,即讲究德才并举,重德育甚至在才智之上。昆体良的论述除了明确他从事的教育事业的目标之外,另一个重要的意义在于重新定义了修辞学这门言语艺术及学问。亚里士多德认为,修辞学是一门中性的学问或技艺,好人坏人都能取为己用;而在昆体良看来,修辞学则是一门传授"优良言语"的学科,掌握修辞之人一定是"好人",修辞也一定是被用于正当目的。所以,修辞不等于能说会道;至于花言巧语、强词诡辩等,都属于拙劣言语,就更不能视为修辞了。昆体良的这一观点在后世得到了印证:或许缺乏伦理的言辞鼓噪一时,但从历史的角度来看,它们是缺乏生命的,甚至可能在进行培养言语个性的教育时充当反面教材。

奥古斯丁(Августин Блаженный)晚年在《忏悔录》中回忆道,早岁的自己只是在出售"教人取胜的争讼法术",那都是些炫人而又自惑的东西,虽然未必是要学生去侵害无辜,却不免"要他们有时去救坏蛋";而演讲、论辩、竞赛等带来的也不过是公众的喝彩和虚荣的桂冠,往往"越会信口雌黄,越能获得称誉",距离他所向往的"自由学术"很远。(见2.3、3.3、4.1、4.2、5.7等节)

关于修辞是"华丽的辞藻"还是"基于事实的陈述",就连修辞学家本身也不能做出客观的判断,尤其是在受到"运用话语操控受众"的指责的时候。柏拉图(Платон)所撰述的《苏格拉底的申辩》中一开始苏格拉底(Сократ)就申明自己不善论辩,而是以事实为本:

> 他们(原告)的话说得娓娓动听,只是没有一句真话。在他们的许多假话中,最离奇的是警告你们要提防,免受我骗,因我是个可怕的雄辩家。……事实就要证明,我丝毫不显得善辩,

> 除非他们以说真话为善辩。……他们的话全假,我说的句句是真。藉帝士(即宙斯)的名义,雅典人啊,我不像他们那样雕词琢句、修饰铺张,只是随想随说未经组织的话。……若听到我平素在集市上或其他地方所惯用的言语,你们不要见怪而阻止我。我活了七十岁,这是第一次上法庭,对此地的辞令我是个门外汉。我如真是一个外邦人,你们就会原谅我,准我说自幼学会的乡腔。现在我也如此要求,似乎不过分:不论辞令之优劣,只问话本身是否公正。这是审判官应有的品德,献辞者的本分在于说真话。(1983:51)

美国新修辞学的研究框架中,关于"好"的修辞学和"坏"的修辞学的讨论也成为一个热点问题。致力于修辞学复兴的学者韦恩·布斯(Уйин Клейсон Бут)进行了"修辞"和"次修辞"的区分:

> 如果有人把他人的努力视作"修辞"而置之不理,或用"纯属修辞"这个更常用到的词来形容,他们常常指用语言或符号来欺骗、掩饰真相,或避免行动。动物只会耍些小把戏,撒不了大谎。动物不能用符号作为规避的手段。只有具备修辞能力的物种才能撒下连环大谎来掩盖事实,才能够做出百万元的广告来宣传要么无用要么有害的产品,才能够用外交或政治辞令把糟糕的动机说得冠冕堂皇。修辞学家一直以来常常想把这类东西扫地出门,将修辞这个词留作更清白的用途。然而,作为教育者,我们不能接受这种闪躲。如果我们把象征的力量授予我们的学生,我们将承担所有象征权力的风险。如果我们训练学生掌握听说读写的艺术,我们便无可避免地使他们有能力在世界上兴风作浪——以修辞谋私、反社会、破坏而非建立联系。(2009:324—325)

第一章　俄罗斯现代修辞学思想探源

布斯将上述这种修辞称为"次修辞"(subrhetoric),他认为修辞一词指"诚恳地说服别人接受理由的一门艺术,不仅包括诓骗遮掩,还包括逻辑论证的真正劝说"(同上)。布斯还提出了"纯粹修辞"(mere rhetoric)的概念,他认为:

> 虽然很难把"纯粹修辞"和"次修辞"区分开来,但是"纯粹修辞"同样既可以用于高尚的使命,也可用于危险的勾当,……。在某些方面,纯粹修辞比次修辞更危险,因为运用纯粹修辞的人态度诚恳,真心希望自己的立场能够取胜,同时自身又很尊重修辞技巧。(同上)

在俄罗斯修辞学的研究中,话语的两重性是一直被承认的事实。甚至在俄罗斯修辞学的前科学和前教科书时期,在包含丰富修辞资源的民间谚语中就体现了这种复杂关系:

> Язык до добра не доведет. 祸从口出。
> Язык мой—враг мой: прежде ума рыщет, беды ищет. 是非只为多开口。
> От одного слова да навек ссора. 一言不合引争吵。
> Язык—стяг, дружину водит, язык царствами ворочает. 话语亦敌亦友。
> Мал язык—горами качает. 轻言慢语,力大无穷。
> Языком—что рычагом. 话语就是动力。
> Язык хлебом кормит и дело портит. 亦福亦祸,均从口出。

在这些谚语和俗语中язык不是现代语言学意义中的"符号体系"的意义,而是"言语""话语"的意思。这些谚语和俗语表达了相同的一个观点,即话语是一把双刃剑,它可以是"好的",也可以是"坏的"。在修辞学和话语两重性的关系问题上,修辞学家一直致力于找到一个切入点,使修辞技能服务于"好的"话语。不但如此,修辞学家还寄希望于通过修辞知识的教育和普及,使"受话者"有能力去区分"好的"话语和"坏的"话语。

在俄罗斯修辞学发展的现阶段,修辞学研究者一再强调,"现代修辞学的任务不应只是去教会人们如何在争执中占得上风并最终在思想与话语的竞技中胜出,而是应能加强人与人之间的理解沟通,有利于建设性地化解矛盾、冲突,并促进言语交际双方的关系趋于和谐、团结"(米哈利斯卡娅/А.К. Михальская 1998:10)。出于上述对修辞学性质和任务的理解,俄罗斯修辞学界非常强调"对话性"(диалогичность)在话语观形成过程中的作用。米哈利斯卡娅就将她所倡导的修辞学的概念体系称为"和谐对话的概念体系"。该体系要求在话语中同时体现三种特质:思想、优美和善。这三种特质可以理解为俄罗斯人对现实的内心期许和真正需要。罗日杰斯特文斯基同样指出,修辞学不能离开"通过话语实现道德、伦理"这一原则,伦理道德的原则是修辞学的学科基石,它决定着交际者行为的方向。俄罗斯现代修辞学还继承了古典修辞学思想中"修辞典范"的精华。"修辞典范"在话语建构理论中地位的确立是生成"好的"话语的必要条件,也是俄罗斯本国学者对优化社会话语环境、充分发挥话语的社会管理和文化继承功能的理想的体现。

1.3.2 片面的修辞认识

除了对修辞伦理基础的诘问,还普遍存在对修辞学不全面的认识。确实,在对修辞学理解的过程中,存在着误读的声音,有些观点甚至在很长一段时间内占据着主导地位。对俄罗斯修辞学的理解也存在同样的情况。修辞学在俄罗斯复兴以来,在俄罗斯社会文化转型的背景下,学科的研究对象、研究方法和研究视角等方面都发生了较大变化。但

第一章 俄罗斯现代修辞学思想探源

在一部分人文社会科学研究者的观念中,也存在着一种对"修辞"退避三舍的情绪,他们持有的典型观念是:学术的产物是"知识",而修辞的产物是"意见",两者的认识论地位截然不同;学术推理和论辩基于确然性逻辑,而修辞则基于或然性逻辑;学术,尤其是科学研究的结论是普世的、恒定的,超越了具体时空的局限,而修辞分析所构筑的成果只适用于特定、具体的范围。此外,还有一些冠以"修辞学"的专著、教材和论文并没有及时反映出这些变化,或者仅仅论述了修辞学研究的部分。如大量的教材虽然是修辞学课程教材,但是内容只涉及演讲技巧与艺术,容易给读者造成修辞学只研究演讲艺术的误解,从而影响他们形成对修辞学全面、整体的认识。分析近年俄罗斯出版和发表的修辞学著述,存在以下片面认识:

第一,俄罗斯现代修辞学的研究对象仅仅是演讲话语。修辞学在产生初期确实以演讲话语作为主要研究对象,但是随着学科研究的展开与深入,它的研究领域逐步扩大。古罗马时期的西塞罗就在《论言说者》中强调了修辞的通俗性:"言说艺术所关注的在相当程度上是普普通通的日常事务、习俗和人类言语。"(转引自刘亚猛 2008:105)也就是说,"修辞则覆盖了整个人类活动领域,实际上与文化同延……其次,其研究对象,即修辞实践,在从人类文明发端一直到社会公共利益维护等不朽伟业中所起的作用是任何其他学科的研究对象无法比拟的。"(同上:106)关于修辞学与演讲研究的关系将在第二章第五节做更为详细的论述。关于研究对象的问题,还如在本章第一节第二部分专域修辞学部分的论述,俄罗斯现代修辞学极大地扩大了研究领域,将尽可能多的话语体裁纳入学科的研究范围,重点关注那些对社会发展更具现实意义的话语形式与类型。

第二,俄罗斯现代修辞学仅仅研究说服或劝服的艺术。早期的修辞学定义是和"说服"(убеждение)紧密相关的。"说服"在亚里士多德看来,是话语建构的任何场景的必要因素。但是,"说服本身并不是修辞学的目的"(见沃尔科夫/В.В. Волков),因为说服执行的可能是真理的意图,也可能是谎言的意图。将说服理解为一种方法更符合现代修辞学的宗旨。俄罗斯现代修辞学框架中以巴赫金"对话理论"为基石发展了"对话修辞学"的理论,强调在交际过程中应充分关注和考量对方的立场和利益,在非暴力对话的基础上达成一致。这与美国新修辞学的"同一"理论有着相似之处。肯尼斯·伯克(Kenneth Burke)在《动机修辞学》一书中,就主张交际双方通过相互认同的修辞方式,达到思想和行为上的同一。而"说服",则是进行对话和达到同一的方法。因此,与其说修辞学研究话语的说服性,不如说研究话语的有效性。

第三,俄罗斯现代修辞学只关涉语言表达,不关涉话语理解。修辞学传统中总结的规律和提出的规则确实是多指向话语建构者的,即便是对受众的分析也是希望话语建构者在充分考虑受众的性别、年龄、教育程度、社会地位、文化背景等因素的条件下选择易于被他们接受的论据来说明自己论点的正确性。而在现代修辞学的视野中,话语阐释和话语接受也是学科关注的对象。基于"对话主义"对交际双方地位和功能的哲学思考,修辞学复兴的领军人物、莫斯科大学修辞学派的代表学者罗日杰斯特文斯基对修辞学的基本任务进行了重新思考。在《修辞学理论》(Теория риторики)一书的前言中,罗氏就对学科的两个基本任务进行了范畴式的描述:"信息社会的海量文本决定了修辞学的第一个任务。这一任务的目的是培养对话语捕捉、理解和运用的能力,即培养从各种话语类型的文本中快速接受其内容,并且从中获取有用信息的能力,这有助于高效地做出明智的决策,避免采取对个人和社会不利的行动。第二个任务是培养获取思想和行为,并用适当的、符合环境的言语形式表达出来的能力。具体来说就是建构独白、建构对话和在个人能力范围内控制言语交际体系的能力。"(2006: 3)罗氏将培养受众理解话语的能力置于学科要解决的主要任务之首,进而立场鲜明地突出了受众的修辞主体地位,并将话语接受能力视为一种修辞能力。于

第一章　俄罗斯现代修辞学思想探源

是如何思考、理解和接受话语，并在话语的影响之下采取相应的符合个人及社会道德要求的行动，成为了修辞学研究内容的组成部分。

第四，俄罗斯现代修辞学研究属于正式语体的话语体裁，口语不在修辞学的研究范围之内。虽然俄罗斯现代修辞学的专域修辞学基本以职业作为划分特征，但是对于日常的话语交际仍然给予了关注。西罗季宁娜(О.Б. Сиротинина)及她的研究集体早在20世纪七八十年代就开始了对口语词汇及语法特征的研究，在俄罗斯修辞学会成立以后，西罗季宁娜将口语研究已经取得的成果和修辞学研究紧密地结合起来。目前俄罗斯修辞学界提议进行家庭修辞学的研究，因为家庭是社会的基本单位，家庭成员修辞能力的提高对于建构和谐社会话语环境具有相当的意义。当然，口语修辞的研究和正式语体话语体裁的修辞研究有较大的区别，甚至在研究目的上都有差别。口语修辞的研究还需要在研究模式和研究方法等方面继续加强建设。

第五，俄罗斯现代修辞学不适用于研究文学体裁。俄罗斯修辞研究者在讨论专域修辞学的分类时，确实鲜有提及文学体裁，但我们并不能就此做出适用性受限的结论。在西方古典修辞思想的全盛期，该学科对其他学科的影响逐步显现出来。"修辞不仅在公共领域享有支配地位，而且显然也在学术思想领域开始施加自己强大的影响力，逐渐成了文学理论的思想基础。"(刘亚猛，2008:130)同样以西方古典修辞学为基础的美国修辞学在复兴之后形成了小说修辞学这一分支学科。俄罗斯修辞学之所以呈现出另外一幅景象，一方面是由于俄罗斯的文艺理论得益于俄罗斯文学研究的繁荣昌盛而具有完善的研究体系，另一方面则是在俄罗斯社会发展的现阶段现实话语(реальная речь)的研究远远不能满足组织和管理现代社会的需求。但是修辞学理论所包含的构思、布局和表达等学说，对于文学作品的创作以及解读仍然具有指导意义。

第六，俄罗斯现代修辞学主要解决的是"辞"的问题。有关这一误

解邓志勇在澄清欧美修辞学中的若干悖论时做了精辟的论述。他指出对修辞学的误解有"调整说""加工说""辞格说"等类型:

> 调整说似乎假定现有现存的词语等待人们去调整,加工说则表明已有词语等待人们去加工、润色,就像人们加工一个工件、润色一幅画一样;辞格说意味着没有辞格的语言没有修辞;语言美来自于辞格的使用。调整、修饰、加工、美辞说似乎蕴含了一个前提:先有个光秃秃的思想内容在那儿,然后再用美好的形式外壳包装一下。如果修辞是美化语言,那么语言美就成为修辞存在的标准。换言之,美的语言是修辞的效果,不好的语言就不是修辞的效果。依此类推,平平常常的语言就没有修辞,比如日常的语言也就没有修辞。
>
> 问题还不仅于此。以调整说、辞格说、修饰说、美辞说、加工说为主流的修辞观会遇到一系列彼此关联的修辞哲学问题:修辞是可有可无的东西,它游离于语言基本功能之外;修辞与交际过程相分离;修辞与语言相分离;修辞对知识来说可有可无;人可以独立于修辞而存在。这些悖论最终将归结于修辞学的人性观。(2007:11)

俄罗斯修辞学继承了古典修辞学的传统,在重视话语表达的时候也研究话语内容的产生,也就是说该学科研究的是从构思到表达的话语产生的全过程。可以说,除了优美的表达,修辞学更加关注的是话语内容对于社会的意义。

第七,俄罗斯现代修辞学汲取了其他相关学科的研究成果,但对于其他学科的发展作用甚微。事实上,从人类学到心理学,社会学到法学,政治学到经济学,修辞观念的引入给所有这些领域带来了一系列深刻变化。首先,修辞视角极大地提高了学者们对各自领域的观念基础、研究方法和知识生产过程的反思能力,促使他们意识到人文学科的所有理论构筑都与历史、文化有着密切的关系。其次,修辞思想历来以修辞者为中心,强调修辞者的施事能力。修辞对人文科学的渗透使得"人"的概念再次成为了诸多学科的中心。最后,修辞意识的提高还凸显了"研究者/学科话语/受众"三者之间的关系。对这一关系的审视使学者们看清了人文学科话语的说服和道德本质及其内在的解放和批判功能。

以上就学界对修辞学的若干片面认识进行了分析。这些片面认识的产生具有一定的历史原因。澄清这些认识既有助于学术界构建更合理和有效的研究体系,也有利于非学术领域的职业及日常交际实践者提高话语建构能力。

第二章 俄罗斯现代修辞学的学科属性

本书在前一章中论述了俄罗斯修辞学的基本概念和学科格局,这有助于阐明俄罗斯现代修辞学的学科性质和学科定位。然而在现代人文学科的体系之中,修辞学及其邻近学科出现了交互发展、相互渗透和借鉴的局面。沃尔科夫(2013:5)指出:"两千五百年以来,修辞学思想的发展促进了语法学、词汇学、语体学、逻辑学、诗学、文学批评、法学和政治学的发展。"本章我们将在回顾历史的基础上论述俄罗斯现代修辞学在人文学科体系和言语学科体系中的学科地位,并对其和临近学科之间的关系进行梳理,进而阐明它的学科属性。

第一节 "跨学科"和"整合性"

在讨论修辞学,包括俄罗斯现代修辞学的学科特点和性质的时候,经常能够看到"跨学科""整合性"这样的描述。关于"跨学科",目前存在两种较为典型的解释或观点。一种认为它可以用来描述一门学科借鉴其他学科成果或为其他学科发展提供经验的过程。这个意义上的跨学科,是一个双向的动态过程:一方面,修辞学将哲学、法学、文学批评、社会学和心理学等不同理论视角和资源引入自己的实践领域,在发展成一门现代学科的同时,不可避免地获得了"跨学科性"这一基本特征;另一方面,当代修辞思想的发展更多地体现为一种可以被称为"修辞意识"的认知形态对人文科学各个领域进行放射和渗透,正如刘亚猛(2007:7)所说:"在其(指新修辞学—笔者注)新研究平台上形成的'修辞意识'随后又被其他领域学者作为一种思想方法、解读工具和理论资源引入他们各自的学科。这一逆向引进到1960—1980年代蔚然成风,

第二章 俄罗斯现代修辞学的学科属性

形成了所谓'研究修辞'运动。"具体到俄罗斯现代修辞学,可以肯定的是,该学科有"跨学科"的性质,它在发展的过程中借鉴了其他人文学科和社会学科的研究成果,同时也为相关学科提供了学术养分。在学科复兴之初,它就借鉴了语用学、言语修养学、交际理论、篇章语言学、心理学、人类学等学科的研究成果,完善了自己的学科体系。与此同时,现代修辞学介入社会学、政治学、经济学、管理学、教育学、伦理学、宗教学、新闻学、传播学和公共关系学,成为这些学科的理论渊源,甚至作为柔性权利,介入战争,介入意识形态建构。

关于"跨学科"的另外一种理解,是指通过整合来自两个及两个以上学科或专门知识模块的信息、数据、技能、工具、观点、概念或理论,来提升基本的知识理解或解决单一学科或研究实践无法解决的问题。跨学科研究的方法和关注点都是多元的。它可以由科学的求知欲驱动,也可以由实际的需求促发;可以由单个研究者来进行,也可以通过组建团队来实施。真正的跨学科研究不是简单地把几个学科拼凑在一起,而是追求各个学科在思想和方法上的融合,通过学科间的商讨与合作,建构一个共同的研究框架,获取一个整体的或系统的研究成果。在这一意义上,它不同于多学科研究,即各个学科围绕一个共同的问题独立地同时工作或依次工作。多学科研究实际上是一种加和,它不挑战学术共同体的结构或功能,不要求研究者本身的学术观发生任何改变,它也不同于超学科研究,一种学科专家和社会参与者共同完成的知识生产。跨学科研究试图彻底超越学科思维,从问题的提出到解决都独立于任何一个学科背景。我们认为,认知修辞学、心理修辞学等学科就应该属于跨学科的第二种解释。

需要强调的是,不论是"跨学科"的哪一种理解,都不意味着某一学科具有绝对的优势,进而"吞噬"其他学科。以俄罗斯修辞学和俄语修辞学为例。在俄罗斯语文学界有这样的观点,"伴随着20世纪七八十年代俄罗斯修辞学的复兴和西方新修辞学的出现,俄语修辞学面临着尴尬的境地,俄罗斯修辞学作为一门理论与实践的学科,大有'吞噬'俄语修辞学的趋势。"(转引自樊明明等,2007:91)这样的观点并不准确。因为俄语修辞学同样具有整合跨学科知识的特点,它的发展同样借鉴了其他学科,包括俄罗斯修辞学的研究成果,并且形成了独立的学科体系和独特的研究视角。此外,过分强调修辞学的"整合性"是该领域内研究的一个误区。再如尤宁娜(Е.А. Юнина)(1992:131)的观点:"修辞学实质上是一门整合学科,它处于哲学、逻辑学、心理学、语言学、管理理论、伦理学和文化学等一系列学科的交汇处。"这样对于修辞学学科性质的定义一方面容易给读者造成修辞学没有独立的理论体系,仅仅是采众家之长的误解,另一方面把定义中的"修辞学"和释义中的任何一个学科互换位置,定义仍然能够成立,所以,它的针对性和指向性并不明确。从人文社会科学的发展历史来看,目前人文社科领域的任何一门分支学科都和相邻学科有着千丝万缕的联系,或相互借鉴成果并提供理论支持,或通过见解的碰撞激发出新的观点。在这种背景下,一味地强调事实上作为多门学科共有的特点,并不利于对修辞学进行准确的学科定位。

关于跨学科研究兴起的原因,黄新华等人在《人民日报》上撰文进行了相关的讨论:

> 跨学科研究的兴起缘于三种强大的驱动力,并迅速成为当前科学研究的基本趋势。首先,很多科学问题处于学科的交汇地带或组织机构的空白地带。对这些交汇区和空白区的探究促使了学科间的合作,并且促发了新的交叉学科领域的产生,比如环境心理学(涉及心理学、社会学、地理学和建筑学)、认知科学(涉及心理学、脑科学、计算机科学、语言学、哲学等)、神经科学(涉及心理学、生物学和计算机科学)等等,探究这些新兴的交叉研究领域是任何一门单一学科所无法胜任的。

第二章 俄罗斯现代修辞学的学科属性

其次,跨学科研究是应对复杂现实问题的重要手段。通过引入多维视角,跨学科研究大大拓展了我们解决问题的行动空间。从曼哈顿项目、人类基因组计划、载人航天技术这些重大项目的组织实施,到当前人类社会面临的一系列复杂问题,如经济全球化、气候变化、能源、贫困等的应对都需要跨学科协作。与此同时,为了应对日益激烈的全球竞争,各国对需要通过跨学科协作来进行的问题导向研究越来越重视。欧盟在1998—2002年实施的第五框架项目(FP5)集中关注跨学科整合,尤其是将社会经济的研究视角引入研究与技术发展领域,从而增强欧盟在信息技术、通讯技术和生命科学等一些主要产业部门的技术创新能力和经济竞争能力,提升欧盟在一些复杂社会问题上的决策能力;我国在"985"工程二期中,着力建设了一批创新平台,突出重大科学问题和现实问题引导,凝聚不同学科背景的研究者开展跨学科交叉研究;美国在这方面的措施和成就都非常显著,美国国家科学院就此问题发表了一系列研究报告,称跨学科研究是"人类进行的最具成效和鼓舞人心的事业之一"。

第三,跨学科研究是引发创新的重要源泉。创新行为通常包含将先前不相干的东西联系在一起。在跨学科研究中,旁观者的视角、其他学科的方法和结果以及信息的交流,构成了创新的催化剂。随着传统学科研究径路的回报率越来越低,在一个学科内获得创新的难度也逐渐加大,而在学科交叉领域无疑更容易取得创新性成果。正如控制论的创始人维纳所言,"在科学的发展上,可以得到最大收获的领域是各种已经建立起来的部门(学科)之间的被忽视的无人区"。(2010.3.16)

学科间的严格分界曾被视为现代科学发展到较高水平的重要标志,

而当下社会却呈现出另外一幅图景:学科间严格的分界逐渐被打破,呈现出更多的流动性和渗透性;在传统学科版图之外的交叉学科不断出现;学科作为一种"知识的社会秩序"的声望在逐渐衰退和减弱。以问题导向、政策和产业驱动、跨学科交叉合作为特征的新的科学研究模式日益受到关注。推进跨学科研究也成为世界知名大学和其他研究机构应对重大现实问题、提升科研竞争力、保持领先优势的有效路径。

虽然跨学科研究具有单学科研究无法比拟的优势,在解决实践问题方面也持更加经济、更加全面的立场,但实践中真正达到学科理论、理念和方法的融合,并形成一个独立的研究模式并非可以一蹴而就。在对"跨学科研究"这一理念进行解读时,刘亚猛(2009:19—20)就指出:

> "跨学科"作为一个关键词在西方广为流行虽然已经有几十年的工夫了,欧美的人文社科领域却始终没有出现一个"边缘"或"交叉学科"不断形成并发展壮大、传统系科竞相将自己改造为"多科性与综合性"学科的局面。真正出现的变化是西方学术界在对"学科"这一概念本身进行深刻反思的基础上推出的三项相辅相成的观念更新和机构创新:第一,使"理论"和传统意义上的学科脱钩;第二,在一个超越了"学科"的大框架内重新思考"知识"的本质及其生成机制;第三,形成了与具有内在同一性的"学科"大不相同、或许可以成为"研究体"的一种松散且具有异质结构的新学术组织形式。西方人文社科学者对"学科"和"跨学科"的涵义进行了认真的审视,意识到从前者向后者的转化其实意味着一场观念上的革命。

美国学者斯蒂芬·葛林伯雷(Stephen Greenblant/ Стивен Гринблатт)和吉尔斯·冈恩(Giles Gunn/Джайлз Ганн)对这一思想变化也从"问题先行"的视角做了精辟的表述:

第二章　俄罗斯现代修辞学的学科属性

人们总以为只要跨越了某一"学科"的边界,就自动进入被称为"跨学科"的另一个新境界。但是该信念把从同一条边界的内、外侧观察问题和重新考虑不同边界间的关系混为一谈。其实,只有当解读框架的变换促成了整个研究视野的变化,当对于"什么是问题"的新思维促成了对于"什么可以被看成是答案"的新理解,"学科"才真正让位于"跨学科"。(1992:4—5)

从"问题先行"的角度出发,当代俄罗斯社会在转型的背景下面临的所有重大问题,例如民族关系、阶层关系、性别关系、不同文化间的关系等,以及所有重大的智力议题,包括对语言、话语和修辞民族文化性的再认识,都具有诸多层面和复杂结构成分,因而不是任何常规意义上的单一学科,如经济学、人类学、民族学等学科可以独自认领并在其固有理论框架内予以全面分析、透彻解读和清楚梳理的。因此,可以认为,修辞学与其他学科彼此思想融合,从而进一步形成新的研究框架和模式是俄罗斯现代修辞学行使其社会功能的主要方法,也是其未来发展的主要趋势之一。

第二节　人文学科体系中的俄罗斯修辞学

俄罗斯修辞学关注"发话者"和"受话者"的立场和利益,认为"人"是智慧和力量的主体,提倡在话语中体现人的个性,体现出该学科鲜明的人文主义倾向。因此,要厘清俄罗斯修辞学的学科归属,不妨将其置于人文学科体系中进行考察,通过对不同阶段人文学科体系以及对修辞学在其中所处地位的描述,明确其学科属性,确定其学科地位。

2.2.1　早期的三科四律

早期的修辞学是作为一个教育门类产生的。这一传统可以上溯至古希腊时期,因为当时就有"七艺"之说。"七艺"指的是当时欧洲学校教育的七个门类:语法、修辞、逻辑、音乐、算术、几何、天文。一个人只有学过并通晓所有这些门类,才称得上有知识、有教养。罗宾斯(R.H.Robins/Робинс)的《语言学简史》(*Short History of Linguistics*)(2001:82)中有一段洗练的文字,描绘了这些门类各教些什么,都有哪些实际的好处:

> 语法教人说话、逻辑梳理思想;
> 修辞锤炼语言、音乐带领歌唱;
> 算术教会计数、天文观察星象;
> 几何测绘形体、七艺助成修养。

对于这一段文字,姚小平(2011:79)详细解释道:

> 按照现在的教育科目分类法,上述前三门"语法、逻辑、修辞"属于文科,后三门"算术、几何、天文"属于理科,夹在中间的一门"音乐"则属于艺术。沿承希腊罗马的教育传统,语言仍被视为基础科目:语法、逻辑、修辞三者,其实都是从不同的方面教授和研究语言,可以总合为一门广义的言语科学。

俄罗斯教育史上,同样有"七艺"的划分。1613年到1620年间,出现了无名氏的《七贤说》(Сказание о седми свободных мудростях)。这是一部系统描述科学体系的作品。书名中的"七"就指当时主要的七门科学,也称作"三科四律"。其中"三科"是人文科学:语法、修辞和逻辑;而"四律"指音乐、算术、几何和天文。这样的划分同中世纪欧洲的

第二章 俄罗斯现代修辞学的学科属性

标准完全一样。这本书的作者把每门学科都拟人为一位美丽的女性,借她们之口来夸赞所代表的学科并用简单易懂的话语介绍学科的基本内容。其中的"修辞学"是这样说的:

> 很多人都能够看到我但却不关注我。对所有人来说我是一个聪明的好朋友:我充满善意地爱着你们,希望你们所有的人都可以认识到我的学说之魅力,因为你们所有人就天性来说是需要我的:无论何时何处,是写还是说,只有在我的帮助下才能完善和修饰、并且创造出(话语)。无论是书信还是诗歌,抑或是交谈中,如果不运用我的修辞知识,那么你们将会嘲笑或者指责这些话语。(转引自安努什金,1998:33)

如果对语法学进行简单的定义,可以说,它是关于"正确性"的学科。话语的正确性体现在其结构的不同层面:语音层面(正确的发音、重音及韵律等)、词法层面(正确使用词汇)和句法层面(句式的正确使用)。语法学的核心概念是"标准"(нормы)和"规则"(правила)。修辞学以语法的正确性原则为基础,但它更强调个性创造和思维风格创新(这一点与"构思"紧密相关)。修辞学关注话语的说服力和有效性,认为这是所有修辞活动的主要评价标准。修辞学有关构思的理论有助于形成话语的原创性和创新性,而这正是任何话语建构者在言语交际中树立独特言语个性所必需的要素。俄罗斯修辞学家认为,对于话语的接受者来说,正确性的缺失会影响对言说者标准语掌握程度的判断,而创新性的缺失则会导致受话者拒绝接受言说者的任何观点和意见,甚至是拒绝言说者的个人形象,因此理想的话语是在遵守语法正确性的基础上发挥修辞的创新性。关于修辞学和语法学的相互关系,将在本章第四节做更为详细的论述。

修辞学和诗学在传统意义上的区别是前者研究的是所有话语形式的建构规则，主要是以现实话语（реальная речь）为对象；而后者的研究对象是虚构的话语（вымышленная речь）。诗学所关注的文学创作并不以现实及其变化作为目标，而是对其进行模仿或升华。从诗学的研究角度看，文学典范可以对现实形成影响，并为阅读者提供美学体验。

与修辞学相邻近的学科还有逻辑学，这门学科研究如何正确思维以及如何寻找并接近真理。逻辑学强调发话者和受话者个性之外论据的客观性，而修辞学则认为，论辩的有效性除了建立在论据的逻辑性之外，还存在其他决定性的因素，如言说者的形象、受话者的形象、双方的关系、话语的感情色彩、结构和风格等。对于论证的过程和论据的类型，修辞学所关注的是其或然性（вероятность）及其对受话者意识的影响。出于对话语"偏离"（искривление）真理这一可能的规避，修辞学在言语交际的理论和实践过程中重视伦理和精神的因素，并将"话语伦理"（этика речи）作为修辞学的研究基础。

2.2.2 语文学（словесность）

19世纪中期形成了一个新的言语学科的集合体系——语文学（словесность）。根据安努什金的观点，словесность 一词可以有四种理解：1. 俄罗斯言语文化所有作品的总称；2. 人通过话语表达自己思想和情感的能力；3. 话语建构的艺术；4. 语文学科（语言学、修辞学、文艺学等），相当于 филология。这一术语首次出现在1789—1793年编撰的《俄罗斯科学院词典》(Словарь Российской Академии)中，它的意思是"话语学科的相关知识（знание, касающееся до словесных наук）"和"言说及表达能力（способность говорить и выражать）"（第五卷：536）。当然，这时的 словесность 还不是学科的名称，它是"知识和能力"的总称。19世纪初的研究者对这一术语的界定逐渐发生了变化，这与19世纪俄罗斯语文教育改革有相当的关系。格拉乌金

第二章 俄罗斯现代修辞学的学科属性

娜(Л.К. Граудина)和米西科维奇(Г.И. Миськевич)(1989:126)在研究中指出:"19世纪诞生了一门研究修辞学的新学科,出现了一批研究语言文字理论(словесность)或文学理论(изящная словесность)的著作。这些理论著作除含有原来修辞学所研究的内容,还包括关于语言和话语问题的哲学思考等章节。而其中的修辞学部分似乎抛弃了原有的传统形式,以一种自由的、不拘泥于体裁框架限制的形式来论述。"语文学领域的理论著作涉及的领域很多:散文体裁的通用理论、关于风格及其形式、语言表现力手段、翻译理论的概述性论述、批评的理论基础、演讲人的表演艺术理论、关于思路的发现和安排、关于如何用话语来感染听众的情绪等方面的建议和训导。语文学领域的主要著作有:托尔马乔夫(Я.В. Толмачев)的《语文学规则》(Правила словесности)(1817年)、加利奇(А.И. Галич)的《各类散文作品的修辞学理论》(Теория красноречия)(1830年)、格奥尔吉耶夫斯基(П.Е. Георгиевский)的《俄语语文学的研究指南》(Руководство к изучению русской словесности)(1836年)、达维多夫(И.И. Давыдов)的《语文学阅读》(Чтения о словесности)(1837年)、普拉克辛(В.Т. Плаксин)的《语文学简明教程》(Учебный курс словесности)(1832年)和丹斯基(А. Данский)的《俄语语文学规则》(Правила русской словесности)(1853年)等。

在对语文学展开分析和研究的过程中,托尔马乔夫将其理解为"人运用话语阐释思想和感情的天生的能力"(转引自安努什金,2002:209);科尚斯基认为它是"上帝赐予喜爱的造物—人的奖励"(同上:302),随后对这一术语的理解就扩大为所有言语文化作品的总称。尼科利斯基(А.С. Никольский)在《语文学基础》(Основания словесности,1807年)中指出,语文学是由研究用词正确性的语法和研究如何编排和阐释思想的修辞学构成;雅各布(Л.Г. Якоб)将语文学称之为"话语学科的思辨"(умозрение словесных наук)。泽列涅茨基的《语文学理论》(Теория словесности) 一书是对19世纪上半叶话语概念、理论发展状况的总结。全书包括三个部分:修辞学、散文理论和诗学。

19世纪科尚斯基的著作中出现了"话语学学科"(словесные науки)这一术语,它包括语法学、修辞学、诗学。随后,达维多夫在《语文学阅读》中进行了更为复杂的分类,提出了以下的理论基础:

  第一,作为科学和作为艺术的语文学;
  第二,语文学有自己的哲学基础、历史渊源和批评范式;
  第三,语文学作为科学应该包括语言理论、文艺作品理论(теория изящной речи)和语体文体理论。除此之外,诗学和修辞活动作为上述理论的实践方式也是语文学研究的对象。(转引自安努什金,2002:338—347)

20世纪上半叶的语文学在所有的交际和话语类型中挑选了文学作品作为最主要的研究对象,由此形成了现代语文学的研究范式和学校语文学课程讲授语言与文学知识的模式。而被语文学忽略的其他话语形式在功能语体学(функциональная стилистика)的视域中得到了反映。

在现代有关语文学的文献中,俄罗斯研究者力求对这一术语进行非常科学的界定和描述。罗日杰斯特文斯基赋予了它更多的科学术语意义:

  语言活动是由表述构成的。单独的表述被称为话语作品,所有作品的总和被称为словесность。所有的话语作品都是语文学(филология)的研究对象,而语文学的研究任务就是在所有的话语作品中对带有文化意义和价值的作品进行区分。为了完成这一任务就必须浏览所有的话语作品,而这只能通过

第二章 俄罗斯现代修辞学的学科属性

对这些作品进行分类这一途径才能完成。(1990:112)

语文学还重返了教学领域。在阿尔贝特科娃(Р.И. Альбеткова)所编写的7年级教科书《俄语语文学》(Русская словесность)中介绍了术语 словесность 的三个意义:

第一,指话语创造。它是用话语描绘图景和塑造人、并反映他们行为和感情的艺术,也是用话语表达思想和情感的艺术;
第二,指所有的话语艺术的作品;
第三,指所有关于语言和文学的科学的总称。语法学、词汇学、文学史、文学理论、俄语修辞学和俄罗斯修辞学等科学都包括在内。(2000:9)

达维多夫的定义和上述第三条释义颇为接近,他认为语文学包括所有研究语言的学科:语言理论、言语理论和风格理论。俄罗斯修辞学家认为,"语文学"这一概念的前景十分广阔,因为它将古典俄罗斯语文学的传统和现代关于语言和话语的学科结合了起来。

纵观这一术语的历史演进,对它的内涵和外延可以做出如下的总结:

第一,从词源上来看,словесность 一词可以被理解为人通过话语表达自己思想和情感的能力。在古典语文学作品中,它通常用来指一种天赋,一种将人和其他造物区分开来的本能。

第二,словесность 是所有话语作品的总和。在这个意义上,它是有民族性的。但考察所有的话语作品是不现实的,因此,语文学的任务之一就是对话语作品进行分类并挑选出最具文化意义和价值的作品。

第三,словесность 是建构话语作品的艺术。它强调理解话语创作的规律以及对这些规律的教授。

第四，словесность 在19世纪上半叶被认为是 филология（语文学）的同义词。因为这一词语同 слово（话语）一词是同根词，而"话语"本身就有逻各斯（логос）和创世纪的功能。

第五，словесность 在现代科学背景下首先研究各种话语作品。语文学理论努力恢复对公共演讲、事务散文、书信等话语形式的研究，解释文艺作品和科学作品之间的区别，阐明大众传媒的特点和作用，尤其重要的是深入现代日常口语的研究。

第六，严格地说，作为教学课程的"语文学"（словесность）比"文学"（литература）在培养教学对象的职业和社会生活方面更具意义。这是因为传统的语文学教育通常是以文学作品作为教学内容，但俄罗斯修辞学研究者认为，当今的教育实践显示，提高教学对象的现实言语活动能力是中、高等教育更为迫切应该解决的问题。目前，俄罗斯的教育机构一般都开设了俄罗斯文学史（история русской литературы），但俄罗斯语文学史的开设同样必要。研究者认为，理想的语文学教学应该贯穿整个教育周期：中小学以教授共通的现实话语建构规律和规则为主，高等教育则根据专业进行更为详尽的专域话语能力培养。这样的改革有两个关键的步骤：一是具体挑选有文化价值和意义的话语作品；二是相关师资力量的培养。

2.2.3 现代言语学科体系

苏联时期一系列与言语研究相关的学科得到了积极的发展，如功能语体学、篇章语言学、交际心理学、心理语言学等。它们在一定程度上在科学研究及教学领域填补了修辞学和语文学遭到排挤而产生的空白。可以说，言语学科体系中的每一门学科都以言语为研究对象，它们从不同的角度阐释言语交际过程中有关言语的不同问题，并且每一门学科的理论和实践中都有修辞学思想的渗透。

在后改革时期（постперестроечное время）言语学科体系在很大

第二章　俄罗斯现代修辞学的学科属性

程度上得到了丰富：纳入了公共关系、形象学、言语交际理论与实践等学科。这些新兴学科大部分产生于20世纪的美国。言语学科体系中的每一门学科都尽力保持学科独立，在继承原有学术传统的同时汲取邻近学科的研究成果。在这样的一个"互惠互利"的学科发展模式中一些古典学科以及它们的学理在一些新的学术术语中重新焕发了生机。

对于修辞学的发展和研究来说，对言语学科体系动态的考察十分必要。安努什金指出：

> 第一，每一个新的社会发展时期都会形成自己的言语学科体系；
>
> 第二，每一个社会发展时期的言语学科体系都会对之前的学科体系进行批评和批判，但是却保存了它们的基本格局；
>
> 第三，每一时期大约会持续60年左右，一个周期后生活的风格（思维形态的、文化的、教育的、经济的）都会发生变化；
>
> 第四，文化革新的成就和修辞发明（риторическая изобретательность），确切说是与修辞创新能力息息相关。
> （2007:196）

福尔曼诺夫斯卡娅（Н.И. Формановская）对言语学科体系（речеведческие дисциплины）的理解是："言语学科体系是若干学科的综合体，它的研究对象是言语（речь）、篇章（текст）、发话者和受话者的社会及心理特点、交际者的社会符号以及言语交际的语境和社会环境。"（1998:12）她认为，该体系包括"功能语体学、言语素养学、修辞学、篇章语言学、心理语言学、认知语言学、社会语言学、民族语言学和辅助语言学等学科。"（同上）

应该指出的是，随着新的学术思想的产生，还会有更多以言语为研究对象的新兴学科出现。因此，现代的言语学科体系是一个开放的体系。

俄罗斯现代修辞学的独特魅力和学科地位应该置于整个言语学科体系中进行评价。科任娜(М.Н. Кожина)(2000:10—11)指出,俄罗斯现代修辞学"汲取了一系列学科的成果,如心理语言学、交际理论、信息理论、语用学、社会语言学、礼貌策略理论与实践等"。同时,该学科也成为一些新兴学科的源头。交际理论、公共关系、市场营销和行政管理等理论和实践都包含了修辞学的原理和规则。当前出版了大量以满足当前社会话语需求为目的的指南性书籍,如商务谈判技巧、商务礼节、新闻话语建构等涉及不同领域的指南手册都体现了不同交际场景下的修辞规则。

俄罗斯现代修辞学建立在几千年民族文化的基础之上,它首先是关于社会话语建构规则的学科。就作为修辞学研究对象的话语类型和体裁来说,社会的进步和发展本身就是一个筛选和过滤的程序。在古希腊时期,对社会具有非凡意义的演讲成为催生古典修辞学的话语类型;那么在现代社会中,与各种智力职业相对应的话语体裁就理所应当地成为了它的研究对象。

第三节 "риторика"与"стилистика"

"риторика"与"стилистика"这两门学科是现代言语学科体系中的相邻学科。它们的划分对于俄罗斯学者来说也许并不能称其为难题,但是对于中国的俄语学习者甚至研究者来说却是具有现实意义的问题。它首先反应在"риторика"这一术语的汉译上。关于这一问题张惠芹和樊明明分别发表了论文《риторика与стилистика》和《再论риторика与стилистика》,本节的论述可以认为是他们观点的延伸和再讨论。

第二章 俄罗斯现代修辞学的学科属性

2.3.1 术语之争

说到"修辞学",中国的俄语学界存在着两种声音:一种认为"修辞学"这一术语的俄语词汇是стилистика,另一种意见则认为是риторика。相比较看来,似乎前一种的呼声更高一些,而后一种则相对微弱一些。以外语教学与研究出版社和上海外语教育出版社出版的以"修辞学"为研究对象的专著来看,只有一本是以риторика为研究对象的(樊明明等,《人文修辞学》,上海,2007),其他的《修辞学通论》(张会森,上海,2002)、《俄语实践修辞学》(顾霞尹、冯玉律,上海,1991)、《俄语修辞学》(吕凡等,北京,1988)均为研究стилистика的著作。虽然这样的对比并不能完全说明问题,但术语之争的存在是毋庸置疑的。

出现这样的争议和俄罗斯修辞学的发展历史有着很大的关系。起初被译为"修辞学"的риторика在19世纪遭遇了学科发展的瓶颈,随后逐渐被стилистика完全取代。20世纪70年代以来,риторика开始回归社会,这两门学科的关系也引起了很多俄罗斯学者的关注。对于中国俄语学界来说,除了区分стилистика和риторика的研究对象和角度,确定俄语术语的汉语对应词汇也具有十分现实的理论和实践意义。术语的混淆不仅影响所指称学科在整个人文学科体系中的定位,也不利于确定适用的研究手段和方法。

持"修辞学 = стилистика"观点的学者大都认为риторика的汉语对应形式是"讲演术"或"雄辩术",риторика与修辞学研究关系并不密切,或者是стилистика的分支。张会森在《修辞学通论》中指出:"在很多国家的语文学发展中,由于риторика,rhetric的文学分析走向,辞格理论走向,逐渐与诗学(поэтика)结合,与修辞学(стилистика,stylistics)结合,并融合于后者中,例如在20世纪,在苏联以及东欧等国,стилистика就包括了риторика所研究的辞格内容,риторика不再存在。只是在苏联解体之后,由于社会的需要,риторика[讲演术]获得了新生。"(2002:4—5)我国研究汉语修辞学的学者在介绍"修辞学"的外语对应词汇的时候也有将стилистика和修辞学等同起来的："今天讲的'修辞'是一个名词,它与英文中的Rhetoric、德语中的Das Rhetorik、俄语中的стилистика的意义相当。"(王希杰,2004:6)

将риторика理解为"讲演术"或"雄辩术"的学者通常会援引一些词典对риторика的释意。翻看一下黑龙江大学俄语语言文学研究中心辞书研究所编纂的《大俄汉词典》,риторика的解释是这样的:1.演说术、雄辩术;演说课;演说课本。2.(转)浮夸的言词,华丽的辞藻。3.(旧)修辞班(宗教学院最低的一班,其上为哲学班,再上为神学班)。(2001:2029)这个词典的释义是不准确的,完全不能体现риторика现阶段的发展特点。Риторика作为西方修辞学的分支,起源于以演讲作为研究对象的古典修辞学,但今天的риторика已经极大地扩展了自己的研究领域,日常口头交际、教育教学、公共事务、甚至大众传播都成为其关注和研究的对象。

持"修辞学 = риторика"的学者认为:"我国俄语学界通常将'стилистика'译为'修辞学',这只是约定俗成的做法,并无多少理据而言。"(樊明明等2007:15)其实我国研究риторика的学者很长一段时间以来都面临着一个困惑,就是如何翻译这一术语。研究риторика的成果在国内杂志发表的时候只能使用俄语词汇,如《Риторика:基本思想的理解与运用》(汪嘉斐,《外语学刊》1998[3]),《俄罗斯риторика的发展历史与现状》(樊明明,《解放军外国语学院学报》2001[1])。值得一提的是,对于стилистика的汉语对应词汇,除了中国俄语学界早已习惯的"修辞学"这一译法外,一些有关英语语体学或文体学研究的著作中出现了将стилистика与语体学和文体学对应起来的说法:"外文中一般都不区分语体学和文体学,英语统称stylistics,法语统称stylistique,俄语统称стилистика……。"(程雨民,2005:4)

为了确定术语的对应词汇,区分стилистика和риторика的研究内容是非常重要的。Стилистика这一术语出现于19世纪初。它最

第二章 俄罗斯现代修辞学的学科属性

早不是用于"修辞学",而是用来指当时盛行的浪漫主义作家个人创作特点,即风格学。19世纪初德国的浪漫主义诗人们首先使用了стилистика这个术语。而派生这个术语的стиль则原是指蜡板上写字的尖头小棍(另一端为铲形,用来拭去错字或改字)。后来стиль用来指作家、诗人写作的笔法,风格。现代意义上的语言修辞学的研究是从瑞士语言学家巴意(Балли Шарль)的《语法修辞学》(Traite de stylistigue Francaise)(1990年)开始的。巴意建立了"表现修辞学"(экспрессивная стилистика),研究词语的感情色彩和联想效果。"表现修辞学"也就是我们今天所说的"资源修辞学""结构修辞学"或"语言单位修辞学"。20世纪50年代,苏联由《语言学问题》引发的修辞学大讨论宣告了"功能修辞学"(функциональная стилистика)的诞生,影响深远。虽然"功能修辞学"的译法已深入人心,但就这门修辞学的分支学科来说,译成"功能语体学"似乎更为贴切。关于стилистика和риторика各自的研究内容以及它们研究方向的区别,《中国俄语教学》在2000年第一期和2006年第二期分别刊登了张惠芹和樊明明所撰写的《Риторика与стилистика》和《再论риторика与стилистика》,上文提到的《人文修辞学》的第二章第二节也全面地论述了这一问题。论文的作者认为,стилистика由риторика分化而来,是"言语语言学范围内的一门纯语言学的学科,它研究某些言语层面的语言问题"(樊明明等 2007:100)。而риторика是"一门理论与实践相结合的学科,……它是关于言语交际有效性的学科,借助言语取得交际结果、优化交际结果的学科"(同上)。

对俄罗斯语文学史的回顾可以看出,стилистика和риторика有着千丝万缕的联系。首先,正如这两门学科的发展史所显示的那样,стилистика的前身是риторика,前者是由后者发展而来,在产生之初是后者内容实行分化后的派生学科。科仁娜在对这两门学科进行比较时说,"自19世纪中叶,修辞学риторика失去了往昔的重要地位,明显地被'阉割'并以 стилистика 作为名称"（2000:409）。其次，就两门学科目前的研究状况来看，它们之间存在着大量共通的概念和术语，例如"修辞手法/手段"既是 риторические приёмы 也是 стилистические приёмы；"修辞效果"既是 риторический эффект 也是 стилистический эффект；"修辞格"既是 риторические тропы и фигуры 也是 стилистические тропы и фигуры。

2.3.2 术语 риторика 的翻译

修辞学复兴后在俄罗斯形成了研究的热潮，但是在中国的俄语学界并没有掀起波澜。这并不是我国学者惰于研习，而是在术语的翻译上产生了困难，从而影响到学科在我国学界的接受。本节将详细地探讨现有译文的理据以及仍存在的问题，并提出在这一术语翻译过程中的思考和心得。

我国俄语学界对 риторика 的汉译还没有定论。在这种情况下，一些学者将研究目光投向了英语修辞学相关术语的翻译："在英语学界，'стилистика'的对应词'stylistics'通常被理解为'语体学、文体学'。而英语的'rhetoric'则被翻译为'修辞学'。"（樊明明等，2007:15）但英语学界的经验也不那么可靠：

> 出国之前，我一向对我国外语学术界对"rhetoric"的通常理解深信不疑，认为就跟它的中文对等词"修辞"一样，"rhetoric"也是致力于探讨如何更准确、更有效、更生动地表达（显然是通过其他途径产生的）思想，尤其侧重于对修辞格的认定、分类以及对各种辞格的功用的观察、分析、研究。到美国不久，我就发现完全不是那么回事。在当代美国话语中流通的"rhetoric"一词所代表的是大不相同的两个概念和两种实践，将两者等同起来是一种误解和误译。而消除这一误解的

第二章 俄罗斯现代修辞学的学科属性

最简单的办法,也许是将"rhetoric"翻译成有别于"修辞"而又以众位话语所理解的"修辞"为参照或标准意义的"西方修辞"。西方话语传统赋予"rhetoric"的任务不仅仅是研究如何更好地表达先已存在的思想,而首先研究如何根据面临的"修辞形式"产生、发掘、构筑和确定恰当的话题、念头、主意、论点,也就是说,产生和确定按语境要求"该说的话"或该表达的思想。在西方修辞学家看来,产生并游离于具体语境之外,修辞完全没有染指,因而浑然无雕饰的"纯思想"从来就不曾存在。任何念头或想法的萌发都意味着修辞的参与并在其中发挥关键作用。(刘亚猛,2004a:3—4)

谭学纯在为《西方修辞学经典选译——核心概念地图集》一书所做的序言中也指出:

> 不排除有些概念术语的译介可能很难找到全息对应的汉语符码。"修辞"作为汉译的能指,相对于源语 rhetoric 的所指来说,不一定具有意义全覆盖的意味。中国译者从先秦典籍中找到了一个符号——"修辞",用这个存活了两千多年的能指,打包 rhetoric 的所指,rhetoric 从古希腊的时空场景旅行到中华本土,以"修辞"的能指现身。这个过程中,信息损耗或变异,可能是常态。也许没有必要苛求翻译家在重新打包的符号转码中原封不动地进行信息储运。也许正因为《周易》"修辞立其诚"中的"修辞"与 rhetoric 的所指不完全相同,才更需要由此追寻中国修辞学的发生和方法论意义,求证中西修辞学不同的学术关怀之路。诸如此类现象,绝不止"修辞"一例。而如果跨文化交流接受了目标语和源语信息不对称,既成事实的误读进入大众传播,也不一定完全是负能量。有时候,学者的较

真似乎很难改变即成的文化事实。(2016:X)

这些学者提出的质疑在俄语学界同样存在。俄罗斯修辞学继承了西方古典修辞学的学科体系,它也将"构思""布局"等话语的思维过程纳入自己的研究范围,因此,它和汉语修辞学就学术传统、研究对象及范围等来说也是存在差异的。那么,我国的学者在术语翻译上做出了那些尝试呢?

> 我国较早研究 риторика 的汪嘉斐先生认为这一俄语术语的翻译是一个复杂的问题,他指出,这一术语既是"演讲学",又是古代的文章学、修辞学,具有多元性质。它孕育、产生于演讲实践,所讲的道理首先是针对演讲活动的,但其中的主体部分,即有关说理论证、谋篇布局、语言表达等方面的内容,在很大程度上也适用于写作,而且罗马之后已偏重于写作,中文叫什么好,是个很大的难题。(樊明明等,2007:117—118)

宋尧在《西方古典修辞学及其修辞论证的魅力》一文中,将 риторика 翻译为"西方古典修辞学"。这一译法虽然突出了 риторика 的学术渊源,但却无法反映学科的动态发展,如 современная риторика 便无法使用上述译文进行翻译。

李葵在自己的博士研究生学位论文《俄罗斯现代修辞学:渊源·分支·民族特色》中也对 риторика 一词的翻译提出了自己的思考:

> 本文的关键术语 риторика 的翻译颇费斟酌。现译"修辞学"似易引起误解,原因是:辞书中对 риторика 的解释,均为"演说术""雄辩术";而"修辞学"一词的位置在我国俄语界已为 стилистика 占用。尽管尚存种种顾虑,我们仍采取了"修

第二章　俄罗斯现代修辞学的学科属性

辞学"这个译法,这主要基于以下的理由:

一、演说固然是 риторика 的组成部分,但无论是"演说术",还是"雄辩术"都不能涵盖 риторика 的全部内容。从历史上看就是这样,就现、当代的情况来说,探讨演说技巧问题的 риторика 是有的,但只是 риторика 全景之一隅,既非修辞学现代研究的主流,更不代表当代俄罗斯修辞学的最新成果或最高成就。相比之下,"修辞学"这一译法似乎略具优势。

二、英文翻译惯例的作用。俄罗斯 риторика 与西方的 rhetoric 同宗同源,二者存在对应关系。rhetoric 既被翻译为修辞学,俄语同样采用此译法应是顺理成章的事。

三、俄语学界以"修辞学"与 стилистика 对应的做法,也并无足够的理据,不过是约定俗成而已。我们现在将修辞学一词同时用来指称 риторика,一词二义,歧义可由上下文排除,用法应当也可逐渐"约定俗成"。(2001:4)

正如李葵所说,将 риторика 译为"修辞学"是有一定理据的,但是却又不符合术语翻译唯一对应性的标准,一个汉语术语指称两个俄语术语的情况下更容易引起误解和混淆。在我国研究 риторика 的初始阶段,上述 риторика 翻译问题的提出和相应的解决方案还是颇具创新性的。

在2007年出版的集体创作成果《人文修辞学》中,樊明明等学者提出了颇有独特见解的观点:将 стилистика 译为"语体文体修辞学",риторика 翻译为"人文修辞学"。我认为,这样的区分合理:首先,"人文修辞学"的译法充分体现了 риторика 这门学科丰富的人文内涵。"人文主义"是文艺复兴的中心概念之一。对这一概念向来有不同层面的解说,很难取得划一的看法。在"人文修辞学"这一译法中"人文"被理解为一种人类审视并突出自身价值的思想模式。布洛克(Alan

Bullock)在《西方人文主义传统》中总结了西方历史上有关人类在世界、宇宙中的位置以及存在的意义的三种思维模式,或者说是三种不同的视角:神本论,物本论和人本论。神本论,即超自然的视角,认为物质、人类都为上帝所造,宇宙秩序也由神明掌控;物本论,即尚自然、唯物力的视角,认为世界和宇宙自成秩序、独立运行,而人只是其中有机界的一个部分;人本论,即以人自身为中心的视角,认为世界因人类而具有价值,万物因人类而孕生意义,因此注重人类本身的福祉。"人文主义"也即这第三种视角。姚小平在《西方语言学史》中也涉及了这三种思想模式,他进一步指出,由古至今,这三种思想模式与不同时期或者混合起来,或者交替作用。就修辞学发端的古希腊罗马时期的语言哲学研究来看,苏格拉底的观点立足于世俗生活,思考人生问题;柏拉图继承了苏格拉底的思想,然而其理念把世间万物当做神秘观念的摹印,则不免带有神本论的倾向。总的来看,罗马哲学思想的人文底蕴不及古希腊浓厚,这跟基督教的崛起大有关系。中世纪,神本论稳居思想领域的主导地位,提倡精神领先肉身,弃绝尘念俗想。进入文艺复兴时期,人本论再度振奋,物本论也渐入人心,但神本论依然是学界的主流思潮。经过两三百年相持,及至启蒙运动兴起,人文主义与科学精神携起手来,才把神本论逐出科学领域。"近代以来,物质加机器在人类生活中所占的比重逐渐增大,到了今天,物本论看来已占据上风,不过人文主义仍是一股强劲的制衡力量,可以遏止科学主义走向极端,侵害人类个体乃至群体的利益。"(姚小平 2011:14) риторика 将修辞活动看做是人的社会属性和社会活动,这种人文主义的修辞思想,作为一种传统,一直贯穿在俄罗斯修辞学发展的每一个阶段。

其次,人文修辞学(rhetoric of humanistic tradition)与文体修辞学(rhetoric of stylistic trandition)是指西方古典修辞学两个传统:人文传统和文体风格传统。按其功能差异,古典修辞学分为人文修辞学与文体修辞学。现代的文体修辞学也研究语体,所以顾曰国将二者合

第二章　俄罗斯现代修辞学的学科属性

称为语体文体修辞学。人文修辞学指具有劝说和交际功能的修辞，现代的含义指"西方古典修辞学中除文体风格以外的一般意义上的修辞学，即以人际交流为目的的修辞学。"（从莱庭等，2007:355）；而后者则指文体风格：在和"人文修辞学"对应的意义上，语体和文体本身有两个不同的含义："一个是指话语或文章的样式或变体，另一个是指特征，即话语或文章（语言产品）的样式的语体和文体的风格特征。"（同上）基于此，将 риторика 翻译成人文修辞学是考虑到了这门学科的属性和特点的。但"人文"一词含义颇多并且在目前的学术界运用颇为广泛，作为"修辞学"一词的定语会增加更多该学科研究范围和研究内容的不确定性。

张惠芹所著《教师的语言艺术》一书是在教育修辞学（педагогическая риторика）领域研究探索的成果。在 риторика 的翻译问题上，她认为：

> риторика 与英语的 rhetoric 同宗同源（二词均为同一古希腊词的音译）。我国英语界将 rhetoric 译为"修辞学"（或加上不同的说明语："古典修辞学""西方古代修辞学""人文修辞学""论辩修辞学"等），俄语界则以 стилистика 为"修辞学"，至于 риторика，俄汉词典多将其译作"演讲术""雄辩术""辞章术"。但这些译法并不能准确反映 риторика 在历史发展过程中不断变化的内涵。实际上，俄国的 риторика 与西方同时期的 rhetoric 大体上是对应的。而且亚里士多德撰写的 Rhetoric 也被罗念生译为《修辞学》。因此本文在指 риторика 这一概念时，将采用"修辞学"，或者在不同的地方加上修饰语"古典修辞学"，为突出教学演讲活动，我们还采用了"演讲学"这一概念；而 стилистика 主要是语言层面的修辞，我们将采用语体文体修辞学。应该说这样处理只是权宜之计，

肯定还存在一些问题。(2008：绪论：1)

有趣的是,赵陵生在为《教师的语言艺术》一书所作的序中,也提到了 риторика 一词的翻译问题：

> 俄语中 риторика 与 стилистика 二词内涵不同,后者通译为《修辞学》,数十年来约定俗成,已为语言学界所接受。如何翻译 риторика,尚无定论。或译为《演说术》,或译为《雄辩术》,均未得到普遍认可。前者强调了"方式",后者可能造成诡辩的印象……我个人的想法,把 риторика 译为"说服学"比较可取。目前"说服学"一词开始在传媒领域流行,网上已可以搜集到关于"说服学"的信息。假以时日,"说服学"可能被语言学界认可,因为实际上不可能在两种语言中找到词义完全对应的词。(2008：序：1)

赵陵生提出的译法虽然具有新意,"说服"是 риторика 的核心内容,但不是这门学科的灵魂,"说服"是修辞学家所期望的借助话语形成的和谐人类生存环境的建构手段,但不是人类修辞行为的终极目的。温科学(2009:2)指出："今天,把修辞的目的当作劝说的观点依然流行,但更为重要的是,修辞学可以在人类的交往中用于解决分歧,促进共同的理解,达到社会的和谐。"

在上一节中提到了张会森将 риторика 翻译成"演讲学",这一译文引用自2002年出版的《修辞学通论》。九年之后,《当代修辞学》刊出了张会森的论文《近二十年来的俄罗斯修辞学》,其中有作者对 риторика 的重新思考：

第二章　俄罗斯现代修辞学的学科属性

我国汉语学界所说的"修辞学"是广义的，涵盖了俄罗斯的 стилистика（stylistics）与 риторика（rhetoric）。Риторика 与 стилистика 这两者都先后译为"修辞学"，为了方便叙述与理解，后面行文时，如需特别区分我们使用"修辞学 C"表示 стилистика，用"修辞学 p"表示 риторика。如不需区分，则"修辞学"涵盖二者。（2011：85）

2.3.3　从 риторика 的翻译看中俄修辞传统的异同

本书认为，риторика 一词的翻译不仅是一个语文学术语的翻译问题，它还体现出中俄修辞传统的异同。由于我国的修辞学和俄罗斯修辞学分别属于中西两种文化范畴，并且后者起源于西方古典修辞学，因此，中俄修辞传统的异同在一定程度上就是中西修辞学的异同，并显示出中西文化的异同。这里，首先对中国的修辞传统进行简要的回顾。

在中国，"修辞"一词可以追溯到《周易》上记载的孔子的话："君子进德修业。忠信，所以进德也；修辞立其诚，所以居业也。"要用现代汉语进行解释，可以理解为："君子要增进美德、营修功业的道理。忠诚信实，是增进美德的主要基础。修饰文辞和言语，确立至诚的感情，是营修功业的根基。"这里的"修辞"是两个词，还不具有现代的意义，也无法定义成为一个研究的客体。先秦时期，虽然没有系统的修辞学著作，但在诸子著作中有许多相关的论述，比如孔子的"辞达而已矣"、老子的"情欲信，辞欲巧"等，都涵盖了一定的修辞思想。其他如《礼记》《易经》《孟子》《韩非子》《荀子》《庄子》《鬼谷子》《左传》《战国策》《吕氏春秋》《墨子》《国语·晋语》等著作中，也有丰富的修辞思想。

后世关于修辞的论述多散见于相关的文论著作中，比如王充的《论衡》、刘向的《说苑·善说》、曹丕的《典论·论文》、刘勰的《文心雕龙》、钟嵘的《诗品序》、日本僧人空海的《文镜秘府论》、陈骙的《文则》、严羽的《沧浪诗话》等。其中，陈骙的《文则》被认为是中国第一部修辞学著作。

这些著作多是关于文章修辞的。

我国的现代修辞学起源于20世纪上半叶，至20世纪末趋于成熟和完善。20世纪30年代的主要著作有汤振常的《修辞学教科书》、龙伯纯的《文字发凡》、王易的《修辞学》和《修辞学通诠》、唐钺的《修辞格》、陈介白的《修辞学》和《新著修辞学》、徐梗生的《修辞学教程》以及陈望道的《修辞学发凡》等。20世纪50年代后，先后出现了吕叔湘、朱德熙的《语法修辞讲话》、张志公的《修辞概要》、张弓的《现代汉语修辞学》等著作。80年代后又涌现出许多修辞学著作，比如倪宝元的《修辞学》、王德春和陈晨的《现代修辞学》、郑远汉的《言语风格学》、黎运汉的《汉语风格学》、王希杰的《修辞学通论》、张炼强的《修辞理据探索》以及陈汝东的《社会心理修辞学导论》《认知修辞学》《当代汉语修辞学》等。这些修辞学著作多不区分口语修辞和书面语修辞，也并不专门探讨演讲修辞。

纵观中国和俄罗斯的修辞学发展历史和轨迹，虽然中俄修辞学的学科渊源不尽相同，但其中依然有一些相通之处。如都关注积极有效的、符合题旨情景的言语行为；都重视区分不同受众与修辞手段、修辞方法之间的辩证关系；表现出共同的伦理追求。除此之外，中俄的修辞学思想都贯彻于学校教育。

然而，除了这些共通之处，中俄修辞学之间存在大量"不同"，正是这些"不同"使 риторика 的汉译问题变得如此复杂和曲折。

首先，虽然俄国在1620年出现第一本修辞学教科书之前就存在大量的修辞实践，但俄罗斯修辞学的学科体系和结构基本来自于中世纪时期的西方修辞学，它有相应的哲学和伦理学基础，是一门独立的人文学科，有自己的研究对象、研究范围和研究方法。而对于中国的修辞学来说，尽管中国早期的修辞思想几乎触及修辞学大部分的重大问题，如修辞学的政治伦理原则以及各种雄辩艺术，但它终究没有形成一个系统性的理论，"究其原因，主要是在中国古代，文、史、哲等学问在习惯上混合

第二章　俄罗斯现代修辞学的学科属性

在一起,没有细分的缘故"(温科学,2009:80—81)。俄罗斯修辞学家,同时也从事汉学研究的罗日杰斯特文斯基也认为:"……中国的修辞学家都是哲学家,因为修辞学在当时的社会语境中和哲学无从区分,它们构成了一个整体。这个整体不仅不回避医学、数学、天文学等实证科学,还力图掌握这些学科知识。"(2006:45—46)无独有偶,"中国修辞学是哲学"也是西方修辞学家对中国修辞学颇有代表性的看法之一。(详细论述,参见温科学,2009:96—105)

其次,关于演讲与修辞学研究的关系。演讲这一话语形式不仅仅是修辞学研究的对象,它更是成为了一种方法论。这种修辞学理论体系的基本立意,是围绕着社会事务的决策、决定而展开的。在一个相对民主的城邦社会中,要通过民主程序对社会事务做出决定,就必须通过演讲。演讲者运用修辞方法,充分表达自己的意愿、观点、思想,与听众形成互动,最终做出决策和决定。而演讲的效果不但取决于演讲者的气质、修养,还决定于受众的心理状态和演讲者本身所提供的或然式证明。因此,要提高修辞效果,修辞学不但要研究与演讲者的气质、修养相关的范畴,研究受众的心理范畴,而且要研究各种"论题"及其下位知识范畴。此外,还要研究演讲的风格等。显然,这种修辞学体系是在自觉的学科意识指导下建立的,是完整的、系统的。中国古代的修辞学没有像西方古典修辞学那样,留下大量的名为修辞学的著作和深奥的修辞理论,但很多学者都指出,中国古代的哲学流派——儒家、墨家、道家、法家、名辩家、纵横家都与西方的"雄辩"有关。有关这一点,温科学写道:

> 中国春秋战国时期……社会的需要造就了新兴阶层,联横合纵,各显神通,展示出雄辩、劝说的艺术魅力及其重要的社会作用。当时急切需要各种游说之士,说客成为一种时髦,使许多学者从事训练雄辩技巧和劝说方法的教学。这足以与古希腊的修辞学相媲美,但其修辞的作用比雅典的法庭演说论辩要

大得多。各诸侯国的国王和贵族集中了数以千计的说客，谋求政治、军事、外交的策略以及各种娱乐方式。各种流派的核心命题都是治国之道、治人之术，都以说动人主动采取自己的主张为旨归，这与西方古典修辞学以劝说为核心的原则基本上是一致的。(2009:79)

然而，此演讲非彼演讲，此雄辩非彼雄辩。陈汝东认为，催生西方古典修辞学的话语形式是民主制度下的公共演讲，它的受众是普通公民身份的群体；而中国春秋战国时期乃至后世的修辞可以理解为一种"个体修辞"，因为社会事务的决策只能通过集权或武力来解决。修辞者要想影响公共事务决策，就必须以君主为修辞对象。(2011:144)除此之外，修辞者的身份也有很大的差别：古典修辞学框架中的演讲者理论上可以是社会中有独立身份的任何人，而"个体修辞"中的演讲者则多是有政治身份和一定社会地位的人，如门客、宦官、大臣等。因此，就研究对象和内容来说，秉承西方修辞学传统的俄罗斯修辞学将演讲作为自己的关注对象，而对于中国修辞学来说，演讲则失去了催生这门学科产生和发展的功能和作用。

最后，俄罗斯修辞学一直十分重视"构思"这一前言语阶段的研究，即对话语生成阶段的研究。而中国修辞学则更为重视"表达"的研究。有关这一部分在上文中引用的刘亚猛先生的论述中已经做过较为清晰的阐释，在此就不再赘述。

риторика 和 стилистика 的区别无法做到绝对的一分为二，一是它们呈现出交互发展的态势，研究内容和视角势必有所重叠；二是在目前的人文学科领域，要想对邻近学科做一个明显的区别，恐怕只是徒劳，学科间的交叉和渗透已是常态。因此，"跨学科研究"的范式才被广为推崇。如果期望在大体上对这两门科学的研究视角的分野有所认识的话，它们与"русский язык"（俄语）和"русский"（俄罗斯的）这

第二章　俄罗斯现代修辞学的学科属性

两组词(词组)的搭配可以在一定程度上说明问题。Риторика 通常和"русский"(俄罗斯的)连用,即русская риторика(俄罗斯修辞学);而стилистика 则和"русский язык"(俄语)连用,即стилистика русского языка(俄语修辞学)。通过这样的考察,可以得出一个简单、但带有范畴性的结论,即риторика 带有更深刻的民族文化的特质,它体现了民族言语文化的话语观;而стилистика 是更接近语言体系结构和功能研究的学科,它的研究基于语言体系各个层次的基础要素和基本规则。因此,正如在前文中的译文使用,俄罗斯修辞学就指риторика,而俄语修辞学则指стилистика。

第四节　规范与偏离:修辞学与语法学及言语素养学

在言语学科体系中,语法学和言语素养学都是以言语建构中的规范作为研究目标的,它们在各自的学科框架中提出了若干针对言语组织和建构的规则和标准。而修辞学提倡的是一种思维的创新和话语的创造。这种规则、标准和创新之间的关系应该如何理解呢?它们仅仅是约束和被约束、突破和反突破那么简单吗?

2.4.1　修辞学和语法学

语法学的目的在于以保证语言单位使用的正确性为前提,对语言体系的各个层次进行描写。有关这一点在早期的语法学的定义中就有所表现:在第一部《俄罗斯科学院词典》中语法被定义为:"研究正确说和写规则的科学(наука, подающая правила говорить и писать правильно)"。该《词典》中还称"语法是所有研究话语的学科的基础"(II:316)。那么,语法学与修辞学之间的关系如何呢?

首先,它们在学科研究对象、方法、研究目标等方面存在着差异。从研究对象和方法来说,语法研究的是语言结构层面的基本规律,涉及语素、词、词组、句子、句群等要素。传统语法所说明的规律向来着重词形变化的规律和各类词充当句子成分的规律。而修辞学研究的是语言的运用规律,它关注话语生成的过程,强调言语交际的有效性。在研究目标上,语法讲究的是"结构规律",修辞注重"表达规律"。从评价性规则的角度看,语法学更多指向的是话语的"正确性",而修辞学则更加注重"有效性"。

其次,语法和修辞作为言语学科体系中两门独立的学科,从静态的理论上来说,是有本质的区别,但是,在具体的言语交际中,在任何一个意义完整的表述中,总是既存在语法现象,又存在修辞现象,二者相伴相生,有着密切联系。有关这种关系,汉语现代修辞学的奠基者陈望道先生有过具体而深刻的解释:"修辞不过是调整语辞使达意传情能够适切的一种努力","无论作文或说话,又无论华巧或质拙,总以'意与言会,言随意遣'为极致"。"修辞可利用的,是语言文字的一切可能性"。(1979:3,20)在话语生成和表达的过程中,建构者不会有意识地区分语法知识和修辞知识的使用顺序,在进行语言资源选择的时候往往是话语建构的综合能力在发挥作用。作为研究者来说,对所使用知识进行分门别类划分的目的在于更加清晰地阐释知识的来源及功能,从而为学习者提供更为全面的图景。

再次,修辞现象也可以转化为语法格式。语法史上出现的语法规则,通常都是从修辞突破现存语法规范开始的,久而久之,通过渐变的方式而约定俗成,即由个别变为一般,由特殊变为常规。事实上,通过考察修辞学历史表明,一些语言现象往往首先是修辞现象,然后才变为语法现象。在这个过程中,修辞现象往往是"第一性"的,而语法现象在一定意义上是"第二性"的,这正如语言和言语的关系一样,言语是第一性的,而语言是第二性的。当然,特定的语法现象是修辞现象过滤之后的"产物",也有很多修辞现象最终并没有成为人们常说的语法现象。这是一个社会语言使用的过滤过程。

第二章 俄罗斯现代修辞学的学科属性

最后,语法和修辞的研究内容出现了交叉的现象。随着"功能语法"和"语法的三维"研究的兴起,语法不仅是研究语言结构本身,对结构形式、结构关系和结构类型的描写,它还进入了言语和言语活动的层面。一些新编的语法书把语义分析和语用分析作为重要内容加以描写。这种对语法和语法学的认识,势必同修辞和修辞学在语用层面发生纠葛。当然,语法中的语用分析不同于修辞学,前者以语句结构为基础,研究不同的结构对不同语境的适应性,后者着眼于表达效果,研究遵循怎样的话语构思和布局才能达到某种效果。另外,在交际语法中强调什么样的语句适合运用在什么样的场合,这不仅仅是个语法问题,它本身就是一个修辞问题。而转换生成语法强调同一个语义结构在转换成表层结构时,会生成不同的语句形式。在某种意义上说,这些不同的表层结构,往往会适用于不同的表达,这实际上也是个修辞问题。言语表达过程中,任何一个句子的生成过程本身就是一个修辞过程。这个观点虽然不是要在生成语法与修辞学之间画上等号,但它符合表达的实际,强调了语法和修辞在话语产生过程中的密切关系。

语法学和修辞学除了作为科学研究的内容和视角之外,还是非常重要的教学课程。在俄罗斯传统的学校教育中,语法教学一直占据着不可替代的位置。从17世纪的第一批有关教育的文献中可以看出,所有的语文教育都是从语法开始的。乌萨乔夫(М.И. Усачев)在《修辞学》(1699年)一书中写道:"грамматика токмо добре учит глаголати"(语法教授的是正确的言语建构规则),而修辞学是"есть наука добре, красно и о всяких вещех прилично глаголати"(修辞学传递的是言语的艺术规范)(转引自安努什金,2002:81)。按照乌萨乔夫的观点,语法作为研究言语正确性的科学永远优于研究说服力和言辞修饰的修辞学,但它们的存在方式也是相互依存,缺一不可。关于它们的关系在17世纪初的《七贤说》中有所提及。19世纪中期,在修辞学被排挤于教育体系之外之前,各类教科书一般在开篇都探讨在诸多话语学科中语法学和修辞学的对比。1829年科尚斯基的《普通修辞学》中写道:"语法只研究言语,而修辞学还研究思维,诗学则还研究感受"(转引自安努什金,2002:301)。

在俄罗斯的现代教育体系中,语法仍然是重点的基础课程,但修辞学受之前完全被摈弃的影响,并没有恢复到之前全盛时期作为教学课程的"辉煌",对它的教育和教学功能和价值仍然处在呼吁、论证和调整阶段。一些俄罗斯修辞学研究者和教育研究者指出,现代教育的缺点在于学校只教授语言的知识,如语法、基础语言知识等,但不教授语言的使用。这就相当于"在教士兵射击时,只告诉他们武器的构成,不让他们手握卡宾枪,不让他们射击"(罗日杰斯特文斯基 1999:265)。安努什金(2009:144)指出,尽管"我们的语言学教科书,包括中小学的俄语教科书都宣称语言是'交际工具',而交际和现实话语却在这类教科书中鲜有提及(而这正是修辞学的研究对象)。列福尔马茨基(А.А. Реформатский)的《语言学概论》就是如此"。而教育实践证明,当在教育和教学中缺乏语言实践或是对其不够关注时,教学对象则不能理解语言在社会生活和个人生活中的重要意义。由此看来,作为语言体系学习重要课程的语法和作为语言运用技能培养重要课程的修辞,在俄罗斯现代教育体系中存在着一种竞争和统一的辩证关系。两者并重是修辞学复兴的必经之路,也是俄罗斯语文学界对教育教学改革的设想和理想。

2.4.2 修辞学和言语素养学

言语素养学的俄语形式是 культура речи,直译为汉语则是"言语文化"。我国的俄语学者在最初翻译这一语言学术语时,也许是考虑到"言语文化"这一译法容易与"言语文化学""言语国情文化学"等学科名称相混淆,因此将它翻译为"言语素养学"。不论它的译名如何,它的实质内容就是对话语建构提出应该遵循的基本规则。而这些规则,也确实是长久以来语言学家们对"好的言语"(хорошая речь)的考察研究

第二章 俄罗斯现代修辞学的学科属性

结果,是俄罗斯话语文化的基本原则。

20世纪古典修辞学和语文学受到了排挤,文学研究十分兴盛。在这样的背景下产生了一门新的研究标准语规范的学说——言语素养学(культура речи)。言语素养学的产生是为了提高20世纪20年代苏联民众的文化素质,从某种意义上甚至可以说它满足了语言运用和技能方面"扫盲"的需要。"言语素养学"是带有民族文化特色的科学术语,在其他民族的语言学体系中不作为专门的一门学科存在。它是由维诺库尔(Г.О. Винокур)、乌沙科夫(Д.Н. Ушаков)、维诺格拉多夫(В.В. Виноградов)、奥热戈夫(С.И. Ожегов)等人在20世纪二三十年代引入苏联科学体系的。随后谢尔巴(Л.В. Щерба)、阿赫玛诺娃(О.С. Ахманова)、科斯托马罗夫(В.Г. Костомаров)、列昂季耶夫(А.А. Леонтьев)等人对言语素养学进行了深入的研究。

在苏联时期言语素养学被理解为关于"规则"(норма)的学科,这一观点至今还在学校教育中占有一席之地。对于大多数教育者和受教育者来说,设置言语素养学的目的主要在于发展受教育者的言语个性。具体而言,就是努力培养受教育者成为经过专业培训的、有专业知识的话语建构者,发展他们的话语交际能力。就目前该课程的教科书和教学大纲来看,言语素养学是以"规则"作为教育的基础和重点,内容多涉及"正确""清晰""简洁""形象""生动"等关乎话语表达(выражение)的范畴。这些规则正是修辞学所关注的话语的"有效性"的有机组成。

在俄罗斯现代的大学教育的课程设置中,"俄语和言语素养"(русский язык и культура речи)课非常普及,这在一定程度上弥补了中小学教育中话语教育的缺失。目前大学课程中有关话语教育的部分已经逐渐渗透在中小学教育中,并在各种水平测试,如ЕГЭ中有所体现。俄罗斯联邦教育科学部逐步推广在国家统一考试中加入口试部分也是重视学生话语表达能力提高的举措。俄罗斯修辞学家认为,言语素养学作为一门课程的开设正是重视教学对象言语个性发展的体现,而言语个性的培养和发展主要是在教授言语技能的课程上实现。

言语素养学(культура речи)中有"文化"一词,而民族性和社会性是文化的根本属性,因此,言语素养学是社会历史发展过程中一个民族有关言语使用和创造的规则和模式。罗日杰斯特文斯基在《现代修辞学原则》(Принципы современной риторики)一书中对"文化"做出两个解释:一是被社会或社会团体所认可的交际形式;二是人类成就的总和。社会话语也可以从文化的角度进行评价,而文化形式和符号学的发展可以理解为社会话语形式的发展,也就是罗日杰斯特文斯基区分的口头表达、书面表达、印刷形式和大众传媒话语。

文化原则适用于言语素养学的问题。例如文化的事实"不是任何一个事实,而是或代表着规则的事实,或是代表着先例的事实"(罗日杰斯特文斯基,1999:13)。言语素养学正是选择了代表着规则的事实,它所挑选的事实要么作为教学内容(如教科书中的范文或例文),要么被纳入社会的运用之中(如通过大众传媒普及或推荐的书籍、音乐和艺术作品等)。

现代新型信息文化社会的复杂性首先在于出现了大量新的大众交际话语形式。新的大众传媒文化在原有文化之外建立了一个新的教育模式。对"文化"本质的理解才能使教育对象明白什么是真正的首创精神和进取精神。大众传媒文化形成了一种简单化的"民主"话语,而真正的新的文化风格只能建立在历史的成就和民族活动的规则之上。

学校语文教育的主要意义在于通过话语创造生活和完善个人。言语素养学作为研究话语表达规则的学科在语文教育中占有重要的地位。但不可忽视的一点是,它不关注话语的思维体系。从修辞学核心概念"有效性"出发,言语素养学所研究的"规则"是满足话语交际的一般要求,要达到预设的交际目的,对交际情景的研判是必不可少的。因此在语文教育中修辞学和言语素养学共同作用,将教育理念建立在文化—话语典范和活动先例的基础之上,使教育过程称为培养真正的有"文化"的人的过程。

2.4.3 规范与修辞创新

纵观各国修辞学界对修辞与规范的讨论,无外乎两种观点:一种观点认为,规范并不束缚修辞创新,为实现交际意图,可以局部地突破规范。例如姚殿芳、潘兆明(1987:7)认为:"遵循语言规范的制约,文从字顺,应当是修辞的基础。当然,这也并不排斥在特定的场合,由于某种表达的需要,故意突破规范,临时作一些创新。"王德春(1987:251)认为:"建立超常规的搭配,来创造修辞效果。这种对规范的偏离是产生修辞效果的重要源泉。"张志公(1998:21)指出:"间或逸出一点语汇规范、语法规范以至逻辑事理的规范,往往是不可避免地,甚至于说,恰恰是由于它逸出规范'逸'得高明而产生了文学效果,形成了某种风格。"芬兰学者恩克威斯特(N.E.Enkvist)(1964:1)做出如下的结论:"文体风格来自于对规范的偏离(style as deviation from the norm)。"捷克学者穆卡洛夫斯基(Jan Mukarovsky)(1964:47—48)认为:"系统性地偏离标准语规范,使得语言诗化成为可能,没有这一可能就没有诗歌。"另一种观点认为,遵守规范是成功表达的基础,如果认可修辞可以突破规范,等于否定规范的作用,否定规范化工作的必要性。如李新润(1993:21—22)说:"以'突破规范,超越规范'为'创新',是行不通的。试想,我们的作家都竞相'超越规范,突破规范',我们的文学语言将会出现怎样的混乱和分歧?……我们倡导语言规范化与作家用各式各样的修辞手法使语言更确切、更鲜明、更生动,是完全一致的。修辞手法用得越美妙,越新奇,越能说明语言规范化是确保语言准确、鲜明、生动的前提。不规范的语言,不可能是准确的,当然就更谈不上鲜明、生动了。"俄罗斯修辞学家科仁娜(1982:73)也持相似观点:"在艺术语言中运用非标准语的手段,都是交际功能要求的、是有理由的;更重要的是出于修辞上的需要。因此可以说,从本质上看这并不是违背规范。"我国学者施春宏(2009:5)指出:"从语用值的角度来考虑,无所谓'突破规范''超越规范'之类,也不存在'即成规范',突破的只能是现实的规定、既定的标准和某些理论框架下的规则,而不是规范本身。"

至于俄罗斯修辞学,其研究言语个性,提倡独特的、具有个性的言语风格,而"独具风格"的形成一定是在偏离规范的基础上形成的。如果对各种语言运用中的辞格进行考察,不难做出结论,辞格是言语作品生动性和形象性的有效手段,它的本质就是偏离。以隐喻为例。张会森(2001:51)在论隐喻时说:"隐喻是对传统的、常规的分类的'偏离'(隐喻是一种'范畴上的错误');隐喻突出事物间的'偶然的联系',给人以'陌生感'、新奇感。"也就是说,从形式逻辑意义上说,隐喻是一种范畴分类上的错误。但本体和喻体在逻辑上的不相容,恰恰是隐喻必要的条件之一。

考量偏离的是否合理,是否"高明",唯一的衡量标准是偏离是否符合语境,是否符合交际任务和目的。在现代俄罗斯传媒话语的研究中有不少学者指出,此类话语的典型特征就是隐喻等辞格手段的积极运用。赖斯卡娅(Л.М.Райская)(2009:23)总结了传媒话语中常见的隐喻类型:

医学隐喻:犯罪毒瘤(раковая опухоль преступности)、经常性失业(хроническая безработица)、健康竞争(здоровая конкуренция)、危机症状(симптомы кризиса);

战争隐喻:环形防御(круговая оборона)、议员队伍(десантая оборонанция)、足球之师(футбольная борونаня);

建筑隐喻:国家之宅(национальные квартиры)、过时的政治大厦(здание устаревшей политики);

交通隐喻:改革之舟(корабль реформ)、政治死胡同(политическое бездорожье);

戏剧隐喻:谈判方案(сценарий переговоров)、政治闹剧(политический балаган)。

(2009:23)

第二章　俄罗斯现代修辞学的学科属性

此外,词义的转义也十分常见。以 семья（家庭）, игра（游戏）, спектакль（戏剧）等名词为例：московская семья（莫斯科派系）; кремлевская семья（克里姆林宫集团）; виртуозная политическая интрига（高超的政治阴谋）; политический спектакль в Москве（莫斯科的政治表演）等词组在电视新闻节目中频繁出现。这些辞格的使用并没有因为其语言运用偏离了规范而遭到受众的排斥,而是赋予节目更多的原创风格,从而增加了节目本身在同类节目中的竞争力。由此可见,对规范的偏离渗透在各种言语体裁之中。

第五节　从学科起源到学科分支：修辞学与演讲学

不论是在古典修辞学的传统中还是在现代修辞学的考量下,演讲话语始终是修辞学关注的中心问题之一。俄罗斯修辞学在继承古典修辞学基本理论框架的同时对其进行了民族化的重建,对演讲话语的研究也呈现出独特的民族文化特色。复兴之后的俄罗斯修辞学彻底完成了从最初的单一演讲话语研究到言语交际研究的演变,在这样的修辞形式之下,演讲话语的研究内容和方法也产生了相应的变化,并被赋予了更广泛的研究意义。

2.5.1　古典修辞传统中的演讲话语研究

演讲艺术产生于古希腊,是希腊罗马城邦言语文化突出的代表性特征,也是欧洲文化的摇篮,它甚至催生了现代修辞学的思想源泉——西方古典修辞学。在古希腊城邦制度的氛围中,"那些善于'以饶有兴趣和娓娓动听的方式使用语言',在'政治、法律或公共生活的其他领域通过演讲对公众的世界观产生了突出影响'的公民总是得以从芸芸众生中脱颖而出,赢得名望和地位。"（刘亚猛,2008:41）由此,修辞学应运而生,并成为在当时的政治、法律、文化等各领域起关键作用的社会实践,享有至高无上的威望,受到普遍推崇。在古希腊罗马时期,修辞学是当时运用智力与雄辩以说服听众、影响听众的一门实用科学。

修辞学在古希腊时期以演讲话语作为主要的研究对象。当时,修辞学除了考察演讲活动中的劝导说理方式、听众的类型,以及演讲词的语体风格和篇章布局等问题以外,还就演讲的分类和题材进行了探讨。亚里士多德在《修辞学》中就将演讲话语分为三个类型:议政演讲、诉讼演讲和典礼演讲。此外,演讲和道德的问题也是当时修辞学关注的中心问题之一。古罗马人继承了古希腊的文化,使演讲艺术和修辞学在更大范围内得以传播。公元前55年西塞罗出版的《论雄辩家》(De Oratore)中便有无数的段落热情洋溢地赞扬演讲艺术,因为它给了那些掌握这门艺术的人们"控制住集会中人们的力量":

> 在每一个自由的社会中,尤其是在那些享有和平和安定的社团中,这一种艺术总是要比其他的艺术更加盛行,并永远是享有至高无上的权威。……又有哪一种功能具有如此庄严的特点、如此多的自由和慷慨,能给恳求者带来帮助,能给沮丧者带来安慰,能带来安全感,能排除险情,能维护人们的公民权?……真正演说家所具有的明智的控制能力,不仅主要维护他自己的尊严,而且还维护无数个人和整个城邦的安全。(1972:16)

古典修辞学关于演讲话语的研究对后世产生了深远的影响。正如很多学者指出的那样,不论是欧美新修辞学的确立还是俄罗斯现代修辞学的发展,都不是另起炉灶建立了新的理论体系和研究范式,而是对古典修辞传统的重新审视、补充和修订,使之符合现代的话语环境和修辞情景(见樊明明等,2007,胡曙中,2004、2008,温科学,2009等)。

2.5.2 相关术语的意义

俄罗斯修辞学由西方古典修辞学演化而来,在现阶段出现了一些与演讲及修辞研究相关的术语混用甚至混淆的情况。因此,在梳理俄罗斯修辞学关照中演讲话语的研究状况之前,有必要确定一些相关术语的内涵及意义。

演讲者(orator, оратор)在古希腊被称为修辞家(retor, ритор)。来自希腊语的 ритор 和拉丁语起源的 оратор 的混用一度使二者成为同义词,这也许是目前很多语言学权威词典将修辞学(риторика)等同于演讲学(ораторика)的原因之一。俄罗斯修辞学作为西方修辞学的分支,起源于以演讲作为研究对象的古典修辞学,但现阶段的修辞学已经极大地扩展了研究领域:日常口头交际、教育教学、公共事务、甚至大众传播都成为其关注和研究的对象。

在俄罗斯语文学界,ораторика 一词专指"演讲艺术、演讲学"。ораторика 来自于拉丁语 oratoria,意思是"演讲艺术""雄辩"。"orare"在拉丁语中的意思是"说""请求"。ораторика 和 оратория 曾作为同义词都指代"演讲学",但随后由于 ораторика 的词形更为接近 риторика 及 грамматика、поэтика 等表示独立学科的词汇,并且 оратория 还可以指代"清唱剧"这一音乐体裁,所以在涉及演讲研究时,ораторика 一词得到了更广泛的使用和接受。演讲学研究口头公众独白式话语的理论与实践,它关注演讲话语的形式以及建构原理和规则。演讲学包括理论研究和实践研究两部分:理论研究侧重于原理和规则的研究,并总结出相应的针对实践的建议;而实践研究则经常被称作"演讲艺术",多指有效地组织篇章和生动地进行演讲,从而使听众在思想及行动上达到同一,进而达到演讲者预设的交际目的。

目前的俄罗斯修辞学研究非常清楚地界定了两个概念的意义和关系:修辞学(риторика)的研究对象是各种体裁形式的话语,而演讲学(ораторика)的研究对象则是演讲话语。虽然演讲话语曾是古希腊罗马时期修辞学家所研究和关注的第一个话语种类,但"演讲学只是修辞学的分支学科"(安努什金,2009:108)。在这样的学科定位之下,演讲者(оратор)指当众或借助各种传媒手段以说服为目的发表独白话语的人,而修辞者(ритор)一词则由于修辞活动贯穿在言语交际的全过程中,而被拓展地理解为"交际者"(安努什金,2007:118)。

2.5.3 俄罗斯修辞学关照中的演讲话语研究

综观俄罗斯修辞学的研究历史和现状,演讲话语始终是修辞学关注的中心问题之一,对这一极具社会意义的话语形式的研究主要在以下几个方面展开:(1)演讲话语研究的历史;(2)关于演讲对社会生活的作用与反作用的规律问题:诸如演讲在社会生活中所处的地位及其社会作用,演讲的社会效应等问题;(3)关于演讲活动本身的规律问题:诸如演讲的分类,演讲的特征,演讲的内容与形式,演讲活动的过程以及演讲自身的继承、革新等问题;(4)有关演讲者形象(образ оратора)的研究;(5)关于演讲鉴赏和批评的一般规律问题:诸如对充分体现演讲艺术的范本的鉴赏,鉴赏的依据和批评的标准,如何通过鉴赏与批评推动演讲自身的发展等;(6)演讲艺术的教授。应该指出的是,这几个方面的研究并不是孤立进行的,它们一起构成了多层次、多角度的俄罗斯演讲话语研究体系。

2.5.3.1 修辞学发展历史中的演讲话语研究

早在俄罗斯修辞学发展的前教科书时期,演讲虽然还没有受到成体系的修辞学理论的指导,但作为一种修辞实践和公众话语形式就已经存在并成为古罗斯文化的一部分。帕诺夫(М.И. Панов)和图明娜(Л.Е. Тумина)指出,古罗斯雄辩演讲主要有以下几种类型:训诫演讲(учительное, или дидактическое красноречие);颂扬演讲(хвалебное Слово);典礼演讲(торжественное, или эпидейктическое красноречие);政治演讲(политическое красноречие)(转引自樊明明等,

第二章　俄罗斯现代修辞学的学科属性

2007:9）。

1620年，俄罗斯出现了第一本修辞学教科书，其中第一次出现了 оратор（演讲者）一词：оратор или речиточник（转引自安努什金，2009:108）。17世纪的词典中也相继出现了 оратор 这一词条。维诺格拉多夫（1980:100）在总结这一时期的修辞学发展特点时指出："17世纪的修辞学是关于风格、风格形式和辞格的学说，是构思、布局和用语言感染人的指南，也是关于演讲家表演艺术的理论。"17世纪末至18世纪上半叶，实用的演讲形式得到了发展，修辞学的研究在为宗教界编写布道和演讲艺术教科书方面得到了延续。

18世纪下半叶，俄罗斯修辞学的发展进入罗蒙诺索夫时期。罗蒙诺索夫的两部著作集中反映了他在修辞学和演讲学方面的主要思想。他在1747年出版的《雄辩术简明指南》（Краткое руководство к красноречию）中对演讲学的学科定位给予了科学的阐释。在罗蒙诺索夫的学术视野中，修辞学（риторика）是研究言语表达的综合性科学，演讲学（ораторика）是研究散文的科学，而诗学（поэтика）是研究诗歌的科学。谢列布里亚尼科夫（А. Серебрянников）发展了罗蒙诺索夫有关演讲学的学术思想，于1778年完成了《俄罗斯演讲学简明指南》（Краткое руководство к оратории российской）。在这本书中谢列布连尼科夫将各种形式和体裁的演讲话语作为专域修辞学的主要内容进行了探讨。

19世纪上半叶是俄罗斯修辞学发展的巅峰阶段。这一时期几乎大部分的修辞学和语文学的著述都涉及了演讲艺术：梅尔兹利亚科夫在《演讲话语》中将话语定义为"用于口头发表的、按照艺术规则建构的论述"。他还对演讲话语进行了分类：宗教演讲、政治演讲、法庭演讲、学术演讲和颂扬演讲。科尚斯基在《专域修辞学》中将演讲术（ораторство）定义为"使用生动话语的天赋来影响他人智慧、情感和意志的艺术"（转引自安努什金，2009:110）。和同时期的修辞学家及语文学家一样，科尚斯基重点强调了演讲者行为的伦理意义："演讲艺术的目的应在于使分歧的意见得到统一；使各种情感往一个方向发展；使大家的愿望化成一种意志。"（转引自格拉乌金娜，米西科维奇，1989:132）也就是说，演讲者不仅要用话语的力量和表现力来说服，更要用智慧的雄辩、用论证和证据的力量、用炽热的情感、用内心的执着来说服。达维多夫、普拉科辛和泽列涅茨基等学者也对演讲艺术进行了不同角度的研究和描述。

19世纪下半叶至20世纪初，由于修辞学遭遇了学科发展的瓶颈，有关演讲学的内容在语文学教科书中明显减少，有关演讲理论与实践、演讲心理学的著作不断问世：其中较有代表性的有阿布拉莫夫（Н. Абрамов）有关言语技能发展的教科书和波波夫（М.Н. Попов）的研究政治演说的著作。但遗憾的是，这一时期出版的这些作品"对于俄罗斯教育的发展和社会观点的影响并不深刻"（安努什金，2009:110）。演讲艺术理论在十月革命之后短期内得到了蓬勃的发展。这与当时的政治条件有着密切的关系：公众集会和各种权力阶层的会议成为当时政治活动的主要内容。布尔什维克充分肯定了公众演讲的意义，并十分重视其对于普通民众的影响力。出于对演讲话语在新的社会秩序中重要作用的理解，1918年在圣彼得堡成立了演讲学院（Институт живого слова），目的在于推广演讲学知识并提高、完善民众的话语能力。与此同时，在20世纪20年代，在建设新社会思想的鼓舞之下，出版了一系列用语清晰生动的演讲实践教科书。当时演讲是覆盖面极为广泛的社会活动，正如米尔托夫（А. Миртов）在《公开讲话的能力》（Умение говорить публично）（1927年，第三版）一书中所指出的那样："在新生活的条件之下，所有没有受到旧思想束缚的人都时不时地充当演说者的角色"（转引自安努什金，2009:111）。米氏认为："说服、解释、安慰、鼓励、号召——都是生活赋予我们的责任。对于承担社会工作的人这一点尤为重要：因为做报告、进行汇报、阐述计划和方案等对于他们来说都是日常的工作"（同上）。米氏将演讲者理解为多种话语形式中的修辞实

第二章　俄罗斯现代修辞学的学科属性

践者与古典修辞学理论中的相关阐释不谋而合。从20世纪30年代开始,由于政治局势的变化,从各个层次和角度对演讲艺术所进行的研究都陷入了僵局,语文学家们将注意力转向了言语素养学框架中有关言语的规范化等问题。演讲学理论及实践仅仅是在执政党政策及意识形态宣传这方面有所保留。这种局面一直持续到第二次世界大战爆发,在卫国战争期间演讲实践才有过一次回潮,"团结""保卫"等演讲主题在当时承担了相当的社会责任。总的来说,20世纪上半叶演讲被单一地理解为政治斗争的工具和形式,演讲理论被政治思想方面的要求所取代或主导,其本身的科学理论建设进展十分缓慢。

对演讲艺术的理论研究于20世纪六七十年代开始转暖。赫鲁晓夫时期涌现了一批理论家,如阿达莫夫(Е. Адамов)、阿普列相(Г.З. Апресян)、叶拉斯托夫(Н. Ерастов)、托尔马乔夫等人。"全苏知识协会"(Всесоюзное общество 'Знание')在进行演讲理论普及方面起到了积极的作用:当时每月都出版政治演讲(宣传)指南,在苏联改革初期还出版有《修辞学——说服的科学》系列丛书。

2.5.3.2　新修辞形式下的演讲话语研究

修辞学自20世纪80年代以来逐渐回归俄罗斯社会,并实现了全面的复兴。在新的社会话语条件和修辞形式之下,演讲话语的研究内容和方法也产生了相应的变化,并被赋予了更广泛的研究意义。

首先,俄罗斯社会在发生巨变之后仍然处在寻找合理发展模式的进程之中,更多的人获得了公共话语的权利,更多的社会事务取决于人们对探讨此类问题的公共话语是否接受。在此背景之下,强调演讲者的修辞道德(этос)和其所承担的社会责任、强调以符合民众利益作为演讲目的、强调演讲是建立和谐话语社会的重要手段等就成为现阶段修辞学演讲话语研究的主要方向。

其次,在突出对话性意义的现代修辞学研究趋势影响下,当前的演讲话语研究重视的是演讲者与听众的关系,关注的是演讲者与听众自身的形象和相互呈现的形象,同时考察演讲者与听众的相互形象及态度发生改变的条件。另外,在新的话语技术条件下,演讲形式出现了更为复杂的变体,如在大众媒体的支持之下,有固定听(观)众的演讲被传播给更多的媒体接受者,出现了双受众的演讲形式(выступление с двойными аудиториями)。传统修辞学没有解释这种复杂关系的规则,类似的演讲者和听众的关系以及由此所引起的话语生成及表达层面的变化只能在现代修辞学的研究视角中得到阐释。

再次,现代修辞学对演讲话语的分类与话语的职业特征联系更加紧密。事实上从古典修辞学产生的那一刻起,修辞学就一直在从事着对演讲话语进行分类的工作。俄罗斯本国学者认为,社会基本的智力职业都与积极的言语活动有关,因为言语是组织和管理社会生活的基本手段(见罗日杰斯特文斯基,1998、2000;安努什金,2004、2007;沃尔科夫,1999、2002;西罗季宁娜,О.Б. Сиротинина 2003 等)。而现代修辞学发展的动力之一就是为多种职业的话语实践提供建议和指导,因此,该学科对演讲话语的分类通常建立在演讲者所关注问题的职业归属的基础之上:政治演讲、法庭演讲、教育演讲、宗教(布道)演讲、军事演讲、外交演讲等。

最后,现代修辞学对演讲话语的研究突破了为演讲者提供咨询和服务的束缚,它为听众正确解读演讲者的思想提供了有效途径。在现代修辞学的研究视野中,演讲者和听众都是积极的交际参与者,演讲者对修辞知识和技能的运用表现在建构符合社会和民众利益的、言辞具有说服力的演讲语篇,而听众在修辞规则的指导之下,则能够主动地辨识演讲话语中的有效信息,甚至识别"伪修辞"(ложное красноречие)。

综上所述,如果从研究对象、研究方法、研究目的等宏观方面来考察,可以说,演讲学是俄罗斯现代修辞学的分支学科,它的研究主要在修辞学提供的学科框架中进行,如演说者形象、演讲语篇的构思、布局、演讲语篇的说服机制等。而俄罗斯现代修辞学为多层次、多角度的演讲理论及实践研究提供了坚实的理论基础和有效的研究方法。

第三章

现代修辞学关照中俄罗斯社会的话语建设

俄罗斯在苏联解体之后进入了社会文化的转型期,宏观社会话语环境也发生了相应的变化。一方面,更多的公民获得了表达立场和态度的权利,另一方面,解体之后国际社会地位的变化、政治体制的变化、多元文化的碰撞对民族心理产生了巨大的影响。新的社会产生新的话语环境,它需要新的修辞和新的话语风格。在社会文化转型的话语环境下,俄罗斯现代修辞学也在积极建构符合俄罗斯社会发展、有利于提升俄罗斯民族认同感和民族自尊心的话语观,力求在宏观上形成具有指导性的思想创新体系。

第一节 修辞学视野中话语观的历史演进

在修辞学的视野中,话语观是基于历史发展的修辞学理论而形成的对话语本质、特征、机制、功能等方面的认知。在修辞学发展的不同阶段对话语的认知也不尽相同。此外,话语观具有强烈的民族文化特征,它充分体现了一个民族的生命观、道德观、世界观等观念。

3.1.1 作为修辞学研究对象的话语

一门学科要成为独立的体系,就必须有相应的研究对象和研究方法。正如对修辞学定义存在着多种理解一样,修辞学研究对象的不确定性与生俱来。尤其是修辞学复兴以来,极大地扩大了学科的研究范围,努力将所有的话语体裁纳入研究视野。樊明明等学者在谈到修辞学的研究对象时指出:

> 在当今,虽然不同的学者对修辞学或新修辞学有着不同

第三章 现代修辞学关照中俄罗斯社会的话语建设

的界定,但有一个共同的趋势,就是修辞学的范围在逐渐扩大:它不仅和一系列由它发生的学科相互作用,而且将人文学科的许多内容归为自己的研究对象。比如,政治活动中的言语策略,诱导听众的原则与手段,思维的辩证与逻辑,本民族文化与社会心智特点所决定的言语和谐与扩张,言语行为问题,动物行为学的某些问题,在不同领域内的言语交际问题,体裁的问题,与说话人社会地位、世界观和道德标准相关的言语依赖性问题等等。(2007:83)

温科学,(2006:57)指出:"修辞涉及包括语言在内的一切象征。象征范围很广,包括言语、音乐、舞蹈、建筑、服饰等。人们运用象征传达意义,进行劝说以达到合作、和解、决策是形成和维持人类社会的固有活动。"

张瑜,(2013:59)在描述修辞学研究领域的扩展时也指出:"当代修辞学从狭义修辞学的小圈子里冲了出来,突破了对论辩、演说和写作技巧的传统研究,修辞学家将视角投向一切以象征为媒介的社会交往活动。任何形式的人际交往、群体交往以及跨文化交往,包括诗歌、小说、电影、电视、戏剧、态度等,统统属于修辞学研究的范围。"

即便如此,修辞和修辞学仍是不同的概念和范畴。修辞可以理解为行为、意识、甚至是色彩,正如上文中温科学指出的那样,修辞所覆盖的外延非常宽泛。诚然,音乐、建筑等艺术形式具有丰富的修辞资源,它们作为交际的要素传达着意义、情绪或评价。而修辞学是一门有着独立学科地位的科学,有着自己独有的研究对象。修辞学在现阶段仍然将以具有系统性的"言语"或"话语"作为研究对象,同时承认其他具有象征意义的符号的修辞性。

在众多俄罗斯修辞学的定义中,"话语"(слово)和"言语"(речь)两个词的出现频率十分高。在现代修辞学所津津乐道的"язык" "речь""слово""логос""текст""дискурс"等核心概念的解释中都能看到"话语"和"言语"的身影。那么,"речь"和"слово"这两个概念在俄罗斯修辞学的视野中有什么区别呢？先看一下汉语语文学对于这两个概念的理解：

> 言语指人们的语言实践,即个人运用语言的过程或产物。索绪尔首创语言与言语相区别的学说,认为言语是人类语言机能的个人部分,是心理物理现象,它区别于作为心理社会现象的语言,即语言机能的社会部分。尔后,言语一般被用来指称语言的个人变体,言语中除包含社会公认的语言体系外,还体现人们运用语言的具体特征,如发音的过程、特点,表达的风格、技巧,以及偶然发生的非语言因素等。言语亦有被用来专指言语行为、言语作品或言语作品的表达形式。(辞海1980:377)

> 话语是特定社会语境中人与人之间从事沟通的具体言语行为,即一定的说话人与受话人之间在特定社会语境中通过文本而展开的沟通活动,包含说话人、受话人、文本、沟通、语境等要素。这就是说,话语意味着把讲述内容作为信息由说话人传递给受话人的沟通过程；而传递这个信息的媒介具有言语特征；同时,这种沟通过程发生在特定的社会语境中,即与其他相关言语过程、与说话人和受话人的具体生存境遇具有联系。
> (童庆炳,2004:69)

从以上的界定中可以看出,在汉语语文传统中,"言语"强调个体在交际中使用语言体系中的资源实施的活动,关注这个过程的实践性和个体性;而"话语"则更多地指向人际交流,关注语境性和交际性。这些特征在俄罗斯修辞学对这两个概念的认知中同时存在。

第三章　现代修辞学关照中俄罗斯社会的话语建设

在俄语语言学和语文学的学术研究中，речь 一词通常作为 язык 一词的对照概念进行使用：语言是以语音为物质外壳、以词汇为建筑材料、以语法为结构规则而构成的体系；而作为其对照概念的言语是指个体运用语言体系中的资源生成的产品（речевая продукция）。在学术研究中，"言语"在"书面语"（письменная речь）、"口语"（разговорная речь）和"言语文化"（культура речи）、"言语规则"（речевые нормы）等词组中得到了积极地运用。

俄罗斯语文学传统中的"слово"一词是个多义词，它在《大俄汉词典》中的释义是这样的：(1)词；(2)[单]语言，话语；(3)(复数与单数同义)话；谈话；空话；(4)[单]命令，决定，意见；(5)[单]诺言，保证；(6)[单]发言，讲话；(7)[单]<旧>论，记；(8)[复]（歌曲的）词。(2001:2172)相比较"речь"而言，"слово"所代表的概念具有更多的其他意义：第一，道德意义。在俄罗斯语文学传统中，"слово"被认为是"логос"（逻各斯）的等同概念，指代话语建构过程中的基本原理和规律，认为道德伦理是话语建构最根本的基础；第二，哲学意义。上面提及的"逻各斯"在产生之初就是一个哲学概念。基于这个概念展开的是话语和所指称事实之间关系的探寻。这样的一个哲学命题延续至今；第三，宗教文化意义。东正教文化中"话语"具有创世纪的功能，它也被称之为"神言"。俄罗斯修辞学视野中的话语中包含了许多东正教哲学思想；第四，社会语境意义。这里的语境是一个宏观的概念，包括社会话语环境的基本要素：社会发展程度、社会主要问题、公民期望的社会发展方向、社会对话语类型的基本需求等。俄罗斯修辞学认为，话语涉及并深入社会生活的各个领域，并发挥着巨大的作用。

基于以上的分析，"речь"和"слово"都可以被认为是俄罗斯修辞学的研究对象，因为它们在具体的研究工作中可能指代的是同样的客体。若以研究目的为参照物，如果强调俄罗斯修辞学的言语学科属性，那么就从"речь"的自然属性出发展开研究；而如果强调俄罗斯修辞学的民族文化特质,则"слово"更具研究价值。基于本书的研究任务与研究目的,主要以"слово"作为研究的核心概念。

3.1.2 "话语"（слово）的历史演进

本节以刘亚猛先生提出的研究人文科学的三个维度为参考,从历史比较的角度出发,对"话语"这一概念的历史演进进行梳理和分析,明确每个修辞学发展阶段具体社会环境下话语被赋予的不同意义。

3.1.2.1 民间口头创作中的"话语"

格言是语言在口头表达中存在的最古老的形式之一。因此,对"слово"一词历史演进的分析可以从它在格言中的意义和功能入手。格言是民间口头创作的一种,它呈现的不仅仅是一种语言游戏,它还以生动和形象的表达方式提供了类似箴言的行为准则,其中也包括话语行为准则。

俄罗斯民间口头创作,包括谚语的研究总是和学者达里(В.В. Даль)的名字联系在一起。达里一生都对俄罗斯的民间口头创作和生活表现出极大的兴趣。他到过俄罗斯的许多地区,跟普通民众,特别是农民有过广泛的接触,从他们的口中采集了大量鲜活的语言素材。1819年,年仅18岁的达里就开始了俄罗斯民间语言材料的收集工作。他在《自传回忆录》中写道:"1819年3月3日,我成了一名海军准尉,当时我自愿申请到黑海附近的尼古拉耶夫服役,在第一次人生旅途中我便开始收集各地方言和民间各种语言材料,我把路上听到的那些以前我没有听到过的有趣话语都记录了下来。"(转引自布拉戈娃/Г.Ф. Благова 2001:22)

1862年达里的《俄罗斯民间谚语》(Пословица русского народа)首次出版,其中记录了他所采集到的3万多条谚语和俗语。这部著作以收录的谚语和俗语的数量及其原创性而闻名。在这部著作中划分有"语言—言语"(язык—речь)一个章节,其中收录了俄罗斯民族有关话语

第三章 现代修辞学关照中俄罗斯社会的话语建设

创造的谚语和俗语。

如果根据俗语中的语言单位来区分的话,至少可以将"语言—言语"这一章中的俗语分为以下三类:(1)与章节题目相关、带有"язык"和"речь"的谚语;(2)带有"слово"一词的谚语;(3)不带有上述三个词汇,但是涉及言语行为规则和规范的谚语。另外,对这一章的定量分析可以做出这样的统计结论:在该章节中 язык 一词在82条谚语中被使用,речь 在15条中出现,而 слово 则在57条中出现。(见本书附录2)"слово"在这些谚语中多指表达思想的最小语言单位(可以是表达完整思想的词汇,也可以是一个语义完整的句子)。例如:

От одного слова— да навек ссора. 祸从口出

Лишнее слово— в досаду (в грех, в стыд) вводит. 言多必失

Ради красного словца не пожалеет (не пощадит) ни мать, ни отца. 为了甜言蜜语不惜一切代价

Сказал бы словечко, да волк недалечко. 小心驶得万年船

通过对"язык—речь"这一章中谚语的分析不难看出,虽然在现代的语言学研究中"язык"和"речь"分别被赋予了"语言"和"言语"这两个对照概念,但在早期的民间口头创作中,язык, речь, слово 三个词在意义上是可以相互替换的,它们在谚语中是作为近义词使用的。在标准语形成之后,这些词汇的近义关系仍然存在。如:

Хорошая речь— путь к успеху. 好的话语是通向成功之路。

Слово политика— орудие его победы. 话语是政治家成功的武器。

Владеешь языком— владеешь миром. 掌握了话语就掌握了世界。

正如上文所说,达里在本节中收录的谚语涉及了言语交际的规则和规范。罗日杰斯特文斯基对它们进行了总结和分类:(1)涉及思想、话语和行为的关系;(2)涉及话语建构者之间的关系;(3)受话者应遵守的规则;(4)发话者应遵守的规则;(5)涉及话语类型。(见1978:214—229)这五大类型中的每一种还包括若干种次类型。罗日杰斯特文斯基

认为,这些俄罗斯谚语中体现的话语规则带有普遍性的特点,它们同样适用于其他民族的话语交际,只是具体的话语表达方法有别。值得一提的是,罗氏的科学研究是从汉学起步的,因此,在格言的研究方面他还运用了对比的方法,他使用了《东方民族格言谚语选编》(Избранные пословицы и поговорки народов Востока),对中国古典民间口头创作也做了一番研究。

苏联时期由日古廖娃(А.М. Жигулёва)编写的《俄罗斯谚语俗语》(Русские пословицы и поговорки)中也有收录出现 слово 一词的谚语俗语。同达里不同的是,相对于 язык 和 речь,слово 出现的频率是最高的,在56条中都有使用。它在这些谚语中用来表示"简短和有力的话语":

Аркан ценится длиной, а слово — краткостью. 绳索要长,话语要短。

В зубах слово не завязнет. 脱口而出。

Доброе слово окрыляет. 善言使人鼓舞。

Каждому слову свое место. 每句话都有用处。

Есть словко — как мед сладко; есть словко — как мед горько. 有的话顺耳,有的话逆耳。

通过对谚语中 язык,речь 和 слово 意义进行对比可以发现,在民间的口头创作中这三个词汇在大多数情况下可以作为近义词互换:язык 远没有形成今天对它的科学认知,它还不具有"符号的体系"或"全民族通用的话语建构符号"这样的定义。язык 和 речь 在谚语可以作为 слово 的近义词使用,共同之处是都可以用来表达语言的交际功能。在谚语中这三个概念主要的区别在于 язык 指作为人的特质而存在的话语,因此它出现的频率是最高的。речь 更多指的是语言的运用,而 слово 则多指实现在话语片段中语义相对完整的语言单位。如果使用 язык 和 речь 的谚语总是以提出言语行为的建议为主要内容,那么

第三章　现代修辞学关照中俄罗斯社会的话语建设

使用 слово 的谚语则展示出了话语具有两面性这一哲学问题。话语的两面性在古典修辞学产生之初就是一个引起广泛讨论的问题，苏格拉底对智者派只追求运用话术进行不谓真理的说服进行批评，其本质是引导修辞实践摆脱没有伦理基础的指责。从这个意义上说，"слово"和修辞实践本身的特质更为契合，其成为修辞理论研究的对象是具有理据的。

3.1.2.2　《古俄语词典》中的"话语"

在对谚语和俗语中的"слово"进行分析之后，将目光投向斯列兹涅夫斯基（И.И. Срезневский）所编撰的《古俄语词典》（Словарь древнерусского языка）。这部词典对"слово"以及它在格言阶段中的近义词"язык"和"речь"做出了更为细致的定义。之所以选择这部字典作为分析"слово"一词的背景文献，是因为与同时期以词汇作为编纂对象的其他词典相比，它具有收录数量及词条数量上的优势（试比较20世纪展开编纂工作的《11—17世纪俄语词典》（Словарь русского языка XI-XVII веков）和《11—14世纪古俄语词典》）（Словарь древнерусского языка XI-XIV веков）。

在古俄语词典中，相对于 язык 这一概念的使用数量，слово 的使用频率大增，同时，它的意义也极大丰富起来。在斯列兹涅夫斯基的词典中，слово 一词有28条释义，而 язык 只有11条。除了 слово 本身意义的增加，以它作为词根的、和话语表达有关的复合词共有44对，如доброязычие/злословие 等；而以 язык 作为词根的共有6对，如доброязычие/злоязычие 等。以 слово 为词根的复合词可以按褒义/贬义进行分类：

褒义：благословие,днобрословие, красословие, хитрословие, златословие, истиннословие, единословие, велеcловие, громословие, краткословие, любословие, малословие, народословие, священнословие, славословие, хвалословие, чудословие;

贬义：baснословие, блудословие, блядословие, буесловие, вредословие, глубокословие, гнилословие, горькословие, грубословие, двусловие, долгословие, жестокословие, злословие, коснословие, кощунословие, лжесловие, мудрословие, неблагословие, несловие, оскверноcловие, плетословие, празднословие, прекословие, смехословие, срамословие, суесловие, супротивословие, тщеcловие, худословие.

如果根据词义来判断，这些词汇都代表了具体交际场景中话语的使用目的，或者表达了对话语的评价。这一时期"слово"的使用频率已远远地超过了其他表示"话语"以及与其相关的概念，并具有了更为广泛和多样的释义。在斯列兹涅夫斯基的词典中"слово"一词的使用中体现了以下意义：

- 词 (слово)；
- 话语的天赋 (дар слова)；
- 表达、言说的可能 (выражение, возможность говорить)；
- 言语特点、表达方式 (склад речи, способ выражения)；
- 意义 (значение, смысл)；
- 言语、话语 (речь, слова)；
- 书面表达、书面语、书信 (письменная речь, письмо, грамота)；
- 文学作品 (слово (как литературное произведение))；
- 训诫 (поучение)；
- 交谈 (беседа)；
- 争论 (спор)；
- 建议 (совет)；
- 委托 (поручение)；
- 原因、理由 (причина, повод)；
- 指责 (попрек)；

第三章 现代修辞学关照中俄罗斯社会的话语建设

- 见证、证明(показание, свидетельство);
- 应诉(ответ (дати слово в день суда));
- 同意、允许(согласие, разрешение);
- 证明、证件(удостоверение);
- 许诺(обещание);
- 定义(определение, постановление);
- 意志的表达、命令(выражение воли, приказ);
- 法律、准则(закон, заповедь);
- 教导、学说(учение);
- 上帝之子(одно из наименований Сына Божия);
- 语法术语:词类(грамматический термин: часть слова = часть речи);
- 字母(буква);
- 用来表示字母"с"(название буквы «С»)

(1983:3, 415—420)

由此可以看出,在古罗斯时期形成的书面文化中,слово 获得了相当丰富的意义。同时,得益于书面文化的产生,它在书面表达中被频繁使用。在这一时期,слово 不仅可以指代语言单位,它还可以表示言语及各种体裁、语言天赋,最重要的是它具有了宗教文化的意义。

3.1.2.3　罗蒙诺索夫学术视野中的"话语"

下述对"слово"的考察将以俄罗斯修辞学的罗蒙诺索夫时期作为参考背景。正如在第一章所做的学科发展历程所显示的那样,罗蒙诺索夫在俄罗斯修辞学领域所取得的成就颇为瞩目。他的著作不仅给他带来了非凡的学术声望,还对后世相关学科的发展产生了深远的影响。1747年他出版了《雄辩术简明指南》(краткое руководство к красноречию),随后这部著作成为了修辞学和语文学发展的基础。1755年罗蒙诺索夫写成了《俄语语法》(Российская грамматика)。正如《俄罗斯科学院语法》中所说的那样,语法是所有研究话语学科的基础。罗蒙诺索夫的《俄语语法》是其学术成就的巅峰之作,其中不仅对大部分语法范畴进行了定义,还阐述了关于语言和话语本质的哲学观点。

在罗蒙诺索夫的学术论著中,并没有给"语言""言语"和"话语"等概念下定义,从行文中看,罗氏似乎认为他的读者对这些定义并没有什么疑惑,他们对这些概念的理解是不言自明的。罗蒙诺索夫在书中指出,在人类的语言实践中一直存在着话语哲学(философия слова),而这种哲学最基本的规则体现在语法学当中。语法提供了语言在话语中运用的规则。他所说的"话语"是一个广义的概念,它包括人类所有运用话语进行的活动。

在《俄语语法》第一节中,罗蒙诺索夫论述了话语与思维的关系。他指出,"就人类高于其他动物的最崇高的天赋而言,即就我们行动的统治者——理智而言,最重要的是人类用来与他人交流自己思想的话语。如果每一个人只通过自己所想象的理解方式把内心深处的秘密保守在自己的脑海里,人类社会中起源于交流的知识将会受到极大的限制。……倘若每一个人不能够表明自己对他人的理解,那么,我们……未必会比分散在森林和荒漠中的野兽们好得了多少。"(1952c:394)这样,罗蒙诺索夫便确立了话语在人们生活中的绝对地位和作用,把它看成是人类文化和社会发展的必要条件。同时,罗蒙诺索夫在其著作的开篇就提出话语和思维的相互关系问题恰恰也证明了这一问题的极端重要性。的确,其他一切涉及话语本质、话语属性及其社会功能的问题都首先有赖于这一问题的解决。对罗蒙诺索夫而言,话语与思维的相互关系是构建语法的条件。由此也可见,罗蒙诺索夫十分重视对话语所进行的哲学思考。

罗蒙诺索夫在自己的系列著述中对话语哲学的问题进行了论述。他十分强调人的本质是话语性的:"得益于我们行为的统治者(指上帝——

第三章　现代修辞学关照中俄罗斯社会的话语建设

笔者注）赋予人的优越于其他动物的天赋，人获得了表达思想的话语能力。"（1952c:394）。在罗蒙诺索夫看来，人和其他生物的区别在于智慧，人类的一切活动都是在智慧的支配下进行和实现的，而智慧是通过话语表达的。这些观点和20世纪下半叶兴盛的欧美交际理论有着异曲同工之妙。

罗蒙诺索夫作品中对"话语"进行研究的另一个特点就是赋予了它更为崇高的修辞意义（стилистическая возвышенность）："俄罗斯话语在描述祖先的丰功伟业方面变得越来越丰富，越来越优美，越来越有力……"（1952c:393）这种意义在当今的语言学研究中仍然存在。

在罗蒙诺索夫的著述中，слово 一词除了"话语"的意思之外，还被用作"思维和言语表达能力"的意义使用："创造的智慧是巨大的：赋予了我们表达的能力，赋予了我们倾听的能力"！（1952c:395）

通过对"слово"一词在罗蒙诺索夫的《俄语语法》中的意义和使用的分析我们可以看到，罗蒙诺索夫挖掘了"话语"中的语言哲学元素，他阐释了智慧与话语、思维与话语、话语与民族文化等多组概念之间的辩证关系，为俄罗斯语言哲学的建立和发展提供了可能。

3.1.2.4　修辞学和语文学发展顶峰阶段的"话语"

"语文学"这个概念最早出现于18世纪80—90年代，成为含义较明确的术语是在19世纪30年代左右。语文学被视为言语艺术、语言学科的集合以及俄罗斯民族文化文本的总汇。有关语文学的学科概况在本书的第二章第二节中做了较为详尽的论述。本节主要论述在语文学理论和学科体系形成的背景下，"слово"一词的意义和使用又获得了哪些新的内容。

"словесность"被理解为"话语的天赋"（дар слова），因此，作为"语文学"这个术语的词根的"слово"自然而然被理解为"运用话语表达思想的能力"，而不是在现代科学中的"语言单位"的意义。而语文学的意义就在于如何去运用这种能力，语文学理论所要陈述的正是运用这种能力的规则。

在众多的俄罗斯语文学著述中，以斯佩兰斯基（М.М. Сперанский）的《高级演说规则》（Правила высшего красноречия）作为研究和考察"слово"一词的文本。该书1844年出版，反映出作者"具有独特的观察力、渊博的知识及考究的表达形式和方法"（樊明明等，2007:30）。受罗蒙诺索夫的影响，斯佩兰斯基在表示修辞实践时使用的是"雄辩术"（красноречие）一词，"краснословие"一词基本不再使用。但受到语文学研究兴盛和"слово"一词意义扩张（即运用话语表达思维的能力）的影响，他在《规则》一书中也积极地使用了该词：

修辞学是解释灵魂深处那些我们在话语中经历过的失败的科学……

可以将言语的对象分成著名的几类，它们期望为人类话语提供现实的服务；

教会话语，包括教会演讲的主要任务是触动人心……

话语中的证据就像身体中的骨骼和静脉；

所谓"话语中的激情"我指的是演讲者和听众用心在交流，想象力被点燃，热情在狂喜中诞生；

话语中所有的思想应该是相互关联的，一个思想包含者产生另一个思想的种子；

话语是绘画的一种……没有色彩的画作是没有生命的……

（转引自安努什金，2002:220, 222—224, 227, 228）

19世纪上半叶是俄罗斯修辞学和语文学发展的顶峰阶段。此阶段"слово"一词的运用更为频繁。我们的定量分析统计显示，它的使用频率已经超过了之前作为近义词或同义词使用的"язык"和"речь"。为了使定量分析更具有科学性和客观性，我们选择了1813年至1850年间在修辞学和语文学领域著述颇丰的八位学者的作品：雅各布（Л.Г. Якоб）

第三章　现代修辞学关照中俄罗斯社会的话语建设

的《语文学教程》(Умозрение словесных наук)(1813)、格列奇(Н.И. Греч)的《俄罗斯语文学教科书》(Учебная книга российской словесности)(1819—1822)、托尔马乔夫(Я.В. Толмачев)的《语文学规则》(Правила словесности)(1815)、科尚斯基的《普通修辞学》(Общая риторика)(1829)、加利奇(А.И. Галич)的《演讲理论》(Теория красноречия)(1830)、达维多夫(И.И. Давыдов)的《语文学阅读》(Чтения о словесности)(1837—1843)、普拉克辛(В.Т. Плаксин)的《语文学教程》(Учебный курс словесности)(1843)和泽列涅斯基的《语文学教程》(Курс русской словесности)(1849)。对上述八位俄罗斯学者著述中随机抽取的由1000个单词组成的篇章片段中"слово"的使用频率和意义进行了归纳和总结。作为对比的对象，我们同时还统计了"язык"和"речь"的使用频率：

作　者	Слово	Язык	речь
雅各布	16	10	7
格列奇	18	9	3
托尔马乔夫	10	0	8
科尚斯基	12	3	3
加利奇	3	1	2
达维多夫	12	1	5
普拉克辛	5	0	9
泽列涅斯基	8	2	11
总计	72	26	48

（注：所统计的词汇不包括同根词）

"слово"在出现的72次中使用了以下的意义：(1)表达的天赋(上帝赋予人类的说和写的能力)；(2)用作表达的最小单位；(3)演讲。同时我们发现一个颇为有趣的规律，在这些著述中，都是以讨论"话语"(слово)或者"话语的能力及天赋"作为开篇的：

"在使用 слово 一词时，我们指的是经过深思熟虑的思想的表述，或

者是针对某一重要目的的有效说服,或者是思想的完美陈述。"(雅各布)

"人们使用话语的天赋,是出于下列目的之一:

(1)将自己的思想告诉他人;

(2)影响他人的意志和行为;

(3)影响他人的情感和思想。"(格列奇)

"话语表达是人区别于任何其他上帝的造物的能力和天赋。"(托尔马乔夫)

"人们借助于话语来向他人解释自己的内心活动和感受,正是智慧的力量和表达的天赋使人和其他造物区分开来。"(科尚斯基)

"话语表达的能力和天赋对于智力的发展和完善来说是必需的条件。"(达维多夫)

"话语是人获取幸福的重要方式和方法。思维的成功取决于话语对思维的表达是否成功。"(达维多夫)

"话语是人内心活动的表达,它和交际关系甚密。它几乎是人类道德和智力完善的唯一方法。哲人运用话语向我们讲述自己深邃的思想;话语向我们传达过去几个世纪的知识和经验;话语也将我们的生活和我们的智慧留存在后代的记忆中。"(普拉克辛)

通过以上摘抄的片段可以看出,"слово"一词在修辞学和语文学发展的这一时期通常被用作"话语/表达的天赋"(дар слова)的意义。这一天赋进而创造了个人和社会的福祉。这一阶段理论建设的重要成果是泽列涅斯基提出的"研究话语的科学体系"(словесные науки),它将所有研究话语的学科,如语法、修辞等包括在内。同时,它也是一个话语研究系统化和协作化的标志。

3.1.2.5 对话主义中的"话语"

20世纪人文学科领域中对俄罗斯现代修辞学产生巨大影响的学说当属"对话主义"。带有浓厚人文主义色彩的"对话主义"始终是巴赫金

第三章 现代修辞学关照中俄罗斯社会的话语建设

(М.М. Бахтин)研究"人"及其存在的有力方法。它打破了欧洲学术界"独白"一统天下的局面。

> 对话主义思想之所以备受西方和俄国的青睐,除了巴赫金逆境中积极对话的学术追求令人感佩外,我们觉得,主要还因为这一思想以及与此直接相关的其他理论,强调文化的主体——人及其生活其中又对之负责的生活世界。以人为本、尊重他人、积极对话的人道主义精神,对经历两次世界大战的20世纪来说,显得尤为重要。(凌建侯,1999:95)

对话理论是巴赫金人文思想的核心,而"слово"则是这一理论的核心范畴。巴赫金正是通过"слово"的内在对话性,最终揭示出个人行为的实现方式,进而则是整个道德的存在形态,即主体间的平等对话。巴赫金经常使用"слово"一词,这一点从他的一系列著述中就可以看出,而且所指意义跨度很大。在《言语体裁问题》(Проблема речевых жанров)一文中"слово"几乎都被用于语言学的"单词"之义,在《马克思主义与语言哲学》(Марксизм и философия языка)中,有的地方用作术语,有的地方取其他意义。但作为术语的"слово"在巴赫金的著作中有着特定的含义:它指具体个人的讲话或文字成品(包括书面的和口头的),是其主体独一无二的社会性行为,体现其主体独特的思想意识,代表其主体与众不同的观点见解和价值立场,实现其主体唯一的存在涵义。在巴赫金晚年的一些笔记或文本中,"слово"还暗含着体裁和真理的意味。

由于"слово"在巴赫金作品中的多义性,它在汉语译著中被翻译成了"语言""词语""话语"等不同的形式。凌建侯指出,"话语"是较为妥善的译法,这是因为:"(1)'话语'一词既是语言学用语,也是日常生活中的用语;(2)在当代的人文学科著述中它已获得了文学、文化和哲学的涵义。"（同上 :96）而在巴赫金的作品中,为了表达"话语"这一现象还使用了"язык""речь""текст""дискурс"等词。对同一现象冠以不同的名称,主要是为了要强调这个复杂对象的多重性质。以"текст"为例,它是人文学科研究的对象,尽管代表思想文化本身,却又是思想的载体,也是语言文字的成品,即我们所谓的文章。

巴赫金的作品中已经充分认识到了"слово"这一概念的神秘色彩。"слово"本身就隐含作为真理化身的上帝,《约翰福音》的开篇便是很好的证明。受这一影响,巴赫金的"слово"没有开端也没有结局,它是由语言表现出来的人的存在含义。这里的存在即是指主体形诸文字的具体的思想符号,是具体的"我"的话语,是关于他人思想的思想、体验的体验,反映的反映、话语的话语,它是各门人文学科研究的"第一性实在"。

通过以上的简要陈述可以看出,在20世纪以"对话主义"为代表的人文学科研究中,话语是交际的单位,对话性和体裁性是它的两个基本特征。话语是言者表达自己对外部世界的观点立场和情志态度的重要方法,它始终积极地指向他人话语,又时刻准备着回应他人话语。话语是人际交往的要素,而人际交往总是在具体的情境中发生,因此,话语的建构离不开对情景的判断,体裁性是它的根本属性之一。同时需要指出的是,"话语"在整个对话主义,或者说对话理论中占据相当关键的地位,这也是俄罗斯现代修辞学关注的焦点问题之一,因此,对它的研究是一个浩大的工程。基于本节的任务是对俄罗斯修辞学视域中的话语观进行历史回顾,因此对这个问题的论述在这里只涉及了"слово"的修辞意义这一部分。

3.1.3 跨文化语境中对话语本质的探求

正如上节对"слово"进行历史回顾过程中所展示的那样,"话语"是俄罗斯人文学科研究中的关键概念。它区别于语言研究和文学评论

第三章　现代修辞学关照中俄罗斯社会的话语建设

中惯用的"语言"和"言语",在指代具体言语作品的时候更多的关注言语生成所必需的外部及内部条件。

俄语中"слово"这一概念作为"话语"的同义词在俄罗斯的精神文化传统中具有奠基性的意义:它代表着上帝福祉的力量,上帝正是借助于话语创造了世界。这一基本观念贯穿于欧洲哲学和语文学思想的发展始终,它是西方精神文化的代表。"话语"一词最早与"上帝""神"等词同义(在《约翰福音》中"话语"被理解为"逻各斯",并被翻译为"道"):"太初有道,道与神同在,道就是神。"上帝用神言创造了世界,正如经文所示,这正是话语作为神言的首要功能——创造世界并催生语言。

在欧洲宗教文化看来,话语的另一个功能是创造人并赋予其言说的能力。《圣经》中提到,上帝按照自己的样子创造了人,并赋予了人言说的能力,他们运用这一能力给动物命名。人是出自上帝之手的唯一可以言说的创造物。俄罗斯著名的宗教作家、哲学家、神甫伊格纳季(Игнатий Брянчанинов)写道:"人言就像神言一样"。但是相似并不意味着等同。在基督教文化中,人违反了神的旨意,偷吃了禁果,处在一个危险的中间地带。他介乎于善良和邪恶之间,他的话语可以是正义而真诚的,也可以是偏离或违背事实的。因此,人的话语活动总是有双面性的,甚至所有的人类活动都等同此理。

俄罗斯语文学界的学术传统之一就是在其他国家和民族的相应学科中寻找对应术语,以期对本国科学研究中的概念做隐喻性的解读。俄罗斯借用了西方文论中的"逻各斯"来映照"话语"这一范畴。"逻各斯"一词有字、语言、断言、谈话、演讲、思想、理性、理由、意见、计算、比例等含义(见牛津大学出版社1881年版的《希腊语—英语词典》),从词源上看,"逻各斯"的词源是希腊文Legein,意为"说"。俄罗斯语言及文学研究者不但频频使用"话语—逻各斯"(Слово-Логос)这一术语,还对它进行了俄罗斯化的定义和阐释,并称之为"俄罗斯文化概念"(见罗日杰斯特文斯基、安努什金、西罗季宁娜等人的论述)。

逻各斯(希腊语为logos)首先是一个希腊哲学的概念。希腊哲学家赫拉克利特(Гераклит)最早使用了这个概念,认为逻各斯是一种隐秘的智慧,是世间万物变化的一种微妙尺度和准则。斯多亚学派是逻各斯的提倡者和发扬者,他们认为,逻各斯是宇宙事物的理性和规则,它充塞于天地之间,弥漫无形。虽然柏拉图和亚里士多德并未使用逻各斯这个概念,但希腊哲学中潜藏的认为宇宙万物混乱的外表下有一个理性的秩序、有个必然规则的观念和逻各斯概念是潜在相通的。斯多亚的逻各斯包括两个部分,即内的逻各斯和外在的逻各斯。内在的逻各斯就是理性和本质,而外在的逻各斯是传达这种理性和本质的话语。

俄罗斯语文学和修辞学中的概念"话语"最初是在宗教精神传统中受到关注,那时"话语"被称为"神言—逻各斯",它是一种神赐的力量,上帝用它创造了世界。众所周知,俄罗斯是一个具有深厚东正教历史积淀的国家。因此,对于话语的认知和态度首先表现在对上帝的崇拜之中:"话语"即"神言",上帝正是通过"话语"创造了人,创造了世界。在《创世纪》第一章的开篇第一段写道:"起初上帝创造天地。地是空虚混沌,渊面黑暗。上帝的灵运行在水面上。上帝说:'要有光!'就有了光。上帝看光是好的,就把光暗分开了。上帝称光为'昼',称暗为'夜'。有晚上,有早晨,这是头一日。"随后,通过同样的话语魔力,上帝从第二天起依次造了空气和天空、大地和海洋,太阳、月亮和星星,植物和动物……当然,上帝如此借重话语,还不仅仅是为了创世:在每一次显灵中,他都要向人类晓谕些什么。上帝必须言说,否则何以显启神性?所以,话语不但是创世力量,而且是永远的喻世工具。不仅如此,上帝还单单赋予了人话语的能力,使之成为最接近上帝的人间形象。

"话语"即"神言"这一表述是欧洲各民族精神文化在哲学和语文学领域中的体现。它说明话语在人被创造出来之前就已经产生,它是支配物质来创造世界的直接的、唯一的手段。更为重要的是,它还具有强

第三章　现代修辞学关照中俄罗斯社会的话语建设

烈的文化意义：话语的存在是文化存在、发展并完善的标志。罗日杰斯特文斯基指出，逻各斯理论直指语言的起源，它产生于文明发展的早期，并存在于多种宗教传统之中，如基督教传统、吠陀教传统和儒教传统等。这些传统的区别在于欧洲的传统利用神学的权威和神言创造世界的威信确立了"话语"的社会地位并使之神圣化。

俄罗斯学界将"逻各斯"俄罗斯化的一个重要特点就是将其具体化。《赫拉克利特著作残篇》的第一条说："这个'逻各斯'，虽然永恒地存在着，但是人们在听见人说到它以前，以及在初次听见人说到它以后，都不能了解它，虽然万物都根据这个'逻各斯'产生。"（2007:18）那么对于俄罗斯学界来说，逻各斯已经摆脱了那种"不可道"抑或是"只可意会，不可言传"的神秘氛围，进而被具体化为真实的、可以领悟的"话语"。

俄罗斯本国修辞学家对"逻各斯"存在不同的认知：逻各斯是思维以话语作为形式的外在体现。逻各斯（在修辞学说服理论中被译为"修辞逻辑"）和修辞道德（этос）和修辞情绪（пафос）一同成为修辞论辩和修辞说服的三个中心范畴。修辞道德为话语的产生创造条件，修辞情绪是话语思维产生的源泉，而逻各斯则是在修辞道德创造的条件下修辞情绪以话语形式的体现。（罗日杰斯特文斯基，2006:40）这三个范畴被认为是指向具有责任感的说服性话语的最基本要素。罗日杰斯特文斯基（1999:70）认为，逻各斯是"在修辞道德条件下修辞情绪以话语形式的体现。逻各斯可以被视为话语创造者在实现其思想时所使用的话语建构方式"。虽然在修辞学视野中逻各斯被认为是话语生成的最后阶段，但是在逻各斯实现的过程中却涉及了所有的修辞原理：论题体系、话语结构、修辞手段在话语中的运用以及话语在具体语境中的发表。

沃尔科夫（1996:17）认为，"逻各斯是对论辩智力资源的掌握。修辞论辩是在表述层面相互关联的思维话语化过程的总和"。而伊万诺娃（С.Ф. Иванова）（1997:6）则认为逻各斯是"说话者期望受话者认识的、为他所有的创新思想"。

通过对比这些观点可以看出对逻各斯的理解都是建立在欧洲哲学或者说语言哲学传统的基础之上的。在这些传统的视野中逻各斯被视作思想和话语的统一体。从东西方文化差异的角度出发,则可以说,俄罗斯语文学家和修辞学家对逻各斯的解读体现了欧洲文化的主要思想,即逻各斯是上帝创造力的体现,话语是上帝创世的工具。人是上帝用话语创造的产物,是上帝在人间的形象,也是唯一被上帝赋予了话语能力的创造物。由此,人(准确地说,是作为交际者的人)是唯一可以进行文化创新的主体,他善于构思新的思想并运用话语实践的形式将这些思想表现出来。

俄罗斯文化研究者曾多次指出,由于地域和历史发展的众多原因,俄罗斯文化同时带有西方和东方的色彩。这一特点也同样在"话语"的解读中得到体现。在向西方借用"逻各斯"的时候,俄罗斯学界同样触及了东方文化,研究了东方关于"话语"和"真理"的哲学。

俄罗斯学界对于中国文论中的"道"的关注与研究,源起于"道"与"逻各斯"在东西方文化中的相似地位与作用。俄罗斯学者接受并吸收了其他西方学者,如海德格尔等人的观点,将"逻各斯"作为追寻文化生成运作机制和规律的主要概念和"道"相提并论。众所周知,海德格尔(Heidegger/Хайдеггер)曾与中国学人合译过老子的《道德经》,对东方思想(主要是老庄之学和佛学)有过充分地关注,对老子的"道"大有兴趣。海德格尔认为,希腊的逻各斯就像中国的道一样不可译,他(1971:72)指出:"老子的诗意运思的主导词语即是'道'(Tao),根本上意味着道路。……'道'或许就是产生一切道路的道路。我们由之而来才能去思考理性、精神、意义和逻各斯。"然而,在《老子》的英译本中,我们发现,"道"被翻译为"way":"the way that can be spoken of is not the constant way(问题在于"way"和"to spoken"并没有相通之处,在汉语原著中,这两个词是同一个字)。但在俄语的译本中,"道"

第三章　现代修辞学关照中俄罗斯社会的话语建设

就被称之为"道"：Дао, которое может быть выражено словами, не есть постоянное дао,这在一定程度上体现出俄罗斯学界对中国文化独创性的肯定。

当然,我国学者关于"逻各斯"和"道"的讨论也对俄罗斯学界有着一定的影响。钱钟书(1979:408)指出："'道可道,非常道';第一、三两'道'字为道理之'道',第二'道'字为道白之'道'。如《诗·墙有茨》'不可道也'之'道',即文字语言。古希腊文'道'兼'理'与'言'两义,可以相参。"关于"逻各斯"如何翻译成汉语,我国学者杨适在《哲学的童年》一书中指出,这里最初出现的"逻各斯"一词只能直译为"话语""叙述""报告"等,它同"听"众相关。中国一些从事阐释学、文学评论、文学批评和比较文学的学者对于这两个概念都有所关注：如曹顺庆的《比较文学与文论话语—迈向新阶段的比较文学与文学理论》、张隆溪的《道和逻各斯—东西方文学阐释学》、邬昆如的《庄子与古希腊哲学中的道》等。张隆溪指出,(1)"逻各斯"与"道"都是"永恒"的,是"常"(恒久)的；(2)"道"与"逻各斯"都有"说话""言谈""道说"之意；3)"逻各斯"与"道"都与规律或理性相关。(2006:5—6)

俄罗斯的学者对于"道"和"逻各斯"的呼应关系深信不疑,但和西方对"道"和"逻各斯"研究视角不同的是,俄罗斯学界没有过分纠结于这两个概念的分野以及由此而产生的两种文化甚至是两种文明的差异,也没有像西方学者那样过多的质疑"言说"和"事实"之间到底有多大程度的重合,抑或是苦苦追问"道"是否"可道",而是将其具体理解为话语的伦理基础及其所应履行的社会功能。

与欧美学者不同的是,俄罗斯语文学和修辞学界在探寻"话语"本质的时候,依靠一些造诣深厚的俄罗斯汉学家,还将研究的目光落在了"文"上。在《普通语言学讲座》(Лекции по общему языкознанию)中,罗日杰斯特文斯基提出了颇有见地的观点,他认为"逻各斯"不仅与中国哲学文化中的"道"相似,并且还和"文"有着千丝万缕的联系。罗氏眼中的"文"是一个多义的概念，它首指"语文"，其次还可以指"文学""文字"乃至"文化""文明"。通过对"道""文"之镜中"逻各斯"的研究，罗氏实现了这一概念的俄罗斯化。

俄罗斯汉学家阿列克谢耶夫（B.M. Алексеев）认为，"文"是"道"的体现，他在自己的研究成果中引用了《文心雕龙》的章节"原道第一"：

> 文之为德也大矣，与天地并生者何哉？夫玄黄色杂，方圆体分，日月叠璧，以垂丽天之象；山川焕绮，以铺理地之形：此盖道之文也。仰观吐曜，俯察含章，高卑定位，故两仪既生矣。惟人参之，性灵所钟，是谓三才。为五行之秀，实天地之心，心生而言立，言立而文明，自然之道也。
>
> 傍及万品，动植皆文：龙凤以藻绘呈瑞，虎豹以炳蔚凝姿；云霞雕色，有逾画工之妙；草木贲华，无待锦匠之奇。夫岂外饰，盖自然耳。至于林籁结响，调如竽瑟；泉石激韵，和若球锽：故形立则章成矣，声发则文生矣。夫以无识之物，郁然有采，有心之器，其无文欤？
>
> 人文之元，肇自太极，幽赞神明，《易》象惟先。庖牺画其始，仲尼翼其终。而《乾》《坤》两位，独制《文言》。言之文也，天地之心哉！若乃《河图》孕八卦，《洛书》韫乎九畴，玉版金镂之实，丹文绿牒之华，谁其尸之？亦神理而已。

在通过"文"探究中国语言哲学传统时，俄罗斯语文学家首先将目光投向以儒学理论为纲的《千字文》。罗日杰斯特文斯基、安努什金等人认为，《千字文》中"天地玄黄，宇宙洪荒……"说明先出现的是天和地，黑暗和光明，海洋和陆地等，然后才是人，才是有话语能力的人。这样一来，无论是否有一神教的影响，在中国文化和欧洲文化传统中各种生命出现的顺序竟然大体相同，而最初的那个"精神开端"在欧洲文化中被称为"上帝",而在中国文化中被称为"道",即"正确的道路"。汉学家阿列克谢耶夫(1978:49)指出:"道是规则,是超出人理解范围之外的绝对真理,它是永恒的。由于人是仅次于天和地的第三种原质或要素,因此,道在人心。"俄罗斯学者通过阿氏的解读,进一步肯定了中国文化和欧洲文化的相通之处:"上帝"和"道"都是在人的认知之外的绝对真理,"道"与"天惠、神赐"一样,是人间万物的准则。

关于"道"的论述在流传至今的类似《启示录》的著作(也就是"文")中屡屡被提及。在这里,"文"不仅仅是一种书面记录,更是"那真理,或体现'道'的规则"(见阿列克谢耶夫1978:51)。俄罗斯汉学家康拉德(Н.И. Конрад)(1977:546)在分析"литература"这一概念时指出,这一概念"被每个中国人所熟知,它就是'文',一个由来已久的稳固的词汇"。他还分析道:

> 在中国第一部里程碑式的经典著作《论语》中,"文"做"文学"之解,或更为广泛的"文化"之解。这部作品中解释了在孔子看来,表示"修养"和"文化"的"文"都得到哪些具体的体现:"书"(шу),即"法令、命令""诗"(песни),即"歌"和"礼"(ли),即"规则、行为标准",进而就形成了《尚书》《诗经》《礼记》。(同上)

很显然,"文"在中国文化传统中不仅指"文学"(литература),它的意义非常广泛:它指渗透在各个方面的某一种建构世界的工具。"文"无所不在,它是美好的事物,在这个意义上,它又和"神言"有所契合,因为东正教意义上的"神言"渗透在"有形和无形"之中。

康拉德将"文"翻译为"文学"(包括现代这一概念的广义和狭义的意义—笔者注)。广义的意义指"使用母语创造的所有话语",而狭义的则指"独立于其他话语形式的文艺、文学(作品)"(1977:53)。这种对"文"作为一种术语的解读在当时毫无疑问是一种科学且较为全面的思想。康拉德在分析了萧统（501—531）的《文选》后指出，被收入《文选》的作品体裁共有39种之多，它们完全超越了"我们所说的文学（изящная словесность или литература）（指狭义的文学—笔者注）"，而是将政论性质的文章或一些更加难以定性的文章收入集中，将所有这些作品称之为"文"。而这个文，也正是俄罗斯学者一直强调的"словесность"，它包括了文学作品以及现实话语作品。

通过"逻各斯""道"和"文"等概念映射中"话语"（слово）的对比分析，可以得出以下结论：

第一，话语（слово）是俄罗斯，甚至是欧洲文化传统中的一个基础概念。它具体体现在相当于神的旨意的"话语—逻各斯"之中，也体现在神所创造的有话语能力的人的思想之中。中国文化将创造世界、绝对真理和正确的道路等要素都称之为"道"，而"道"的外在体现则是"文"。"文"则表示以话语为形式所表达的世界及人的理想之作。

第二，欧洲的语文学体现出一种对话语的热爱（любовь к слову），具体表现在语文学家将建立、挑选最完善的言语作品并以将其系统化作为己任。这一系列的研究在20世纪后半期被称为"文学"（литература），而在早期的俄罗斯文化传统中被称为"语文学"（словесность）。

第三，无论是在俄罗斯文化（在这里以宗教为背景将其视作欧洲文化的分支），还是在中国文化中，都有典型的、颇具代表性的文本：它们是《圣经》（包括《新约》和《旧约》）和中国哲学奠基者（孔子、老子等思想家）的著作。这些著作为不同文化的形成与发展奠定了基础，也由此开始了以不同文化为背景的话语创作。

第四，不同的话语文化都会挑选属于自己的典型文本（现在的语言学将它们称为先例文本，换言之，先例文本是有民族性的，以不同的话语文化为背景）。每一种文化都会有自己的作品荟萃，俄罗斯文化中是"словесность"和"литература"，中国文化中是"文"。

第三章 现代修辞学关照中俄罗斯社会的话语建设

第五,过滤和甄选代表性文本的基本原则是话语组织和表达的质量,早期的俄罗斯语文传统将其称之为"善言"(красноречие),现代科学将其称为"艺术性"(художественность)或"艺术感染力"。

第二节 现代俄罗斯社会的话语环境

俄罗斯现代修辞学的研究对象是话语,而话语的建构总是离不开具体的社会文化环境。俄罗斯的社会及文化转型对传统的话语环境产生了很大的冲击,它对人们在建构话语中话题和论据的选取与组织,乃至话语的表达产生了颠覆性的影响。俄罗斯修辞学研究者充分承认话语与社会之间的辩证关系,将话语视为一种知识体系。他们强调话语在现今俄罗斯社会转型背景下的主体作用。他们同时指出,在社会转型的条件下,话语实践虽然获得了较之以前(尤其是苏联时期)更为自由的表达平台,但不同阶级或阶层的话语势力此消彼长,社会生活中个体的话语建构能力和解读能力都需要成熟话语观的影响和指导,而这一话语观在民族认同感陷入混沌的尴尬处境中应该显示出其作为民族文化主体的力量。为了适应新的社会环境,现代修辞学发展了传统修辞学中的若干概念,旨在为"好的话语"设立标准。与此同时,修辞学视野中的话语也反作用于社会文化,在增强民族认同感以及和谐人际关系等方面发挥着作用。

3.2.1 俄罗斯社会转型与话语环境的改变

20世纪末,以苏联解体为标志,以意识形态对立为显著特征的冷战时代结束了。在全球化浪潮的席卷下,一大批国家,包括俄罗斯,走上了各具特色的国家转型道路:经济上从计划经济向市场经济转型,政治上从集权政治向民主政治转型,同时社会各领域发生了深刻变化。

转型是人类进步的一种体现,它的动因"既包含着人类追求公平、自由与幸福的不懈精神,也包含着对于与人类成长进步与生俱来的文明多样性的越来越多的尊重与肯定"(冯绍雷等,2005:2)。具体到俄罗斯的转型,就其一般意义而言,乃是从高度集权的计划经济和一党体制向现代市场经济和民主法制体制的转换。从总体社会转型的角度来讲,目前的俄罗斯社会虽然已经转变,但尚未定型。

在这个涉及面相当广泛,却又盘根错节的宏大社会历史过程中,俄罗斯民族国家的传统以及社会转型过程中政治、经济、文化等各方面的改变一同构成了俄罗斯社会话语建构的新环境。从修辞学的视角出发,俄罗斯现代社会话语环境呈现出以下几点显著的变化:

第一,公民获得了更多话语的权利。在转型过程中,私有制以法律形式得以确定,建立了民主的国家机构,消除了意识形态的垄断状态,取消了新闻检查制度,建立了多党制。社会变革是公民和社会本身所引导的,无论哪种国家管理方式都要求公民的支持和参与。公民参与的形式,不仅表现为参加全民公决权、参加各级国家权力机关和地方自治机关选举权和被选举权、平等地担任国家公职权,同时还表现为结社自由、思想和言论自由、出版自由以及集会、游行、示威、罢工、组织纠察活动等自由。在公民社会的制度下,公民开始和政府有了以前不可想象的对话与沟通。人们可以通过各种专题会议和各类民意调查抒发意见;由全俄各地群众代表、非政府组织代表、大众媒体和各级政府部门负责人组成的"公民论坛"可以就全国公民所关心的问题进行磋商:车臣、反恐、地方自治、司法改革、反贪反腐等。俄罗斯政府每年都会举办"与弗拉基米尔·普京对话"或"总统在线"等直播节目,向俄罗斯民众提供直接向总统或总理提问的机会。网络上也提供了各种直接或间接的沟通渠道。普通民众拥有了比以前任何时候都多的话语权利,表达自己观点的渠道也越来越多。值得一提的是,得益于网络技术的发展和社交平台的普及,自媒体成为个人表达意见的重要渠道。在这种情况下,俄罗斯修辞学家进行了冷静的哲学思考,他们认为,"民主"不但意味着建构话语和发表

第三章 现代修辞学关照中俄罗斯社会的话语建设

言论的自由,更重要的是,任何话语都是有指向性的,它一定是在交际目的的约束下针对受话者的,因此,话语的被倾听和被尊重才是"民主"的实质。

第二,话语体裁更加丰富。在社会转型的话语环境中,复兴之后的俄罗斯修辞学面对很多新的言语现象,话语表达本身也体现出新的特点。俄罗斯修辞学家罗曼年科(Романенко)(2007:23)认为,"现代(20世纪以来)文化环境的特点是整个文化系统发生了根本变化,主要的,占主导地位的是大众文化。"也就是说,大众文化很大程度上支配了当前俄罗斯社会的话语环境,改变了人们的审美标准和对话语的评判标准,"语言规范、修辞规范不能再像过去那样以精英文化为取向,要以中等文化人群为基准"(张会森,2011:88)。张会森还指出,在社会言语活动中起中心、主导作用的不再是传统的文学作品语言,而是大众传媒语言,特别是以电视为代表的口头公众语言。到20世纪末,大众传媒语言成为标准语规范的源泉,影响到整个民族语言文化的水准。确实,自20世纪末期起,传媒以其形式的多样性和受众的广泛性等为优势,渗透在社会和个人生活的方方面面。从社会语言学角度看,传媒话语甚至成为"流行语"生成和传播的途径。因此,大众传媒话语对民族语言文化的影响是毋庸置疑的。随着传媒力量的扩张,对媒体传播机制、传播策略、传媒话语等对象的研究也就日益深入。基于传媒话语的语言学研究视角甚至产生了带有跨学科研究范畴性质的"媒体语言学"(медиалингвистика)。有关传媒话语的修辞研究,本书将在第四章第四节进行更为详尽的讨论。

此外,随着社会的发展,出现了更多的职业类型。俄罗斯修辞学认为,绝大部分职业是话语性的:使用话语描述个人的职业见解并通过话语和同行进行交流……因此,基于职业话语特征的话语体裁也随之丰富起来。

第三,通过话语解决的社会事务的比例增加。俄罗斯进入转型以来,政治、经济和文化等领域均面临着一系列的困难。在国际政治上,俄罗斯之前的大国地位受到挑战，还频频遭到美国和欧盟国家的排挤与制裁。为了在国际上提高影响力，俄罗斯政府一直通过外交途径以及使用大众传媒等手段澄清事件、发表意见、声明立场等。以乌克兰危机为例。近年来，俄罗斯与西方国家的关系屡屡受北约东扩、乌克兰危机、战略失衡、干预美国大选等问题的影响而一直处在低谷。2014年的乌克兰危机备受瞩目。在这场以地缘政治为背景的势力对抗中，伴随着俄罗斯与西方矛盾的不断深化，经济、金融、军事、宣传领域发生的各种冲突和较量日趋激烈。许华（2015:61）认为，俄罗斯的发展短板在经济战和金融战中暴露无遗，"但在宣传战场，多年来一直处于下风的俄罗斯，终于打了一场防守反击战，表现可圈可点"。他还指出，在这场危机中，西方媒体虽然优势仍在，但已经不具有压倒性的影响力，尤其在"克里米亚入俄"问题上，俄罗斯媒体打破了美国有线电视新闻网（CNN）、英国广播公司（BBC）等媒体对全球新闻议程的垄断，带有今日俄罗斯电视台（RT）标志的视频被世界各国媒体大量转载，很大程度上消解了西方国家关于乌克兰危机的话语优势，为俄罗斯争取到不少国际受众的理解和认同，取得了优秀成绩。

在国内政治方面，政府官员腐败问题、人口问题、养老金问题、医疗保险问题、住宅问题等成为当前影响政治稳定、并且从长期看也是俄罗斯社会能否持续发展的一些重要问题。政治家、政府官员以及该领域的集体或个人总是以话语的形式来干预或主导相关事件的进程。以2018年俄罗斯总统选举为例。俄罗斯中央选举委员会的官网公布了八位候选人中七位的竞选纲领（普京的竞选纲领一般被认为是国情咨文的大部分），同时也提供七位候选人参加的电视论辩的视频，供选民了解候选人的政治主张。此外，多位候选人还积极参与公众集会并进行演讲，或参加电视采访，感谢支持自己的选民，争取立场中立的选民。

在经济和文化方面是同样的情况。在近年经济发展低迷的情况下，政府需要通过一系列话语的方法陈述政府经济发展的大纲，解释现存的

第三章 现代修辞学关照中俄罗斯社会的话语建设

问题,鼓舞公民进行积极的经济建设等;而在野党也需要使用公众话语来针砭时弊。

第四,修辞主体更加多元化。古典修辞学研究演讲话语,目的就是为话语建构者的实践提供理论支持,当时的修辞主体通常被认为是演讲者。随着社会的发展和修辞视野的逐渐拓宽,修辞主体的身份也变得更加多元化。俄罗斯社会转型过程中,政治利益和经济利益是社会结构重构的基础,因此,持有不同政治主张的政党、强势的利益集团、众多的社会组织都利用各种舆论工具和宣传手段,来争取和捍卫自身的合法性,争夺话语权,抨击或批判对手,并说服和影响国内和国际公众。同时,大众传播技术飞速发展,从无线电广播、卫星电视、到国际互联网,修辞范围不断扩大,修辞主体早就突破了"个人"这一局限。在发话者的层面,除了公民身份的个体,国家、政党、政策研究机构、拥有共同利益及兴趣和意识形态的集团、公关机构、宣传机构等都可以成为话语建构的主体。而在受话者层面则更为宽泛:若以大众传播技术为基础,那么理论上大众传播的受众都是受话者。修辞主体的多元性一方面显示出现代社会条件下交际的复杂性,另一方面也呈现出多元文化的碰撞和交融。

综上所述,俄罗斯社会的发展和转型都是话语环境的变因。现代社会环境下的修辞话语建构具有深刻的社会原因,并体现出浓厚的社会关怀,以解决社会问题为学科基本任务,以促进社会健康发展为学科最终目标。

3.2.2 民族认同感重建过程中的话语

俄罗斯社会进入转型期后,思想文化领域出现了较为混乱的局面。社会主义遭遇挫折,历史虚无主义泛滥,极端民族主义和分离主义制造事端,复兴的东正教暂时又未能成为全民的民族精神支柱。各种社会思潮此起彼伏,尝试占领社会思想文化领域的主导地位。美国提出的全盘西化的自由主义意识形态曾在20世纪90年代初期的俄罗斯社会占据主流地位,但很快便因其在俄罗斯实践中带来的灾难性后果而退隐到纷繁的政治思潮之争中。历史辉煌和残酷现实的反差，使俄罗斯民族的自豪感、自尊心和自信心遭受重创。

苏联解体后俄罗斯大国地位遭受挑战，国际政治上屡屡遭受排挤，国内政治虽然在民主进程上取得一些进步，但还存在着相当多亟待解决的社会问题。在美国和欧盟制裁下，俄罗斯经济并没有摆脱能源经济的模式，本国的实业生产并没有明显的提高。对于俄罗斯这样具有优秀人文传统的国家来说，二十多年社会转型的冲击和洗礼与其千百年所经历的风险与磨难相比，还只是一个短暂的片段。但是在社会变革所带来的一系列问题面前，俄罗斯人的自身认同问题，以及通过哲学、史学、文学，以及语言与造型艺术所表达的精神境界与品味，已经与苏联时期有了很大的差异。人们可以感知当代俄罗斯人在剧变后的那种失落与迷惘，以及在艰难求索中的那种痛苦与沧桑。

另外一个对俄罗斯民族认同感产生巨大影响的是在乌克兰、白俄罗斯和中亚五国等国家出现的愈演愈烈的"去俄罗斯化"（дерусификация）。"去俄罗斯化"是指将俄罗斯人或者以俄语为母语的其他民族、俄语和俄罗斯文化从某个特定人群的各个生活领域排挤出去的过程。"该术语也可用来表示为了推广本地的语言或文化而将以俄语为母语的人们的语言、文化和其他标志物边缘化。"（吴爱荣，2017:134）上述国家在苏联解体之后曾经是独立国家联合体（以下简称独联体）的成员国。独联体是苏联解体之后，俄罗斯连同乌克兰、白俄罗斯打造的后苏联时代的产物。独联体鼎盛时期共有12个成员国，后来土库曼斯坦和格鲁吉亚相继退出。随着独联体功能的不断衰退，俄罗斯等国不断寻找着和前苏联国家之间新的合作点。2015年，欧亚经济联盟成立，成员国有俄罗斯、白俄罗斯、哈萨克斯坦、亚美尼亚、吉尔吉斯斯坦。即便如此，"去俄罗斯化"还是在许多国家蔓延开来，而且有愈演愈烈之势。执行"去俄罗斯化"的国家通过族史或国史重构、政治空间重构、推行教育改革、中亚国家的宗教信仰复苏、降低俄语在社会生活中的地位等渠道一方面

第三章　现代修辞学关照中俄罗斯社会的话语建设

降低俄罗斯对于本国政治、经济和文化等方面的影响，另一方面提升本国本民族在国内和国际上的地位和作用。可以说，"去俄罗斯化"对俄罗斯民族和俄罗斯公民的民族意识产生了巨大的负面影响。

俄罗斯是一个民族意识强烈的国家。李英男指出，民族意识是民族心态的核心部分，确定了一个民族对自我、对世界的认识，关系到一个国家的前途和命运。民族意识构成复杂，囊括了民族认同、群体历史记忆、民族感情等因素。（见《转型理论与俄罗斯政治改革》2005:329）当代西方国家的认同大多以国籍（国家属性）为基础，民族属性在国家属性之后位居第二位。但是在俄罗斯，民族属性依然具有十分重要的意义。"西欧一体化的不断发展，使民族认同逐渐失去触动情感的振兴作用，并局部包容于其他类别（如，地区性和泛欧性）的认同之中，而俄罗斯社会心态的变化却恰恰相反，以民族属性为凝聚力。"（俄罗斯社会民族问题独立研究院2000:395）从20世纪末俄罗斯进入转型社会以来，公众的思想意识和社会心态发生了巨大的变化，俄罗斯的民族意识受到极大的撼动。因此，俄罗斯社会发展的主要任务之一是重建民族自信心，提升民族自豪感。这一任务在以俄罗斯现代社会为语境的话语建构中有着显著的体现。以下以2018年俄罗斯总统选举候选人竞选大纲中以词汇为单位体现出的价值观念为例进行说明。

2018年俄罗斯总统竞选活动共有八名候选人参加，除了时任总统普京以外，还有俄全民联盟党谢尔盖·巴布林（Сергей Бабурин）、俄自民党领导人弗拉基米尔·沃尔福维奇（Владимир Вольфович）、俄共产党人帕维尔·格鲁季宁（Павел Грудинин）、"亚博卢"党创始人格里戈里·亚夫林斯基（Григорий Явлинский）、俄增长党主席鲍里斯·季托夫（Борис Титов）、电视台主持人克谢尼娅·索布恰克（Ксения Собчак）和俄共产党人党主席马克西姆·苏莱金（Максим Сурайкин）。除了普京发表的《国情咨文》中的部分可认为是他的竞选纲领外，其他七位候选人的竞选纲领都发布在俄罗斯中央选举委员会的官网上。所有竞选大纲的总词数为 21214 个,使用 Wordsmith 统计软件对所有纲领中的词汇按照使用频率进行了排序,得到了以下统计结果:

	A	B	C	D	E	F	G	H
17	N	Word	Freq.	%	Texts	%	Lemmas	Set
18	1	И	1555	3.4323	1	100		
19	2	В	1225	2.7039	1	100		
20	3	ЧТО	739	1.6312	1	100		
21	4	НЕ	722	1.5936	1	100		
22	5	#	656	1.448	1	100		
23	6	НА	640	1.4126	1	100		
24	7	ЭТО	571	1.2603	1	100		
25	8	Я	497	1.097	1	100		
26	9	МЫ	368	0.8123	1	100		
27	10	ВЫ	348	0.7681	1	100		
28	11	С	345	0.7615	1	100		
29	12	ДЛЯ	275	0.607	1	100		
30	13	КАК	267	0.5893	1	100		
31	14	ТО	263	0.5805	1	100		
32	15	А	258	0.5695	1	100		
33	16	У	249	0.5496	1	100		
34	17	НО	245	0.5408	1	100		
35	18	ПО	241	0.532	1	100		
36	19	ЗА	232	0.5121	1	100		
37	20	ВСЕ	221	0.4878	1	100		
38	21	ВОТ	212	0.4679	1	100		
39	22	К	212	0.4679	1	100		
40	23	РОССИИ	196	0.4326	1	100		
41	24	ЧТОБЫ	169	0.373	1	100		
42	25	ОТ	157	0.3465	1	100		
43	26	ТАК	151	0.3333	1	100		
44	27	КОТОРЫЕ	145	0.3201	1	100		
45	28	НАС	142	0.3134	1	100		
46	29	БЫТЬ	141	0.3112	1	100		
47	30	ДОЛЖНЫ	139	0.3068	1	100		
48	31	ИЗ	138	0.3046	1	100		
49	32	ЕСТЬ	134	0.2958	1	100		
50	33	БУДЕТ	114	0.2516	1	100		
51	34	ЕСЛИ	114	0.2516	1	100		
52	35	НУЖНО	113	0.2494	1	100		
53	36	СЕЙЧАС	110	0.2428	1	100		
54	37	ОНИ	109	0.2406	1	100		
55	38	СТРАНЫ	107	0.2362	1	100		
56	39	О	103	0.2273	1	100		
57	40	СЕГОДНЯ	103	0.2273	1	100		

第三章 现代修辞学关照中俄罗斯社会的话语建设

除去虚词,并按照实词的语义进行判断,得出了以下表示价值观念的词汇列表(按使用频率排序,取前30位):

1.	国家 страна / государство	278
2.	俄罗斯 / 俄罗斯的 / 俄罗斯人 / 俄罗斯族的 / 俄语的 Россия / российский / россиянин /русский / русскоязычный	250
3.	人 человек	121
4.	经济 / 经济的 экономика / экономический	111
5.	公民 / 公民的 / 国籍 гражданин / гражданский / гражданство	105
6.	发展 развитие	104
7.	保证 обеспечение / обеспечить	87
8.	社会 / 社会的 общество / общественный	69
9.	教育 / 教育的 образование / образовательный	65
10.	生命(生活) жизнь	59
11.	支持 поддержка	59
12.	政权 власть	56
13.	权利 / 权利的 право / правовой	52
14.	孩子们 / 儿童的 / 童年 дети / детский / детство	51
15.	区域 регион	51
16.	和平 мир	49
17.	增长 рост	47
18.	人民 народ	46
19.	可能 возможность	45
20.	任务 задача	41
21.	政治 политика	40
22.	文化 культура	38
23.	生意 бизнес	32
24.	劳作 труд	30
25.	条件 условие	29
26.	居民 население	27
27.	健康 здравоохранение	26
28.	安全 / 安全的 безопасность / безопасный	20
29.	斗争 борьба	18
30.	联邦 федерация	14

通过对比可以发现，竞选纲领中频频提及的这些价值观念与普京执政以来所强调的以传统价值观为核心的俄罗斯现代社会意识形态相契合。1999年12月30日时任俄罗斯总理的普京在《千年之交的俄罗斯》提出了"俄罗斯新思想"，2005年以总统身份在《国情咨文》中提出了"主权民主"思想，2009年通过统一俄罗斯党政党意识形态的方式提出了"俄罗斯保守主义"。张钦文（2015:98）指出，"俄罗斯意识形态的这三大组成部分是以普京为代表的俄罗斯掌权派在俄罗斯政治、经济、社会发展的不同阶段，以不同方式，从不同角度对俄罗斯国家根本利益和原则立场的自觉认知和理性思考"。这三大组成部分是一脉相承的，根本目标都是在共同价值和利益的基础上建立新的、自由的、繁荣的、强大的俄罗斯，实现俄罗斯的强国梦。俄罗斯现代社会的意识形态的构建有利于恢复民族认同感，提升民族自信心。

在《千年之交的俄罗斯》中，普京并没有对"全人类价值观"展开论述，而是把"传统的价值观"作为重点进行阐述，这体现了普京注重在民族传统和历史文化中寻找民族认同感的思维方式。普京切中社会思想现状，从传统价值观中梳理出"爱国主义""强国意识""国家观念"和"社会团结"四个关键词作为核心价值观念。"爱国主义"在普京的眼中是指对俄罗斯这个伟大国家历史和成就的自豪感和建设强大国家的心愿；"爱国主义"的内核是俄罗斯民族主义，强调爱国主义是对苏联解体以来社会上盛行的世界主义和民族虚无主义的否定。"强国意识"是指俄罗斯过去和将来都是伟大国家的信念和决心。俄罗斯人的强国意识来源于其独特的地缘政治、经济和文化，渗入俄罗斯人的思想倾向，决定着国家的政策走向；"强国意识"强调的是俄罗斯的独特性和伟大性，是对"民主派"全面融入西方文明主张和欧洲—大西洋主义的否定。"国家观念"是指俄罗斯人认同国家利益高于个人和集团利益，政府及其体制和机构在整个国家管理中处于中心地位，国家是秩序的源头和保障，是变革的主要倡导者和推动力；"国家观念"是对20世纪90年代以来

第三章　现代修辞学关照中俄罗斯社会的话语建设

占统治地位的"自由主义"和市场万能论的矫正。"社会团结"是指俄罗斯人重视集体的传统和对专制作风的接受,因为俄罗斯人还保留着借助国家和社会的帮助改善自己状况的习惯;"社会团结"强调俄罗斯传统文化中的集体主义,是对俄罗斯一度泛滥的个人主义的否定。

普京进入第三届总统任期以后,面对新时期的新形势,为了进一步团结俄罗斯各派政治力量、社会各阶层和广大民众,再一次重申传统价值观和社会的精神道德基础的重要性,强调了加强民族认同感的迫切性。在第一篇致联邦会议的国情咨文中,他谈到恢复和巩固国家的关键阶段已经过去,当前的任务是建设一个富裕繁荣的俄罗斯;而日趋激烈的国际竞争不仅取决于国家的经济实力,更取决于民族内在的精神动力和应对变革的能力。在2012年国情咨文中,普京首次把宪法和国家核心价值观联系在一起,他说:"今天是12月12日,我国的宪法日。我想谈一谈我国根本大法包含的价值观。宪法规定,全国人民要为同代人和子孙后代担负起对祖国的责任,这是俄罗斯国家的基本原则。公民责任心和爱国主义情怀是俄罗斯一切政策的凝聚基础。"(普京文集(2012—2014)2014:255)

普京意识形态建设的另外一个关键点"俄罗斯保守主义"对于增加俄罗斯公民的民族认同感也同样至关重要。多博林科夫(В.И. Добреньков)将当代俄罗斯保守主义意识形态和政策的最基本轮廓简要概括如下:精神和道德的复兴;国家的强大;多元经济结构中不断增强的国有成分;强有力的国家领导人;用集体主义和同心同德特征的历史传统来构建社会关系领域;必须制定和着手实施国家摆脱沉重的人口危机的计划;从自身内部结构来看,俄罗斯应该是一个统一的国家;俄国的多民族人民与俄罗斯人民一起作为俄国人民的有机整体;坚决地与犯罪现象和腐败作斗争;正确判定所存在的根本矛盾,对移民进行限制;恢复俄罗斯超级大国地位,成为国际关系中的重要一极,对抗美国为主导的自由主义全球化。(见2007:14—16)

基于此，可以认为，俄罗斯现代社会语境中的话语建构以传统价值观念为伦理基础，在提升俄罗斯民族认同感和民族自尊心、维护俄罗斯社会稳定、民族团结，促进俄罗斯经济发展、外交独立和恢复强国形象和大国地位中发挥重要作用。

第三节　修辞典范：现代社会的话语追求

针对俄罗斯当前多元化的社会话语环境，俄罗斯现代修辞学提倡"修辞典范"（риторический идеал），将它看作一个赋予话语伦理精神实质，提高话语有效性的核心范畴。普京在2012年的国情咨文中提到，俄罗斯社会明显缺乏善良、同情、怜悯、互帮互助等精神纽带，缺乏俄罗斯人曾经一贯引以为傲的、在历史的每个时期将俄罗斯人民牢固紧密联结在一起的东西；他呼吁大力扶持承载传统价值观的机制体制，让它们代代相传，继续发挥强大的历史生命力。而俄罗斯现代修辞学视野中的"修辞典范"正是以俄罗斯民族传统道德价值观为基础，对现代社会语境中的话语建构提出的道德层面的要求。

3.3.1　作为修辞典范范畴的"真""善""美"

对于修辞典范的含义，米哈利斯卡娅做了详尽的梳理和分析：所谓"修辞典范"，就是"怎样的话语可以称得上是卓越的和具有典范意义的话语"（米哈利斯卡娅，1996:16）。"修辞典范"这一概念最早见于苏格拉底对话。在《高尔吉亚篇》中，苏格拉底谈到，演说者在讲话时始终在头脑中有一个关于什么是好的话语作品的"映像""样式"或"理念"。米哈利斯卡娅所说的"修辞典范"和苏格拉底的主张颇为相似："任何一种文化的体现者，其话语和话语行为都被某种典范，即好的话语的心灵样式和形象所调节。这一典范存在于每一个言者的观念里，并构成文化的要素。"（同上:44）关于"修辞典范"的理念之所以会存在，原因在于：

第三章　现代修辞学关照中俄罗斯社会的话语建设

"每一种文化都形成了特别的、相当确定的关于应该如何进行言语交际的观念。人们在融入一种文化的过程中,势必会得到该文化的一个组成部分——形成关于言语行为的概括性样式、典范,以及有关'好的'言语作品(口头言语和书面篇章应该是什么样的)的观念。这样的言语行为和言语作用的完美样式就其基本特点而言,符合基本的审美观念,历史地形成于任何一种文化之中,反映出该文化的美学和伦理(道德)价值体系的一般美学典范和伦理(道德)典范。"(同上:379)由此,米哈利斯卡娅将"修辞典范"定义为:"对言语和言语行为最普遍的要求所构成的体系,这一体系是在某一种具体文化之中历史地形成的,它反映了这种文化在美学和伦理上的价值观念。"(同上:44)

"修辞典范"的定义从本质上来说,是民族心理不可分割的一部分。它体现了俄罗斯民族对话语评价的标准:智力评价标准(интеллектуальная оценка)、美学评价标准(эстетическая оценка)和伦理评价标准(этическая оценка)。"修辞典范"这一范畴在米哈利斯卡娅的《俄罗斯的苏格拉底》这部历史比较修辞学的著作中得到了明确和集中的阐述。在该书的前言部分米哈利斯卡娅写道,分析和描写修辞典范的问题不仅仅是一个现代修辞学需要迫切解决的问题,它还是话语实践中一个严肃的问题,因为这个问题的解决不仅可以保证在相同文化背景下交际者之间的顺利沟通,它还扩大了修正个人话语行为、正确评价他人话语行为的可能,同时,还为不同修辞文化背景下言语交际的顺利进行提供了基础。(1996:3)米哈利斯卡娅还认为,修辞学是关于"修辞实践"(красноречие)的理论、艺术和科学,但有关修辞实践是什么,是一个值得讨论的话题。米氏将这一概念理解为"好的话语",因此,修辞学也就是研究"好的话语"的理论、艺术和科学。

在回顾修辞学发展历史上对"好的话语"的定义时,米哈利斯卡娅首先总结了三个特点:一是思想上对真理的追求,二是作为福祉的善良,三是美(但非辞藻之华丽,而是和谐的美)。真、善、美是人类一直以来的生命理想,也是三个古老的哲学、修辞学概念。

需要强调的是,修辞典范所提倡的"真"具有双重的意义:一方面它指的是作为话语与对象符合的真理(правда),另一方面则是作为真理与正义统一的真理(истина)。话语在多大程度上能够符合现实,一直是哲学、语言学各个流派争论的关于话语伦理的问题。俄罗斯哲学家洛谢夫(А.Ф. Лосев)(1974:94)指出:"完善的话语是思维行为、智力活动和游戏,是充满热情的伦理行为。"在他看来,完善的话语不会掩盖或掩饰现实,而是研究、思考和建构现实。而话语对于社会及个人最大的贡献则是它其中所蕴含的包含正义的真理。霍米亚科夫(А.С. Хомяков)认为,真理不应当仅仅停留在理论领域,而是参与到存在之中,因为人是生命的整体,人不仅仅是通过理性来认识启示真理,而且是"自己加入到真理之中""住在真理中"(转引自徐凤林,2006:17)。在这样对真理的理解中,人作为思维主体的能力被彰显,同时人对存在的直觉体验被认为是认识终极真理的最佳途径。

在近现代科学研究中,"真""善""美"通常被分别作为哲学、伦理学、美学的研究对象和目标,却少有人探究三者的一致性。事实上,真、善、美在古典修辞学时期就是学者们的信念。苏格拉底就宣布"美德即知识",表明人的智慧本性和道德本性是同一的;柏拉图则提出"善的东西同时也是美的",并说善是美的原因,善是美追求的目的和衡量的标准。在米哈利斯卡娅对"修辞典范"的解读中,不难发现,她一再强调的是对真理的追求、诚实和善良的"和谐统一"。可以说,米哈利斯卡娅的"修辞典范"观体现了俄罗斯哲学中真、善、美一致性的观点:

> 被绝对存在者所愿望、所表象、所感觉的东西,只能是全体;这样,那种既包含在作为绝对者之理念的善里,又包含在作为绝对者之理念的美丽的东西,既是一,也是全体,它们之间的区别不在于内容本身之中(物质区别),而只在于内容的

第三章　现代修辞学关照中俄罗斯社会的话语建设

形式里（形式区别）。绝对者作为善所愿望的东西，也正是它表象为真和被感觉为美的东西，也就是全体。但全体只有在其内在统一性和完整性中才能成为绝对存在着的对象。因此，善、真和美，是统一体借以向绝对者显现其内容的不同形象或样式，或者，是绝对存在着由以把全体归结为统一体的不同方面。……为了用简短的词语表达这些术语的关系，我们可以说，绝对者通过真理在美中实现善。（索洛维约夫/В.С. Соловьев, 1990:103—104）

作为"修辞典范"核心概念的"真""善""美"如果不考虑它们的相互联系，那么它们就"都失去了其深刻的人性，变成了外部存在的、与人的完整体验相对立的'抽象原理'"（徐凤林，2006:121）。正是这所谓的"抽象原理"将真、善、美作为生硬的道德说教，忽略了人与人之间极其复杂多样的微妙关系。而这三个概念和谐的统一才使话语从一种技能升华为一种艺术，进而成为民族精神的载体，成为该民族生命观、价值观、乃至世界观的体现。

3.3.2　作为修辞典范范畴的"聚合性"

俄罗斯另一位深入研究"修辞典范"的学者是斯科沃罗德尼科夫（А.П. Сковородников）。他对修辞典范的研究是对米哈利斯卡娅相关理论的继承和发展，他对修辞典范的内涵和外延进行了深入细致的研究，并提出了自己独到的见解。米哈利斯卡娅把俄罗斯修辞典范的本质特征综合起来提出下列概念：温和、谦逊、赞扬、缄默、平和、真实、节奏、匀整和适中。（转引自樊明明等，2007:216）斯科沃罗德尼科夫认为，米哈利斯卡娅所列举的概念并没有涵盖俄罗斯民族对于理想化的修辞理论及实践的全部理解。他对米哈利斯卡娅提出的修辞典范的内容进行了补充，增添了决定俄罗斯民族人际交往风格的俄罗斯心理所包含的一系列内容,尤其是聚合性(соборность)这一概念。他认为,在界定俄罗斯修辞典范的时候,一方面要考虑到当今俄罗斯社会普遍的言语文化及心理特点;另一方面还要考虑到社会经济和文化发展的状况。

聚合性(соборность)这一概念最早是由霍米亚科夫(А.С. Хомяков)定义和论述的。Соборность 这个词来自一个俄语普通名词 собор。Собор 有两个意思:1. 会议。由一些代表或官员商讨解决某些问题的会议;2. 大教堂。由几个教会的神职人员共同举行宗教礼拜的大教堂。霍米亚科夫把 собор 这个词加上表示抽象名词的词尾 -ость,构成 соборность,并赋予了它深刻的宗教和哲学特定含义。它表示一种把多个人统一起来的原则,使许多个人形成某种特定的一致性原则。即多样性统一的原则,使许多人形成统一体的规则和这个统一体的特征。霍氏认为,"会议、聚合这个词不仅指外部表现出来的、看得见的集会、集合、在某个地方的集合,而是有更一般的意义,它表达了多样性中统一的理想观念。"(转引自霍鲁日/С.С. Хоружий,1994:18)

根据霍米亚科夫的观点,聚合性统一体有三个内在属性。第一个属性是自由。自由是聚合性的根本属性,聚合性是自由与统一的有机结合。在聚合性原则中,自由不仅不破坏统一性,而且产生统一性。这样的聚合性统一体是"自由的成果的表现",这种自由是人"在真理中的自我实现"。别尔嘉耶夫(Н.А. Бердяев)写道:"在俄罗斯民族的深处蕴含着比更自由更文明的西方民族更多的精神自由。在东正教的深处蕴含着比天主教中更多的自由。"(2000:40)聚合性统一体的第二个属性是有机性。徐凤林(2006:21)认为:

> 聚合统一体的有机性不是自然世界观范畴,是人格主义世界观的范畴。因此这个有机体是无形的,其有机性是无法为外部观察者所把握的。聚合统一体没有任何预先设定的可以据以辨认和证明自身的外部表现,它的根本特点是无论感觉还

第三章　现代修辞学关照中俄罗斯社会的话语建设

是理性认识都无法把握的,但它能够自我显现、自我见证。但这个自我见证是如何实现的呢？实现的唯一方式就是全体成员的团结一致(согласие)。这不是实体性的静态的外部特征,而是动态形式的属性。当统一体内部的每一个成员都团结一致、同心同德地共同生活的时候,这就是聚合性统一体的自我见证。

聚合统一体的第三个属性是恩典和爱。把全体成员联合为聚合性统一体的凝聚力就是爱。爱作为道德原则在伦理学和心理学中有许多表现形式,这些都是此世范围内的爱。但在东正教神学中,爱获得了本体论的、形而上学的意义:非此世的、完善的、神的爱,是新生命和世界秩序的基础和源泉。正是这种爱,是聚合性的"活的本原"。这种爱不是人的心理,而是神的恩典,神的能量。这种对聚合性本质的理解一开始就赋予了语言以表达个体参与人类共同体、成为其思维社会性表征的属性。语言由于自身的聚合性而把人的意识变为具有重要社会意义的现象,使真理不至流于空洞抽象,却与存在直接相联系。

在俄罗斯修辞学家看来,"聚合性",尤其是在话语中作为其精神实质的聚合性,是俄罗斯民族认识活动和实践活动的必要条件,只有具有聚合性精神才能真正认识真理,看清世界的本来面目。因为它集中了一切认识的、美学的、道德的和宗教的力量。作为话语建构主体的个人或集体以"聚合性"为原则,积极参与民族及国家的发展,也体现了话语的本质属性——社会性。

从俄罗斯哲学家霍米亚科夫对聚合性的阐释可以看出,斯科沃罗德尼科夫之所以将这一概念作为反映俄罗斯民族心理的修辞典范的主要概念之一,是期望在当前俄罗斯社会的话语环境中寻找一个"自由和统一"的平衡点。自由与统一的关系问题实际上是人类社会生活中最常见和最难解决的问题,也就是古典哲学家所讨论的多样性与统一性的关系问题,或"一"与"多"的关系问题。阐明这一问题在俄罗斯社会转型的语境下更显示出其积极意义,即如何在彰显个人话语独特性的同时体现出更多的追求社会大众利益的先进话语态度。

从对"真""善""美""聚合性"等修辞典范核心概念的分析可以看出,作为话语观重要范畴的"修辞典范"就其本质来说,是对符合社会及民族利益话语的期许。就这一与西方话语研究迥异的视角来说,体现出了作为俄罗斯修辞学思想基础的俄罗斯宗教哲学与西方哲学思想的分野:"如果说西方哲学的实质是对现实的反思,宗旨在于确定存在的一般原理、事物的永恒本质及其与认识主体的关系,那么,俄国哲学家则认为:哲学是人的创造或活动的最高形式,这种活动能够重建生命,把现实从现有状态提升到应有状态,即最大的完善"(徐凤林,2006:4)。因此,俄罗斯宗教哲学不是着眼于社会现实和精神文化现状,而是从未来"应该是怎样"的高姿态和高角度去看待人和世界,它追求的是理想化的时间和空间。修辞典范正是蕴含着俄罗斯修辞学对话语"应有状态"的追求:话语是人类认识自我、认识世界的手段,是追求和构建真理的要素,是社会和民族的福祉。这样的理解有助于唤醒民众的精神信仰和民族意识,增强民族认同感和凝聚力,它对于当前处在转型期的俄罗斯社会具有重要的现实意义。

第四节 论辩性对话:现代社会存在与发展的方式

修辞学是研究话语的学科,它致力于阐释话语的本质。在古典修辞学的视野中话语的"说服性"是一个关键概念,修辞实践的目的可以解释为运用修辞论辩的方式达到说服的目的。俄罗斯现代修辞学的理论体系以古典修辞学思想为基础,它不但直接反映了俄罗斯民族对话语的期许,还揭示了作为所有话语形式内在性的论辩特质以及论辩机制在知识和真理产生过程中的重要作用。此外,俄罗斯现代修辞学在发展过

第三章　现代修辞学关照中俄罗斯社会的话语建设

程中不断汲取优秀人文思想,进一步突出了同样作为话语本质的"对话性"。这一概念不仅描述话语生成的内在及外在形式,还重新定义了受众的在修辞性交际中的主体地位,更是揭示了现代社会的运行机制。

3.4.1　作为方法的说服

"说服"是古典修辞学的核心概念,它是一种能力(见亚里士多德对"修辞"的定义)。同时,在演讲话语的研究中"说服"被认为是演讲者的主要任务和目的,即如何说服听众接纳自己的观点和立场。现代修辞学克服了之前话语研究的单向性,在承认作为话语本质的"说服性"的同时强调交际双方甚至是多方的平等地位,并指出在考虑对方利益基础上的说服才能真正达到预设的修辞目的。因此,说服性是话语的本质特征,它通过修辞论辩得以实现,同时,它也是交际各方达成意见和利益统一的有效方法。那么,"说服"这一方法是如何在话语中得以运用的呢？话语说服的机制究竟是什么呢？仍然可以在古典修辞学时期找到最初的答案。

亚里士多德认为演讲就是对听众的一种说服,让听众形成某种判断,认同、赞成并采纳自己所持的观点或采取某种行动,因而修辞学的目标就是研究如何能够达到最大的劝说效果。亚里士多德在《修辞学》第一卷第2章和第二卷18章至26章中就如何取得说服的成功作了较为全面系统的阐述。他认为演说取得成功有两种手段,一类是不属于技术范围的或"非人工的"手段,如证据、证人、法律条文等这些已经存在无须演讲者提供,只需要恰当地加以利用即可的条件,另一类是属于技术范围的或"人工的"手段,即需要演讲者凭借修辞方法达成的说服论证。亚里士多德提出了属于技术范围的三种基本说服方式——人品诉求(этос/ethos)、情感诉求(пафос/pathos)和理性诉求(логос/logos)(又译修辞道德、修辞情感和修辞逻辑)。

人品诉求是指修辞者的道德品质、人格威信,亚里士多德称人品诉求是"最有效的说服手段"。他认为演讲者必须具备聪慧、美德、善意等能够使听众觉得可信的品质,因为"人格对于说服几乎可以说是起支配作用的因素"。"当演说者的话令人相信的时候,他是凭他的性格来说服人,因为我们在任何事情上一般都更相信好人"(亚里士多德,1991:29)。一位成功的演说家在演讲中"除了设法使受众成员进入最有利于说服工作获得成功的感情状态以及向他们'摆事实,讲道理'之外,还必须展示出一种能赢得他们尊重和信赖,对他们具有感召力的人格,并利用这一人格所具有的威信来影响他们的决定"(刘亚猛,2004a:165)。人品诉求是演讲者与听众建立可信性的桥梁。

情感诉求是指通过对听众心理的了解来诉诸他们的感情,用言辞去打动听众,即我们通常所说的"动之以情"。它是通过调动听众情感以产生说服的效力,或者说是一种"情绪论证",主要依靠使听众处于某种心情而产生。演讲者通过带有倾向性或暗示性的语句向听众施加某种信仰和情感来激起感情并最终促使他们产生行动。可以说,"对情感诉求的研究是一种对人类情感的心理研究,是对人类发掘、践行真理的道德关注"(赫利克/Herrick,2005:84)。亚里士多德在《修辞学》中讨论了诸如喜怒哀乐、忧虑、嫉妒、羞愧等几乎所有人类的情感,在他看来,情感不是影响人们做决定的非理性障碍,而是对不同情境和论辩模式的理性回应。"亚里士多德对情感的研究明晰了人类感情与逻辑辩论的关系……使得情感诉求不再是一种被排除在理性大门之外的蛊惑人心的妖术。"(福滕博/Fortenbaugh,1975:17—18)

理性诉求是指言语本身所包括的事据与或然式的推理证明,即"逻辑论证"。因此,理性诉求既是对理性推论的研究,也是对言语逻辑的研究。亚里士多德将理性诉求分成"修辞三段论""例证法",并在第二卷20章至25章中进行了讨论。严格逻辑意义上的三段论是基于必然性、并由大前提、小前提和结论三部分组成的,而亚里士多德的修辞三段论叫做enthymeme(省略三段论),它的前提是属于人类行动范围内的

第三章 现代修辞学关照中俄罗斯社会的话语建设

或然的事物及现象,然后根据这种前提得出或然式证明的修辞式推论。"在现代,修辞三段论已经被认为是省略式三段论,即仅包括一个前提和结论,而另一个前提被省略或隐含了"(科比特/Corbett,1971:73),但它在本质上就是一种演绎论证法,是一种不完整的三段论。修辞三段论用在演讲艺术中主要是为了劝说听众,演讲者只给出大前提,听众在猜测小前提的基础上推断出结论,通过让听众去猜测演讲者不直接表明的或故意省略的内容来激发起他们的参与意识。使用这种修辞三段论进行逻辑推理,可以使听众不知不觉地融入到演讲的推理中,与演讲者产生共鸣,从而更加信任演讲者,因此结论也更具有说服力。例证法是一种归纳推理法,由个别推向一般,适用于一类情形的前提和结论也同样适用于与其相类似的情境。它用许多类似的具体事例来证明、概括自己的结论,显然,用事实来打动人和说服人是其显著优点。亚里士多德说:"有的演说富于例证,有的演说富于修辞式推论……依靠例子的演说的说服力并不差,但依靠修辞式推论的演说更能得到高声喝彩"(亚里士多德 1991:1356b)。品格诉求、情感诉求和理性诉求为了达到"说服"的共同目的而通力合作——品格吸引人,情感打动人,理性以理服人。

俄罗斯修辞学家罗日杰斯特文斯基对亚里士多德的"说服三要素"进行了重新解读。在《修辞学原理》中,罗日杰斯特文斯基以"说服三要素"为工具研究了独白、对话及言语交际的各种类型,同时也赋予了这三个要素独特的意义。在他的修辞学体系中,修辞道德被定义为"受话者为发话者提供的条件";修辞情感指"发话者的意图、构思,他的目的是为受话者阐明特定的、受话者感兴趣的话题";修辞逻辑是指"发话者在具体的话语中为实现言语意图而使用的语言手段。"在三者的关系上,修辞道德为话语产生条件,修辞情感是形成言语思想的来源,修辞逻辑是在修辞道德的条件下对修辞情感进行的话语体现。(1999:60—70)樊明明等学者对罗日杰斯特文斯基的修辞思想进行梳理的时候特别指出:

……罗氏所说的 этос,即"言语接受者(即受话者——笔者注)为言语创作者(发话者——笔者注)提供的条件"一般被认为是言语(即文中所说的"话语"——笔者注)的外部条件,而容易被忽略,但实际上,这一因素常常决定言语的内容、题材,甚至风格特点等,对言语行为有重大影响。(2007:134)

"说服三要素"共同作用的过程就是修辞论辩的过程:话语建构者充分运用这三个要素来影响受话者的思想,使之认可自己的观点和立场。"说服三要素"在修辞论辩的过程中如何运作?它们如何使"修辞论辩"区别于"逻辑论辩",进而达到修辞实践预设的目的?这些问题的解答将有助于进一步了解修辞学视野中的话语观。

3.4.2 基于"或然性"的修辞论辩

在修辞学的概念中,说服的过程就是修辞论辩的过程。论辩作为一种机制存在于所有类型的话语体裁之中,它是诸多学科的研究对象,较为突出的是论辩研究的逻辑视角和修辞视角。在讨论"逻辑论辩"和"修辞论辩"之前,先将目光投向修辞学和逻辑学的交互关系。修辞学和逻辑学的结合与对峙在古希腊罗马时期的修辞学发展过程中就初露端倪,在当前社会的话语实践中也很明显。逻辑学探寻追求客观真理的实质,而修辞学关注的是言语交际者的现实利益。

由于修辞学和逻辑学对"真理"的不同态度,从古至今一直存在着对修辞者传统的批评:他们企图操控受众的意识,他们言说的是华丽的辞藻,回避的是真理"苦难的果实"。正如亚里士多德竭力想证明的那样,柏拉图对修辞学有着强烈的偏见:在《理想国》中他把修辞看成是一种使用语言的技艺即"摹仿",这像其他艺术一样远离真理。他因此把修辞贬入"迎合"的范畴,与"烹调术""装饰术""诡辩术"没有什么差别。他还在《高尔吉亚篇》和《斐德罗篇》中集中对修辞进行了批判。《高尔

第三章 现代修辞学关照中俄罗斯社会的话语建设

吉亚篇》批判智者的修辞，认为修辞是十分危险的技艺。它把人导入错误的生活目标，使人变得贪婪邪恶，是对人的灵魂的一种荼毒。他认为，智者属于城邦中最没有能力的人，因为他们实际上并无知识，不能按照人的本性，即真正的意愿行事。在《斐德罗篇》中，柏拉图认为不懂得辩证法，就不可能用知识来教人。这样，柏拉图就使修辞学从属于了辩证法。而辩证法就是划分和综合的原则，至于如何划分和综合都应该根据事物的本性，而不能随意进行。辩证法是研究灵魂和争议的高尚事业，修辞只有在从属于辩证法时才能真正地发挥作用。这就是修辞学和逻辑学之争的开始，柏拉图认为修辞学只有建立在逻辑学教育的基础上，并且用于善的目的即哲学的目的时，才是正当的。修辞在他这里只是一种手段，并不能真正教导人们从善。

但是话语实践的经验告诉人们，在具体的现实交际场景中，真理不是交际的唯一内容和目的，尤其是考虑到交际是一种人际的动态言语活动。从这个角度说，修辞学具有其独特的价值：修辞学研究的是人类事务中不确定的、有争议的问题，"修辞之所以存在，是因为人类事务的世界不是一个肯定的世界。它之所以存在，是因为人类事务的世界中必须有一方面能取代肯定的知识，另一方面能取代纯粹的偶然或臆想的东西。这一替代物即有根据的意见，这是任何具体情况下做背景的环境所允许的最接近知识的方法。具有这样一个领域的那门艺术、那门科学、那门方法就是修辞。因此，修辞能对无法定论的问题做出最佳定论、为无法解决的问题找到解决方法……"（唐纳德·布莱恩特/Donald Bryant，转引自樊明明，2003:100）李葵将这种以论辩理论为基本理论的修辞学界定为："建立在健康的修辞伦理基础之上，以论辩的科学理论为学科基础和核心内容，与哲学、心理学、社会学等学科领域相联系和交叉，探讨社会生活中的话语组织方法、培养演说人才的语文学科。"（2001:66）

亚里士多德的《修辞学》认为修辞是能够进行说服的能力，它合乎情理,而且令人信服。在亚氏看来,修辞既不是科学意义上的"知识",也不是"艺术",而是"能力"。亚里士多德在《修辞学》中强调的是修辞论辩的说服论证功能,亚氏的修辞学与逻辑学是紧密联系的。他将推理分为两类:证明推理和辩证推理。证明推理用于研究必然性知识的科学证明,而辩证推理实际上是一种论辩过程,它的前提是或然性的"意见",推出的结论也具有或然性,论辩结论的成立与否取决于论辩双方对结论的态度。亚里士多德认为,在多数情况下不可能得到绝对可证实的真理,因此劝说必须以听众认同的"真理"为基础。听众认同的"真理"是共同的经验、公认的常识,它不是绝对意义的真理,是有某种程度真理性的真理,或在多数情况下是真实可靠的事理。亚里士多德对"或然式的证明"十分重视:

> 按照艺术的原则制定的法则同或然式证明有关,或然式证明是一种"证明",因为在我们设想事理已经得到了证明的时候,我们就完全信以为真。修辞式"证明"就是"修辞式推论",一般来说,这是最有效力的或然式证明,因为修辞式推论是一种三段论法,而且整个论辩术或一部分论辩术的功能在于研究各种三段论法,所以,很明显,一个善于研究三段论法的题材和形式的人,一旦熟悉了修辞式推论所使用的题材和修辞式推论与逻辑推论的区别,就能成为修辞式推论的专家。(1355a:4—10)

修辞学在欧洲复兴之后论辩研究掀起一股新的热潮。比利时哲学家佩雷尔曼(Перельман)在《新修辞学:论论辩》(The New Rhetoric: A Treatise on Argumentation)中认为论辩是研究可能性、可行性和不确定性的。他认为修辞学的目的是要揭示所有的话语都是论辩性的,没有一种论断或主张是不证自明的。英国哲学家图尔明(Тульмин)认为论

第三章　现代修辞学关照中俄罗斯社会的话语建设

辩是一种运用,从已接受的事实出发,通过理由到达主张。图尔明的论辩模式由三个基本成分组成:事实、理由和主张。事实是论辩的基础,是一些真实的材料,常被称作证据;理由是指那些能使人合乎情理地从事实中得出主张的道理;主张是指论辩的结论。事实一般是读者已知的信息,理由是作者认为与读者的态度、价值观、信仰相符合的,是存在于双方大脑图式中的东西,往往不必清楚地表述出来,所以根据事实读者可以推导出相应的主张或结论,使双方达成共识。值得指出的是,图尔明的论辩模式也是建立在"或然性"的基础上的,借此使其模式与形式逻辑相区分。图尔明论辩模式强调修辞者的推理运动,强调结论得出过程中的推理过程。

佩雷尔曼和图尔明等人对修辞论辩的深入研究,以及对人类话语论辩本质的阐释对修辞学在欧美地区的复兴产生了深远的影响。同时,他们的修辞思想也对俄罗斯修辞学重返科学研究和教育领域起到了相应的作用。俄罗斯修辞学家沃尔科夫就认为修辞论辩理论是20世纪新修辞学中最具生命力的流派之一。俄罗斯现代修辞学秉承研究论辩的传统,在其框架内形成了相关的理论体系,出版和发表了一批论辩研究的成果。阿列克谢耶夫(1991:150)将修辞论辩视为"向固定的受众证明所持观点正确性的社会的、智力的和语言的行为"。罗日杰斯特文斯基(2006:98)将论辩定义为"用于说服对话者或受众的言语技术"。一些研究者非常强调论辩行为的思维方面。比如论辩被认为是"一种思维过程的推理方法"(布鲁强/Брутян,1992:46),或是"思维和话语的文化"(沃尔科夫,2003:6)。鲁扎温(Г.И. Рузавин)(2003:263)的解释更为全面:

> 论辩是人际交往过程中说服的重要方法。说服旨在通过非暴力手段在受众拥有充分的意志自由并可以自主评价建议、意见和决定的情况下改变他们观点、看法和行为。在精神

行为的领域论辩利于人们认知的重构，改变他们对于周围世界以及自身的认识、概念以及评价。人们在做出实际决定时，论辩也在改变着人们的观念和观点，而这些改变可以引导人们的行为朝着发话者所期望的方向发展。

综合俄罗斯学者们关于修辞论辩的观点，可以做如下的总结：修辞论辩的目的是基于"或然性"的论点和论据来说服受众，使他们接受发话者的思想，进而在现实中采取相应的行动；修辞论辩是一个过程，它涉及思维和言语表达两个层面。

修辞论辩与逻辑论辩的分野除了基于"或然性"的论点和论据的使用以外，还在于对修辞人格和修辞情绪的关注。虽然很多话语建构者不屑于承认自己在话语中企图通过建立共同情感来使受众接受并赞同自己的立场，但是话语实践证明，多数情况下"动之以情"比"晓之以理"更具有说服力，赋予了话语更多感性的色彩。也正因为这样，话语才成为了一个多维的研究对象。

罗蒙诺索夫在分析"唤起激情"（возбуждение страстей）时指出了在说服听众时逻辑论证的缺点：

> 虽然从表面上看论据就拟议事项来说对于听众来说是足够的，但话语建构者还应到考虑到听众的感情。当另一种观点植根于听众的心中的时候，最好的证据有的时候在让听众赞成自己的观点方面并不是那么的强有力。很少有人能够克服自己的喜好然后按照推理来采取行动。那么，是什么使发话者遭遇失败，即便他有理有据地证明了自己的观点，但却没有激发听众对自己有利的情感，也没有反驳对立方的观点？

（1952:166）

第三章　现代修辞学关照中俄罗斯社会的话语建设

由此看来,在现实话语实践中必须注意到,单纯地在交际行为中使用逻辑论证是不完善的,还必须考虑到交际者的情感、喜好和利益,虽然这样也许会冒着"偏离真理"的风险。例如,法庭演讲中以客观性和公正性为必要条件,但在现实话语环境中演讲总是要考虑到诸方的利益和情感倾向。

在修辞学遭遇学科发展的低谷的时候,逻辑学、辩证法和修辞学的区别曾经被漠视,从而造成了"使信服"和"劝说"二分法的出现。比如,"20世纪初的多数学者就把辩论当作理性对话和决策的一种方式,论辩研究者长期受到这种思想的影响,在他们的论辩教材中对'使信服'和'劝说'的二元性、真理的力量等问题给予了关注,对'理解'与'激情''逻辑'与'情感'几个概念做了严格的区分。这实际上是对'使信服'和'劝说'的区分。"(考克斯/Cox,J.R. 1982:xv)这种二分法认为,"使信服"是一种逻辑过程,是使用人类"高级"的理智和逻辑的过程,而"劝说"则是人类诉诸"低级"的情感,是特殊利益、权威、偏见等作用的结果。这也是逻辑论辩优于修辞论辩这一谬误观点的体现。虽然辩证法的归纳、类比等或然性的手段得到了一定程度的认可,但至今仍有不少人将其排除在论辩手段之外,认为论辩是一门证明"真"的艺术,目的是使别人信服并接受这个"真",按照它来行事,因此在论辩中只能使用逻辑的证明手段,而"劝说"唯一合理的存在是用来论证逻辑理性结论的时候。关于逻辑论辩和修辞论辩之间的辩证关系樊明明(2003:6)指出:

> 我们认为,传统论辩的研究局限于形式逻辑,只关注演绎三段论,只关注"信服",忽略了对与之对立的修辞论辩的研究,忽略了"劝说",忽略了论辩者和听众(读者)的社会、政治、文化、心理等诸多因素,结果造成了在论辩研究中对修辞理性、对人类伦理、情感、直觉等因素的排斥。这种论辩的研究方法

是有重大缺陷的,需要加以完善,因为人类并不是生活在纯理性的真空中,并不是一部精密的理性机器,论辩的过程不可避免地要受到纯理性之外东西的影响。

从以上的论述可以看出,区别于逻辑论辩,修辞论辩这一话语模式是传统修辞理论和现代语境理论的结合,它考虑话语建构过程中诉诸情感和诉诸言说者威信的力量。这一话语模式较之纯粹推崇逻辑力量的单一模式更为准确的描述和分析了现实话语的生成及其说服机制。

3.4.3 "论题体系"理论的论辩力量

在修辞论辩的体系中,"论题"理论(又译部目理论)是话语建构的重要依据和基础。它关乎发话者寻找论点和论据的过程,在这一过程中更是体现了发话者的民族价值观和民族文化观。

亚里士多德在《修辞学》中最早提出了"论题"的概念,其希腊原文意为"所在地",指同类事例的所在地,意指每一个论题包括一系列同类的事例。它是人们对所观察到的事物进行抽象概括、综合分析的结果。"论题"最初在修辞学上是指"论据的类型",而今它又被称作"论辩模式"或"论辩技巧",它是修辞式论证所依据的题材:在修辞式推论中,论辩者为了获得论据的支持和维护自己的观点必须借助"论题"来进行。亚里士多德将论题分为专用论题与通用论题两类,专用论题是由每一种类的事例所特有的命题组成,仅适用于某一特定的修辞场合或演讲类型,例如在第一卷的4章至8章中,亚里士多德指出,议政演讲者需要全面考虑到能够为公民谋福利的各种辩论方式;宣德演讲者则需要首先理解那些与善恶美丑相关的论题,而后才能证明一个人的善良和邪恶;同样,法庭演讲者则要谙习引起不道德行为的原因、犯罪人的性格和心理特征等。由此可见,专用论题与演讲题目及事件性质密切相关,大多数修辞式推论是用专门论题的题材构成的。通用论题的事例适用于法

第三章 现代修辞学关照中俄罗斯社会的话语建设

律、自然科学、政治等各种不同的学科,分为可能、过去、未来和比较四种。在《修辞学》第二卷23章中亚里士多德一共列举了修辞式推论所必须取材的28种论题,哲学论题是论辩所依赖的论据和策略,它适用于各种话语论辩场合;其他还有更多更少论题、对立论题、归纳论题、类推论题、因果论题、原因论题、矛盾论题等。亚里士多德的论题理论是寻找论据的指南针,它能够帮助人们抓住事物的本质属性。

接下来看看 топика(论题体系)一词在各种俄语词典中的释义:

1. <史、哲>论题方法(亚里士多德论逻辑的书名之一);(转)老生常谈。(《俄汉大辞典》1963:1151)

2. <哲>论题;<修辞>部目。(《大俄汉词典》2001:2364)

3. <修辞>部目(亚里士多德《修辞学》中所用名词:每一部目包括一系列同类的事例);<哲>论题。(《俄汉详解大辞典》1998:5337)

4. <修辞>运用一般的准则、判断来叙述某一论题的艺术;可用于所有同类事件的一般准则、判断。(《现代俄语标准语词典》Словарь современного русского литературного языка 1950:631)

5. 亚里士多德的一篇关于巧妙运用一般的准则和论据的文章,该文章由西塞罗翻译。(《黎巴嫩语—俄语词典》Ливанско-русский словарь 1986:776)

6. [源自希腊词 topike<topos>](1)古希腊、罗马及中世纪的逻辑学、修辞学中关于一般准则的理论,即深入分析论题、论据、解决问题的一般方法;(2)老生常谈,所有人都知道的陈旧观点。(《俄语外来词词典》Словарь иностранных слов в русском языке 1996:691)

尽管以上对 топика 的解释多不完全一样,但从释义中可以确定的是:(1)топика 一词来自希腊语的 topike<topos>;(2)它是哲学、逻辑学及修辞学的术语。在《西方哲学英汉对照辞典》中有如下的注释:

7. topos:正位[希腊词,指位置],在亚里士多德看来,是指"能找到论证的地方"。Topos 是论证(不管其主题是什么)的标准程序、模式或策略。亚里士多德在其中讨论各种topoi的逻辑著作,因而被叫做《正位篇》。此书是一部如何在政论中构建论证的手册。"一个正位是去看看,搞明白是否他人把本是以另一种方式归属的东西描绘为是偶性。"（2001:1007）

"论题"这一术语在俄语中的传统叫法是общие места或риторические места,目前多用希腊文的音译топы（集合名词为топика）。根据字面来解释是"（不同种类的）论据各自的位置",其实不妨理解为"论据的类型"。要进行说理论证,必须有充足的论据,论者应从什么地方获取论据呢？古典修辞学列举了一些论题,最常用的有:定义、属性、对比、条件等。安努什金认为,米哈利斯卡娅对论题的定义最为简洁,同时还能体现这一概念的实质:"论题是一种思维模式"（смысловые модели）。（米哈利斯卡娅,1996:36）

对作为俄罗斯修辞学核心理论的论题体系可以做两种理解:一种是就同一问题而言共同的精神或概念价值论断。例如:爱是福祉,恶是不幸,敌人代表恶,朋友代表善……这些伦理判断成为了精神和道德范畴的基础概念。论题是一些共同观点的集合和汇总,它是言语交际的基础。失去了这一基础交际双方的交际目的难以得到实现。第二种是扩展思维和发展言语的方式（способы развертывания мысли и речи）。换言之,论题体系提供了描写创新思维的技术以及在话语中发展思维的可能。

随着修辞学在俄罗斯的复兴,论题又重新成为俄罗斯修辞学讨论的主要问题之一。俄罗斯学者沃尔科夫在西方论辩理论（如佩雷尔曼、图尔明等人的理论）的基础上,努力进行着论题理论俄罗斯民族化的研究。他指出,论题理论的主体是价值判断,它可以有各种存在形式。沃尔科夫认为,任何论证都是建立在论题的基础之上的,而论题理论因民族及文化得以传承,为了确保修辞产生正面的、良好的结果,也就是确保人们采取正确的行动,就必须合理地运用论题的知识,而合理运用的前

第三章 现代修辞学关照中俄罗斯社会的话语建设

提首先是拥有一个富有建设性的论题理论体系。因此,一个民族的修辞学建构也就包括了论题理论体系的建设:

> 每一种类型的社会作为一个历史形成的文化统一体拥有一个其特有的论题体系。该体系是带有本体论性质的、内部为层级关系的体统。它为公共演讲的正确性提供判断依据并保证论据之间的相关性。(沃尔科夫,1996:20)

沃尔科夫所建构的论题理论体系分为十个层级,最高层级为宗教,下面依次为科学、艺术、法律、正史、社会道德、社会组织、个人威信、政治体系、社会舆论。由此可见,沃尔科夫努力建立的是民族化的修辞学理论体系。他说:

> 俄罗斯社会拥有自己的理想典范、道德标准、思维形态、组织和管理方式,它的形成和发展都深受欧洲东正教文化传统的影响,因此,俄罗斯修辞学的系统和概念体系与俄罗斯文化传统相适应,与对社会进行思想观念的组织这一任务相适应,修辞论证的方法服从于更高尚的世界观。所以俄罗斯修辞学摈弃对个体的心理解释,摈弃将社会舆论作为论证正确性的标准的做法,摈弃对作为论题体系基础的价值观念理解上的相对论,俄罗斯修辞学不是成功达到个人目的的手段,亦非操纵公众意志的工具。(沃尔科夫,2003:73)

以上讨论的都是作为民族价值观体现的论题理论,而作为扩展话语内容和具体论证方式的论题体系至少包括以下内容:(1)定义;(2)整体/部分;(3)种/属;(4)特征/属性;(5)比较;(6)反证;(7)称名;(8)因果;(9)条件;(10)让步;(11)时间;(12)地点;(13)举例;

(14)证明;(15)目的;(16)主动行为被动行为。创新性的使用论题知识是构建具有"言者个性"话语的有效途径。虽然在俄罗斯修辞学发展历史上"论题理论体系"曾遭到过批评,但这些批评实质上是针对"对论题知识经院哲学般的和不经思索的使用"(安努什金,2007:139),而"论题理论体系"本身并不反对"建构话语的创新"。以"定义"为例。修辞学论题理论体系中的"定义"并不指词典上对某事或某物的定义。比如说"音乐"。"音乐"的词典定义是"用有组织的乐音来表达人们思想情感、反映现实生活的一种艺术。它最基本的要素是节奏和旋律。分为声乐和器乐两大门类。"而修辞的定义是一种隐喻的定义:"音乐是聪明人快乐的源泉"。修辞的定义表达了言者的立场,是一种想象,一种象征。总而言之,修辞的定义关注的是"基于'正确性'(правильность)之外的'创新'(новизна)'意外'(неожидонность)和'引人入胜'(привлекательность)"(安努什金,2007:144)。

论题理论在修辞论辩中的运用使得话语更具有说服力和针对性,它在发话者和受话者之间搭起互相理解和沟通的桥梁,有利于交际双方达到交际目的,最终形成观点和意识上的统一。

3.4.4 话语的对话性

如上所述,"说服"和"论辩"在修辞学发展的历史中始终占据着重要的地位。但是在现代社会的话语环境下,不论是"说服"还是"论辩",都不再单纯地以独白的形式出现:它们即便不以对话的形式体现,也会呈现出明显的对话性。此外,在俄罗斯修辞学发展的现代时期,越来越多的研究者把修辞的目的或者说话语的最终功能视为通过交流达到交际双方或者多方的意见统一或者利益均顾,这与西方修辞学的"同一"有着异曲同工之妙。这样一来,话语的"对话性"逐渐进入了修辞学的研究中心,更以普通修辞学理论为基础展开了"对话修辞学"的研究。

在俄罗斯修辞学复兴的过程中,体现出了较为明显的"对话主义"

第三章　现代修辞学关照中俄罗斯社会的话语建设

(диалогизм)特质。作为诗学、美学以及哲学概念的"对话主义"是俄罗斯学者米哈伊尔·米哈伊洛维奇·巴赫金(М. М. Бахтин)众多思想与学说的核心与精髓,"其主旨在于强调一种积极的、崇尚个性、注重平等参与的人文精神"(尤金顺,2013:47)。就其性质来说,"他性与差异是对话主义的基本条件,相对与包容是对话主义的基本立场,互补与创新是对话主义的最终目的。"(李琳,2005:102)"对话主义"作为研究"人"及其存在的有力方法,在以人为本、尊重他人以及积极对话等人道主义精神观念上与俄罗斯修辞学的人文传统不谋而合,从而为该学科的发展提供了丰富的哲学思想。

对受众的考察历来都是修辞学的核心问题之一。早期的受众研究一直没有摆脱信息的单向线性传播模式。到了19世纪以后,多元、复杂的受众观才逐渐浮现。多维的受众取代了单一的受众,被动的受众让位于主动的受众,从而使传统的受众概念经历了全新的重构。传统的修辞观点认为受众是发话者试图统辖、说服的对象,而现代修辞学在"对话主义"的关照中将受众视为参与话语建构的交际主体。

巴赫金曾精辟地指出,在语言学界仍然大行其道的"听者"这一概念其实完全是一个"虚妄"的编造。"在辨认和理解言语的意义(也就是其语言意义)的过程中,听者总是在做出反应的同时采取一种积极主动的态度。他要么(毫无保留或有所保留地)认可或拒绝接受所听到的东西,要么进一步扩展其意义,要么考虑如何将所听到的付诸应用……(在这个意义上说)听者成了说者。"(巴赫金,1998:68)罗日杰斯特文斯基对"受众"这一概念进行了进一步的细化,他认为,"受众"包括三方面的理解:一是修辞者十分在乎受众针对某一事件的意见、观点、态度;二是受众对于是否接受针对自己的说辞有充分的斟酌决定权;三是修辞者因而必须通过说服或论理等非强制性的象征手段,亦即修辞手段,影响和争取受众。(见罗日杰斯特文斯基,2006:306)在这样的对话关系中,对话双方之间的界线在慢慢消融,受众逐渐成为一个强势的修辞主体。在修辞过程中,受众甚至超越发话者占据更多的修辞优势而处处彰显出他的强势地位。"修辞者(即为本文中的'发话者'——作者注)占下风的这种不平等权利关系事实上贯穿于受众做出决定那一刻之前的整个修辞过程。为了获得对受众致辞的资格,接近受众的机会,以及吸引受众注意力的能力,修辞者往往必须付出极大的代价。"(刘亚猛,2004:136—137)在这样的修辞互动和关系中,发话者面对着更多的不确定性并承担了更多的修辞风险,因为一旦受众否定了他们的修辞意向,那么所有的话语建构的努力都将成为无效的,同时还有可能由于受众的不认同损失个人积累的诸如声望、信用、威信等修辞资源。

从以上分析可以看出,基于对话主义的现代俄罗斯修辞学认为,在言语交际过程中,受众始终处于主导的、强势的地位。在修辞话语的建构过程中受众作为修辞评价和修辞行为反应的主体深入到对话的修辞关系之中,对构成这一关系的双方进行理解、想象和建构,并根据自己对这一动态发展关系的感受解读逐步展开的话语,研判对方的修辞意图,决定自己的应对方式。对受众地位的重新审视为俄罗斯现代修辞学的发展提供了广阔的视野和多元的思路,基于对受众主体性质的全面考量,该学科在学科任务与功能、学科基本概念建设以及学科评价模式完善等方面不断进行着探索和创新。

在"对话主义"的影响下,俄罗斯修辞学从传统的单一为"言说者"提供智力支持逐渐发展为现代时期多元视角下平等看待双方的交际角色,进而充分考量"听者"权利,从而形成了"话语生成修辞学"与"话语接受修辞学"并驾齐驱的发展模式。

纵观修辞学不同发展阶段的定义和学科性质的描述,不论是"一种能在任何一个问题上找出可能的说服方式的能力"(亚里士多德),还是研究"用语言这种符号诱使那些本性能对符号做出反应的动物进行合作"的科学(肯尼斯·伯克),抑或是"构思、布局、表达思维的科学"(科尚斯基),不难发现,该学科一直竭力为发话者提供理论支持和具有可操

第三章　现代修辞学关照中俄罗斯社会的话语建设

作的技术指导。虽然受众在修辞学的研究体系中占据着重要的地位,如亚里士多德的《修辞学》中就用一定的篇幅来对受众进行描写和分析,但其根本目的,还是为发话者(即为亚里士多德时期的"演讲者")服务,使他们能够采取相应的修辞策略,从而"在受众心中产生对发话者的信任、喜好甚至崇拜,将受众的情感调节到最易于受影响的状态"(刘亚猛2008:58),最终实现发话者的修辞目的或交际目标。

俄罗斯修辞学复兴以来,在借鉴其他相关学科的基础上,极大地扩大了学科视野和应用范围。基于"对话主义"对对话双方的哲学思考,修辞学复兴的领军人物、莫斯科大学修辞学派的代表学者罗日杰斯特文斯基对修辞学的基本任务进行了重新思考。如本书前文所述,罗氏将培养受众理解话语的能力置于学科要解决的主要任务之首,进而立场鲜明地突出了受众的修辞主体地位,并将话语接受能力视为一种修辞能力。这样的学科任务设置目的分别指向话语接受和话语生成,给作为修辞学分支学科的"话语生成修辞学"与"话语接受修辞学"提供了基础观念。一些学者对修辞学所下的定义也在言语的表述上体现了作为完整修辞活动环节的"话语接受":"修辞学是研究有效及完善话语的生成、转达及接受规律的科学"(萨洛宁/Салонен等,2003:149)。

话语接受修辞学框架中受众对话语所进行的修辞分析本质上说是一种对"伪修辞"的反拨。修辞学一直因为话语的两面性而经受着"修辞就是诡辩""修辞就是对受众思想的操控"等误解。在此背景下,话语接受修辞学将如何培养受众的修辞意识,提高其修辞能力,最终使之具备正确理解发话者修辞目的,认识发话者修辞意图作为学科的主要任务。换言之,即便是在独白场景或形式为单向接收话语的情况下,受众仍然拥有与发话者对话的权利,甚至最终决定了对方修辞行为是否有效。在此过程中,发话者所有的修辞行为都将成为受众的分析和评判的对象,而在这样的批评视野中,隐藏在语言表达之后忽略伦理基础的"伪修辞"将无法实现其无视受众利益的交际目的。

"对话修辞学"(риторика диалога)是俄罗斯现代修辞学理论建构中的一个组成部分,其代表人物是俄罗斯学者米涅耶娃(С.А. Минеева)。米涅耶娃的对话修辞学深受巴赫金对话主义思想的影响。她对修辞学的社会功能进行了深入的思考,对作为修辞学发展宏观语境的俄罗斯现代社会进行了考察。她指出,"当今的俄罗斯正在向公民社会迈进,而公民社会这一民主社会发展的最高形式要求建立起一个自主的、相对独立于国家之外的社会制度和关系的系统,以保障社会利益、私人利益以及公民需求在权利范围框架内的实现。"(转引自樊明明,2007:207)米涅耶娃还强调,所有建设公民社会所需的言语交际活动,无论是培养公民,还是实现道德权利关系、自由选择、合作、跨文化交际,其主要和基本的言语交际形式是对话。"这种对话指的不是形式上和一般意义上的有两个以上的参与者的谈话,而是巴赫金的理论所阐发的对话类型,是蕴含和强调一种积极的、崇尚个性、平等参与的人文精神的对话。"(同上)基于以上关于"对话"的理解,米涅耶娃提出了"对话修辞学"的理念。对话修辞学全面体现对话文化精神,其宗旨和目的在于意识和自我意识的对话性的培养和发展,也就是培养对话能力和平等参与对话的人。

米涅耶娃不仅将"对话修辞学"作为一种理念来解读,还将它作为一种修辞活动的具体模式进行了全面的阐述。她的相关学术观点在著作《对话修辞学》中得到了全面详尽的论述。首先,米涅耶娃明确了"对话修辞学"的中心概念是"修辞行为"(риторическая деятельность),其首要特征之一就是对话性。不论是形式上的独白或对话,修辞行为都是动态的,是行为双方彼此影响、彼此制约、彼此说服、彼此配合,最终达到同一的过程。因此,也可以将这一概念扩展地称为"作为对话的修辞行为"(риторически деятельность как диалог)其次,米涅耶娃认为,除了修辞双方的复杂关系,修辞行为产生的直接成果之一"修辞篇章"也具有独特的研究价值。米涅耶娃在借鉴篇章语言学、语用学、交际理

第三章 现代修辞学关照中俄罗斯社会的话语建设

论、文艺理论等学科研究成果的基础上,提出了修辞篇章区别于其他学科范畴内篇章的本质属性(米涅耶娃,2006:16):

篇章	语言学篇章	文学篇章	修辞学篇章
			情境性
			影响性
			对话性
			受众性
			体裁性
			作者个性
			完整性(关联性)
			主题统一性
			结构性
			界限性
			符号性

如图所示,对话性同情境性、影响性和受众性一起,构成了"修辞篇章"的特质,从而显示出了对话修辞学区别于其他学科研究篇章的独特视角,彰显了此类研究的价值所在。

此外,米涅耶娃提出的另一个核心概念就是"修辞体裁"。与传统的"语体"概念相比,"体裁"在修辞篇章的研究中显示出更强大的生命力。米涅耶娃指出,修辞行为总是在一定的具体情景中,在具体的话语施受双方参与下,藉由一定的体裁实现的;体裁是修辞篇章的外化形式,是修辞篇章内容完整的物质化(口头或者书面)的体现形式。而有关体裁的研究是基于"巴赫金言语体裁以及交际对话性理论"(米涅耶娃,2014:149)展开的。

除了上述核心概念,米涅耶娃在《对话修辞学》中几乎将修辞行为所涉及的初始概念,如"论题""修辞情景""受众""修辞者"等都进行了"对话性"的再建设。因此可以认为,"对话修辞学"是基于"对话性"、对话语生成和接受各个环节与阶段进行分析研究的修辞学主体学科。

在俄罗斯修辞学发展的现阶段,修辞学研究者们一再强调,"现代修辞学的任务不应只是去教会人们如何在争执中占得上风并最终在思想与话语的竞技中胜出，而是应能加强人与人之间的理解沟通，有利于建设性地化解矛盾、冲突，并促进言语交际双方的关系趋于和谐、团结。"（米哈利斯卡娅，1998:10）出于上述对修辞学性质和任务的理解，米哈利斯卡娅（А.К. Михальская）就将她所倡导的修辞学的概念体系称为"和谐对话的概念体系"，并将"对话性"作为话语修辞评价的标准之一。

米哈利斯卡娅在建构符合俄罗斯社会发展现状的话语修辞批评模式时，使用了历史比较修辞学的方法——寻找并分析文化的"关键词"，并按照四组二元对立关系来剖析作为修辞主体的个人和作为修辞情景的社会对于修辞理想的期待和追求，具体包括：内容的独白性（монологичность）和对话性（диалогичность）；形式的独白性和对话性；竞争性（атональность）和和谐性（гармонизация）；对本体的透彻认识（онтологичность）和相对主义（релятивизм）。米哈利斯卡娅认为，符合修辞认知的话语特点是以下特征的结合："内容上的对话性、和谐性、确实的对本体的透彻认识"（转引自樊明明等，2007:186）所谓"内容上的对话性"，具体来说是指"言者和听者之间是真正的主体与主体的平等关系"（米哈利斯卡娅，1996:185）。

米哈利斯卡娅肯定修辞研究的社会意义，尤其强调对话性对于俄罗斯社会话语环境的现实性。她指出，修辞的功能之一是调节社会关系，修辞所关涉的终极目的是出于社会系统和文化背景中的人与人之间的和谐共存。（同上:62）修辞研究社会冲突以及言语交际行为的模式和规范，诸如通过话语控制来实现社会生活的秩序化。修辞学在俄罗斯复兴的20世纪80年代至90年代，正是俄罗斯社会发生巨变的时期，随着苏联的解体，其社会意识形态、经济发展模式、甚至是个人生活方式都发生了巨大的变化。日渐宽松的话语环境使人们获得了更多自主的话语权。如何行使话语权，发话者面临着是以发话者最终利益为目标对受众进行影响和说服，还是以双方利益最大化为基本理念通过修辞论辩达到同一等不同立场的选择。显然,作为话语评价标准的"对话性"提倡后者,致力于"让人们明白语言对于构建生活、工作、学习和相互交流的重要意义"(同上:83)。因此,在米哈利斯卡娅的理论体系中,"对话性"对于建设和谐民族话语体系,优化社会话语环境有着重要的意义。

"对话主义"作为宏观存在的语言哲学观念及思想以其浓厚的人文主义立场渗透在俄罗斯修辞学,尤其是现代修辞学发展的各个阶段和流派之中。对人际关系本质的解读在很大程度上和该学科通过对话性话语消除误解、避免冲突、增进相互理解、促进不同文化乃至文明的交融的主张与追求相符合。对话主义关照中的修辞话语具有创造性的力量,有助于实现修辞行为参与者对自己及世界的正确认知。而以"对话主义"为基石的派生概念,如"对话性""受众主体观""对话性论辩"等为该学科现代化过程中的理论完善和实践指导提供了理据和思想来源。

第五节　社会话语实践活动中的修辞指导

本书第一章对俄罗斯现代修辞学的学科理论框架进行了描述:该学科的研究分为普通修辞学和专域修辞学(也称部类修辞学)两部分。普通修辞学研究言语活动的一般规则,专域修辞学研究具体交际场景中的话语建构。俄罗斯专域修辞学则是与话语职业特征息息相关,甚至与话语体裁(речевой жанр)紧密相连的研究。总之,普通修辞学和专域修辞学的区分体现了科学研究从总体到个体,从泛指到具体的过程。

俄罗斯当前社会环境的变化和发展是修辞学复兴的重要外部条件之一。在这种环境中人们获得了更多的话语权利,更多的社会事务依赖以话语为核心概念的言语交际。修辞学在相对较短的时间内(20世纪80年代至今)完成了学科的建制化,重新在研究和教学领域恢复了独立学科的地位。这和专域修辞学研究的开展有着十分密切的关系。专域修辞学对于具体交际场景中话语建构的指导具有较强的操作性,它对于具体范例文本的分析不但具有审美功能，同时还具有规范话语建构、优化话语环境的社会功能。

俄罗斯专域修辞学的研究并不是简单地将普通修辞学的理论运用到具体的交际领域或场景，它对于普通修辞学的研究也起着补充、完善的"反作用"。通过对具体体裁话语范例的分析，专域修辞学总结出该类体裁话语的建构规则和言语特点，而这些经验在和其他体裁话语研究交叉和融合的过程中生成普通修辞学的新见解。

如上文所说，专域修辞学研究的是具体场景的话语建构。那么，专域修辞学首先要解决的问题就是一个交际场景的分类，即话语分类的问题。对话语的分类和命名实质上都是希望更清晰地研究它们的发展规律，从而期望它们在一种有序的状态下继续发展。这一传统仍然可以追溯到古典修辞学的发端时期。

古典修辞学的奠基者亚里士多德将演讲分为议政、法律和宣德三大类型。议政演说内容主要涉及需要做出决策的公共事务，如是否宣战，是否征收某项税赋，是否与别国结成联盟，是否在某处建一座大桥、水库或者体育场馆等。（蓝纯，2010：67）推而广之，议政演讲可以囊括一切力图劝说他人做某事或接受某种观点的修辞行为，而这件事情或这个观点不一定必须与公共事务相关。亚里士多德认为，议政演讲关注的是未来的行为，因为究竟是接受还是不接受某种观点，采取还是不采取某种行为都会发生在未来。议政演讲经常采用的专有论题是该观点或行为是适宜的还是不适宜的，经常使用的修辞手段包括规劝或劝阻。

法律演讲指的是法庭上律师的诉讼和辩护，后来泛指指责他人的言行或为自己的言行进行辩护的所有修辞行为。如果说议政演讲关注的是未来的行为，那么，法律演讲关注的则是过去的言行（法庭只可能就过去的言行展开诉讼和辩护；在日常生活中，人们也只能指责他人过去的言行，或者为自己过去的言行进行辩护）。法律演讲经常采用的专有论题是某个言行是正义的还是非正义的，经常使用的修辞手段主要包括指控和辩护。

宣德演讲的主要内容是为某人或某个机构、某种制度歌功颂德,或赞扬现实的或过去的某一行为是高尚的,同时在这种赞颂中充分展示修辞的魅力。与议政演讲和法律演讲相比,宣德演讲的实用性和功能性都不那么强。既然议政演讲关注的是"未来",法律演讲关注的是"过去",为了体系的完整和清晰,亚里士多德就把宣德划归为"现在",认为宣德演讲主要赞美当下的人和事。宣德演讲的专有论题是某人或某事是高尚的还是卑贱的,经常使用的修辞手段则是赞扬和谴责。

随着专域修辞学研究领域的提出,当时的研究者们也开始了理想化的对所有话语形式、种类和体裁的分类和描写。对这样的分类和描写的前期尝试出现在梅尔兹利亚科夫的《简明修辞学》中,他做出如下的区分:(1)书信;(2)交谈或对话(书面的、文学作品中的);(3)历史作品(传记、叙述、描写、正史与戏说);(4)学术作品(包括论著及教科书);(5)演讲(政治演讲、法庭演讲、典礼演讲、宗教演讲和学术演讲)。

19世纪 словесность(语文学)快速发展的时候,理想地认为所有的话语作品,不论体裁、题材、种类和形式,都是其研究的对象,但这样一来在扩大研究对象的同时也产生了研究缺乏针对性的问题,这就使对话语进行分类和筛选显得尤为重要。语文学所建议的话语分类如下:

(1)文艺作品、文学作品;

(2)口头话语,包括民间口头创作、日常口语和演讲话语;

(3)学术话语。学术话语不仅包括通常理解的学术著作、教科书等书面话语形式,还包括目前为止研究不够深入的口头学术话语,比如学术报告、学术对话、学术讨论等;

(4)事务话语、大众传媒话语等;

(5)职业话语,如布道话语、政治话语、法庭话语和外交话语等。

功能语体学(функциональная стилистика)也尝试从语体的角度对话语进行划分。语体就是言语交际的不同环境而形成的不同体式,如政论语体、科学语体、事务语体等,也可视为标准语在功能上的区别。关于划分语体的标准,一般有两个方面:一是根据语言的功能;二是根据语言的使用范围。语言的功能分为三种:交际功能、报道功能和感染功能。根据这些功能,可以在语言的结构平面上分出至少六种语体:日常口语语体(交际功能)、应用文语体、官方文件语体、科学语体(报道功能)、政论语体、文艺语体(感染功能)。根据语言使用的范围(即言语领域),人们先按照传统分出两种交际领域:口语体和书面语体,然后再按照三种限制要素将其分为小类。第一类是语言外部要素,即社会意识和与之相适应的活动方式(科学、艺术、法律等);第二类要素是语言表现形式(口头或书面)、言语类型(独白或对话)、交际方式(群体或个人)、言语体裁(评论、小说、教科书或科技文章等)和论述方式(描写性的或争论性的);第三类要素属于情景—社会因素:腔调(高亢、庄严或低沉)、言语活动的方式(双向或单向、说话时谈话对象是否在场)等。语体的划分虽然有这些原则和标准,但划分起来不尽一致。目前俄罗斯学界广为接受的分类是先划分出两大类:公众语体(书卷语体)和日常生活语体(谈话语体),然后再在公众语体中划分出事务语体、艺术语体、政论语体和科学语体。

  对于现代专域修辞学的话语类型及体裁划分,不同的学者又有不同的理解和定位。以米哈利斯卡娅为代表的多数俄罗斯修辞学家认为,专域修辞学应该研究各职业活动领域(如外交、医疗卫生、教育、法律、政治、行政管理、新闻、社会救助等)所独有的有效性话语的规律,解决职业素养中话语能力层面的问题。和普通修辞学比较,专域修辞学更加具体和有针对性、应用性。罗日杰斯特文斯基(1984:18)也指出:"专域修辞学是对职业领域,如军事等领域中口头或书面的言语行为的教授。"而另一种观点认为专域修辞学的涵盖面相当宽泛,包括了多种口头及书面、文艺及非文艺性的话语种类,如演讲(ораторская проза)、私人通信(частная переписка)、文学书简(литературная эпистолография)、

第三章　现代修辞学关照中俄罗斯社会的话语建设

文艺话语(художественное слово)、叙述散文(повествовательная проза)、教育性散文(дидактическая проза)等十余种。(沃尔科夫，1998:11—15)这两种观点都有其各自的优劣：第一种的针对性更强。职业领域的话语建构带有明显的语体文体特征，以职业作为话语类型区分的标准使得专域修辞学的研究成果更具有社会意义。对于修辞实践来说，运用和操作起来也更为有效。但是仅仅以职业作为标准，不仅忽视了话语表达的方式(如排斥了口语修辞的研究)，还过于简化了体裁理论；第二种的覆盖面更为全面。以沃尔科夫的观点为例。他认为专域修辞学的话语种类至少包括：文学话语／非文学话语、口语／书面语、正式／非正式等。由此可以看出，这样的区分又过于笼统，每一种话语类型研究之间的可比性较弱。

正因为这两种观点同时存在，俄罗斯现代专域修辞学的研究呈现出以职业话语研究为主，同时兼顾口语修辞、书信修辞等领域的态势。关于修辞学理论在职业领域的发展将在下一章进行具体介绍。以下以书信修辞为例对非职业领域修辞学的研究做一梳理。

书信修辞在今天看来似乎并没有重要到可以成为一个独立的研究领域，但不论是在欧洲修辞学历史中，还是在俄罗斯修辞学的研究历史中，都可以看到书信修辞的存在，只是在具体的研究对象和研究视角上它们还是有所区别的。

欧洲修辞学传统中书信修辞的研究始于中世纪。这一时期能够阅读或书写的人寥寥无几，官方的信件常常是当时法律事务或商业交易的仅有记录。此外，教会和国家日益增长事务的复杂性使得交流成为必须。最初解决这一问题的方法是起草成套的程式或范例以供复制并应用到不同的场合。中世纪的程式，与今天的商业形式类似，通常提供可以插入诸如名字等信息的空白处。然而，即使数以百计的范例也不能包含传递和记录各种各样的复杂情况。因此，作为一种解决的办法，书信修辞应运而生。

在欧洲书信修辞研究史上,对书信修辞贡献最大的当属意大利的修辞学家。在11世纪到13世纪之间,他们将书信写作发展成为超乎寻常的艺术。第一个将修辞与书信联系起来的是蒙特卡西诺修道院的僧侣艾伯里克(Альберик)。他吸收了西塞罗的布局谋篇理论,同时鼓励运用修辞格和拉丁韵文,后来逐渐发展成了一种在信件中使用的拉丁散文形式。他认为修辞学原理既可以被运用到演讲中,也可以运用到写作中去,这与古典传统是一致的。在书信书写艺术发展的过程中,修辞再次显示了其灵活性和实用性,成为在法律协定、商业合同和个人书信等中提出请求的重要方法。然而,"当书信艺术发展成一种用来写信的技术性方法时,这一修辞艺术也就逐渐丧失了同其古典源头——希腊和罗马广博的修辞传统之间的重要联系,并逐渐和古典传统游离开来,演变成当前英美大学中英文写作的方法。"(姚喜明,2009:106)

俄罗斯修辞学历史上对书信的研究和国家事务相去甚远。科尚斯基的《专域修辞学》的第二部分专门讨论"书信",论述了私人信件、致某人的信(并非是为了发表)以及文学书信的写作方法和结构。科尚斯基认为对于书信的基本要求是:(1)语体要和谈论的对象相符;(2)语体要符合双方交流的总体风格。书信体裁的特点在于写信人可以用各种语言手段来表达对收信人的称呼,因此一封信不应该是冷静的描写或议论,而应该能反映两个人之间的情感、关系和状况的生动的谈话。科尚斯基还用一节来专门论述"文学书信"(литературные письма),他认为,文学书信是散文的一种体裁,是为了公开发表而写作的。它的题材非常广泛。"文学书信"区别于其他散文作品之处就在于"生动、自然和多样的语体风格"。格列奇在对散文语篇进行的分类描写中,也将信件(文学领域的信件;根据交际对象对信件的分类:致地位低的人、致平等地位的人、致地位高的人;便条)列为其中之一。普拉克辛在《语文学简明教程》中根据不同的形势和交际目的划分出6类话语种类:描写、叙述、学术散文、演说、谈话和信件。

第三章 现代修辞学关照中俄罗斯社会的话语建设

在现代修辞学研究视野中,因为文学作品的研究分化至诗学和文学评论等领域,文学作品中的信件不再处于修辞学的研究领域;而生活中的书信也逐渐被纳入了"日常交际、日常会话"的口语研究之中。

对于职业领域的修辞学来说,虽然俄罗斯修辞学家对专域修辞学的研究作出了良好的规划,但在实践中还是存在诸多问题。李葵(2001:88)在她的博士研究生学位论文中指出,"目前与职业领域相对应的部类修辞学(即专域修辞学——笔者注),总的构建状况应当说还处于草创阶段,虽然提出的具体部类很多,但是相当一部分门类尚未着手实际研究,还只是有名无实的空白领域。"在下一章将具体讨论发展较为完善的几个与职业有关的专域修辞学的研究情况。

第四章
现代俄罗斯社会职业领域的修辞建设

正如在上文中所介绍的那样,俄罗斯现代修辞学的研究在职业领域运用十分广泛。虽然俄罗斯修辞学界对于与职业有关的专域修辞学的研究实际上存在着发展不平衡的现象,但整体的设想是符合社会话语需求的,它对于改善社会话语环境、优化话语实践效果是有效的。俄罗斯现代修辞学稳步发展的动因,很大程度上取决于修辞学理论在不同职业领域的成功运用。这也是该学科的发展动力之一。俄罗斯修辞学家认为,绝大部分的职业是话语性的职业,换言之,很多职业的成功发展都取决于话语。任何职业立场、职业见解都需要通过话语表达。因此,作为研究话语的科学,修辞学对职业话语的指导作用一直存在。本章选择了俄罗斯现代修辞学框架中发展较为完善的几个职业修辞学领域进行历史对比角度的描述和分析,以期对俄罗斯现代专域修辞学的研究现状做出客观的总结,对其发展趋势做出科学的展望。

第一节 教育修辞学

教育修辞学(педагогическая риторика)是俄罗斯现代专域修辞学领域中发展历史较长、理论体系较为成熟的分支学科。教育是人类最复杂、最高级的认知活动和实践活动之一,也是人类最复杂、最高级的精神和物质生活形式之一。教育精神的体现和内容的实施都要依赖话语。修辞学作为全面关注话语产生的科学在其发端之初就已经和教育有机地结合。

第四章　现代俄罗斯社会职业领域的修辞建设

4.1.1　修辞学传统中的课堂演讲及教学形式

米哈利斯卡娅(1988:15)指出:"在古希腊罗马修辞学中,教育学倾向和'教育学成分'(педагогический элемент)举足轻重,甚至可以说,修辞学创立的最初阶段正是教育修辞学创立的过程。"苏格拉底的"助产术"被认为是教学论中启发式教学的源泉,它是一种要求学生和教师互相对话、共同讨论、互为启发、共同寻找正确答案的方法。修辞学和教育最直接的结合,始于古罗马时期著名的修辞理论家昆体良。罗日杰斯特文斯基(1989:16)指出,"修辞学是教育学的基础。修辞学的古典作家昆体良在确定自己的第一部著作《雄辩术原理》的内容时,实质上已构建起教育学的基本框架:根据年龄安排教学阶段,根据教学阶段安排知识容量;在此框架中也确定了为有效掌握语言所需的课程结构。"

在俄罗斯修辞学发展过程中,教育的问题始终在其研究的视野之中。米哈利斯卡娅在《教育修辞学:历史与理论》(Педагогическая риторика: история и теория)一书中描写并总结了俄罗斯教育修辞学发展的历史。她认为在18世纪俄罗斯的一些著作中已经涉及教师和学生关系的原则问题。她同时指出,教师言语范例在罗蒙诺索夫的修辞学体系中已经形成。在《雄辩术简明指南》一书中,罗蒙诺索夫虽然没有直接论述教师语言的特点,但在谈到教师语言修养和如何对学生进行影响时,他指出,教师应该充分考虑儿童的心理特点,他还提出了通过语言影响儿童的方法,如激发学生掌握知识的愿望,使听众活跃起来,激励学生采取正确的行动等。

18世纪后半叶至19世纪中期,随着俄语逐渐取代德语和拉丁语成为俄罗斯大学中的主要授课语言,大学课堂的授课内容和形式逐步摆脱了中世纪式的禁锢,课堂讲学开始讲求开放性、创造性和独立思考的精神,教师课堂演讲作为一种演讲类型逐渐形成,对教师课堂演讲艺术和方法的研究就成了教育修辞学的雏形。皮罗戈夫(Н.И. Пирогов)认为讲授课程的方法应该符合:(1)课程的性质;(2)学生的个性和发展水平;(3)教师本人的个性。从皮罗戈夫的观点可以看出,他所提出的"教育艺术"和亚里士多德古典修辞学的三要素(演讲者、演讲内容、听众)完全吻合。皮罗戈夫还认为,在课堂上应该采取苏格拉底的对话形式,教师独白、教师为主体学生为客体的教学模式是不符合教学规律的。在教学过程中,教师和学生应该互相影响。"中学教学的成功基于学生和教师的相互作用……关注他人的语言和思想是一门艺术,是一门不简单的艺术……我们应该明白,教师的目的不仅仅在于传授科学知识,教育最主要的事情是怎样把知识传授给学生。"(转引自米哈利斯卡娅,1998:227)

19世纪后半叶至20世纪初教育修辞学实践曾经十分兴盛。相应的理论研究也不无成绩。诸多语文学家,如诺任(Н.Д. Ножин)、奥金措夫(В.В. Одинцов)、罗日杰斯特文斯基等人从不同的角度进行了课堂演讲理论的探讨。20世纪20年代,修辞学作为一门科学在经历了一次短期"回潮"后彻底沉寂,但课堂演讲作为一种修辞实践却一直存在。

20世纪70年代,随着苏联社会民主进程的展开,人文社会科学的研究较之以前有很大程度上的松动,一些公权被分散至民间或社会团体执行或运作。在此背景下,成立了全苏知识协会(Всесоюзное общество Знание)。该协会在一些教育机构展开了调查,结果显示高校迫切需要提高教师的课堂演讲水平。为解决这一实际问题,该协会推行了一系列意义深远的举措:举办全苏和加盟共和国规模的相关问题学术研讨、举办教师演讲培训班等。一些权威学者数次在相关研讨会上提出,在课堂演讲的理论研究和实践培训中应引入修辞学的理论和方法,应该恢复修辞学的学科地位,这个倡议很快得到了广泛支持和积极响应。之后,莫斯科大学承办了全苏教师演讲培训工作。在莫斯科大学的讲坛上奥金措夫、罗日杰斯特文斯基和伊万诺娃等知名学者向广大基层教师宣讲、普及修辞学知识。与课堂演讲术的学术研究和教师培训相呼应,知识出版社编辑出版了《课堂教学的组织方法》(Методика и организа-

第四章 现代俄罗斯社会职业领域的修辞建设

ция лекционной пропаганды)丛书。"这些活动使恢复修辞学、并将之发展为一门独立学科及教学课程的必要性成为更多人的共识。"(李葵,2001:29)关于这一点安努什金(2003:162)也指出:"(经过这些活动)人们越来越清楚地意识到,重新提起修辞学,倡议恢复修辞学,这并不是在与官方宣传作时髦的政治抗争,而是冷静思考后迈出的审慎的一步,它的基础是人们对修辞学的历史和科学价值有了初步的了解,并认识到它对现实言语实践可能确有帮助。"可以说,将修辞学理论运用在教育教学领域是修辞学在俄罗斯复兴的第一步,正是教育修辞学研究的开展和兴盛为修辞学全面复兴奠定了基础。这其中的原因,正如米哈利斯卡娅(1988:3—4)所分析的那样:

> 在当前的俄罗斯社会中,掌握自由的、符合文化传统的话语的问题对于社会上的任何成员来说都具有前所未有的现实意义。这是因为新的社会条件下产生了新的需求。这个问题对于那些将话语作为职业最基本的或最基本之一的工具的人来说尤为重要。这样的职业就包括教育工作者。对于教育工作者来说,他们的话语不仅仅是职业活动的主要工具,同时在某种程度上也是被学生有意或无意模仿的对象,也就是说,教育工作者的话语会被"翻版"并得以普及。这样一来,从本质上来讲至今仍没有解决的教师言语的培训问题就比任何一个单纯的职业问题都更具有普遍和重要的意义。(1998:3—4)

在这样的情况下,教育修辞学逐渐发展成为一个比较有影响的修辞学分支学科。这个结论不仅基于出版状况、课题进展等方面的分析结果,同样重要的是,教育修辞学在教学建制上也有所体现。

4.1.2 修辞学基本理论在教育教学活动中的体现

穆拉绍夫(A.A. Мурашов)(2001:26)对教育修辞学做出如下的定义:"教育修辞学是综合的实践学科,它有助于在教育教学过程中形成有影响力的论辩,同时也是在各类教学活动中富有感染力的言语影响及互动表达中的逻辑的保证。"本节以俄罗斯修辞学家米哈利斯卡娅对教育修辞学的主要观点为基础,兼顾该专域修辞学其他学者的研究成果,对修辞学基本理论在教育教学活动中运用的特点进行论述。

教育修辞学的主要任务无疑就是为师范教育领域的言语实践提供具体的指导。米哈利斯卡娅指出,教育修辞学必须建立在普通修辞学的基础之上,并与后者的基本宗旨相一致。但与此同时,教育修辞学的内涵与普通修辞学的内涵还是有所区别的:"可以认为,普通修辞学和教育修辞学之间的关系不仅仅是普通修辞学和专域修辞学之间的关系。毫无疑问,教育修辞学可以看作是普通修辞学的具体化,但同时它还具有教育言语交际的特点,即运用话语传授知识和培育个体的任务。"(1988:285)对米哈利斯卡娅的教育修辞学观点,李葵(2001:95)做出如下总结:

> 从严格意义上讲,不能狭隘地将米哈利斯卡娅的教育修辞学理解为最终制定出的修辞规则体系本身。在她的理念中,教育修辞学不仅仅是普通修辞学的一个应用分支,它已成为了一门有哲学——文化基础,同时以先进的科学理论为指导的,集教育修辞文化历史研究、修辞规则体系、教育领域的言语理论于一体的独立学科。

米哈利斯卡娅的教育修辞学研究大体包括以下内容:(1)教育修辞学的历史和理论;(2)教育话语行为学;(3)教育话语分析;(4)教育修辞实践指导;(5)教育修辞学教科书编纂。

第四章　现代俄罗斯社会职业领域的修辞建设

教育话语行为在米氏的研究中分为"言语文化"(речевая культура)和"行为文化"(культура поведения)两个部分。米氏以西罗季宁娜对言语文化分类为基础对言语文化进行了阐述。西罗季宁娜将言语文化分为七类：(1)精英言语文化(элитарная)；(2)中等标准言语文化(среднекультурная)；(3)标准口语言语文化(литературно-разговорная)；(4)不拘礼貌的言语文化(фамильярная)；(5)俚俗语言语文化(просторечная)；(6)行话言语文化(арготизирующая и жаргонизирующая)；(7)民间口语言语文化(народная или народно-разговорная)。米氏将这七类言语文化的特点进行了分析，指出它们同话语建构应遵循的标准之间的关系，并认为教育者的话语应该符合精英言语文化的要求。

米氏用"讨论课已经开始了"(Семинар уже начался)这句常用的课堂教师用语中动词的发音和重音来说明不同类型的言语文化在教师话语行为中的体现。如果发音为начался́，也就是 с 读硬辅音的发音，重音在词尾，那么这就符合精英言语文化类型的特点；如果发音为нъчьлся́，则为中等标准言语文化或标准口语言语文化类型；如果发音是较为普及的на́чьлсь，那么发话者就有可能是上述类型中三、四、五、六言语文化的实践者；如果是нъча́лсь，那么发话者遵循的基本就是俚俗语言语文化或者民间口语文化的标准。(见2018:81—82)

米氏认为精英言语文化具有巨大的文化价值。此类文化类型要求话语建构者不但要严格遵守规则，还要在话语中体现出与话语环境相符的情绪。具体在教育教学活动中，教师作为话语建构者还应该通过情绪的表达来调动学习者的兴趣。在现代修辞学的研究框架中，教师言语中应当如何体现诉诸情感的心理因素，激发学生的学习动机是需要关注的问题。教育修辞学强调，教师应在充分了解学生心理情感因素的基础上，通过恰当的、具有个人魅力的语言手段，和听众达到心理上的沟通；通过激发学生的情感，最终提高听众对理性知识的接受效果。科尼指出:"吸引听众的注意,是演讲者的头等大事(первый ответственный момент),是最困难的事情。演讲者的开场白应该非常简明、易懂和有趣(应该吸引并牢牢抓住听众的注意)。"(转引自戈卢布科夫/В.В. Голубков,1965:47)张惠芹在《教师的语言艺术》一书中总结了以下几种激发学生兴趣的方法:(1)诉诸悬念;(2)诉诸假想的情景;(3)诉诸听众熟悉的事情;(4)诉诸新旧知识的联系;(5)诉诸具体生动的描述;(6)诉诸风趣幽默的语言手段(2008:31—56)。在这方面普通修辞学的"修辞情绪"学说提供了相关的理据。

米氏认为辞格的运用是教师话语中最为有效的建构修辞情绪的话语策略。事实上辞格一直是修辞学的研究"重镇"。不管修辞学本身的命运如何,辞格作为修辞学体系中"风格修饰"或"语言表达"的一部分,在传统修辞学中一直占有相当重要的地位。中世纪以后西方修辞学研究中更有单独以此为研究对象的流派,即所谓的"辞格派",它将全部的语言表达问题,甚至于整个修辞学都归结为辞格问题的研究。这使得辞格在之后相当长的历史中成为修辞学研究的主角之一。在俄罗斯,辞格在历史上也曾是修辞学理论和修辞教育的重要组成部分,随着修辞学的衰落和资源修辞学等学科的兴起,辞格研究便分流至文学修辞、句法修辞等不同的领域。修辞学在俄罗斯复兴后,"大部分修辞学理论著作中包括了辞格的内容,其中有些更包含了某些独到的见解"(李葵,2001:103)。

教育修辞学研究辞格,其任务不是描写其结构形式、不是分析其一般的表达效果,这一学科研究辞格的着眼点是辞格在教育语言中的常用类型和独特功能。概括说,"教学演讲中的修辞格,是保障教学原则顺利实现的重要手段,是加强教学效果的有力工具"(张惠芹,2008:68)。教育演讲以传授知识为目的,通常演讲者在知识的掌握上占优势,而演讲的内容对听众来说是陌生的,同时有些理论知识又比较抽象难懂。为了让听众更好地理解和掌握演讲内容,演讲者经常运用反复、明喻、隐

第四章　现代俄罗斯社会职业领域的修辞建设

喻、类比等辞格，而这些也都是教师教育教学用语中的常用辞格。关于俄语教育教学话语中的辞格运用问题，张惠芹指出，不同的学科和课型（理科、文科；语言、文学；本族语、外语；理论课、实践课……），不同的教学对象（中小学生、大学生、研究生等）等因素对辞格的使用特点也有一定的影响。（同上：72）

米氏认为辞格不仅仅是赋予语言生动性的方法，更是知识传播的手段。未知的知识通过运用辞格的表达转换为基于已知知识并且更加易于接受的表述，对学习者来说是非常有效的知识获取方式。米氏对以"环境保护"的一段讲座话语（见附录3）进行了统计分析，得出了以下的结论：语义辞格（риторические тропы）共9例，其中隐喻6例、对比2例、拟人1例；句法辞格（риторические фигуры）7例，其中层递2例对偶2例、重复1例、圆周句1例和排偶1例。（见2018：110）

在确认并论述了教育话语活动的精英言语文化属性后，米氏在此基础上进一步以现代修辞学理论为基础探讨了教育话语行为的"行为文化"特征。她以自己的"修辞典范"理论（见本书第三章第三节）为依据，提出了"言语行为空间轴"（оси пространства речевого поведения）（即言语行为研究的核心范畴——笔者注），并以四组对立概念为分析视角的研究模式。这四组对立概念分别是：对话性（диалогичность）—独白性（монологичность）；平等性（равенство）—等级性（иерархичность）；和谐性（гармонизация）—无调性（атональность）；引人入胜（вовлеченность）—平淡无奇（отстраненность）。这四组概念中的"对话性""平等性""和谐性"和"引人入胜"是米氏对教育话语行为的界定，也是对其精英言语文化属性的具体化阐释。米氏将这四个概念分别在话语的发音（акустический уровень）、语言表达（вербальный уровень）、身势语（кинесический уровень）和交际者的空间关系（проесемический уровень）四个层面进行了分析。她的观点可以总结为下表（米哈伊尔斯卡娅，2018：113—116）：

话语行为空间轴	话语层级			
	发音	言语表达	身势语	空间关系
对话性	用声音与受众进行沟通，不施加压力，语音语调丰富	采取问—答形式；开放式的问题，问题的答案不拘泥于"是"或"不是"，"对"或"不对"，需要应答者独立思考并做出自己的判断；体现苏格拉底的"助产术"；具有幽默感；话语结构灵活	用手势和表情进行沟通，重视视觉交流，手势具有约定俗成的性质	没有障碍，尽可能接近受众，甚至身处受众之中
平等性	语调温和，声音生动、平和并给予受众充分的信任	讨论的主题和话题根据受众的要求及问题及时调整变化；结构灵活；即兴发挥	身势语多样，但不刻意，不给受众形成压力	接近受众或在他们之中
和谐性	语调平和，偶尔采用疑问语调；和受众互动（对他们的反应做出回应），语调丰富；正面情绪（开心、高兴、兴奋等）在语音中有所反应	使用言语礼节，以听者视角进行话语建构	视觉沟通；身势语多样，多表示鼓励、赞许、赞同等	接近受众，移动范围广
引人入胜	声音响亮，抑扬顿挫	使用评价性和情感表现力丰富的词汇，直接并鲜明地表达情感	视觉沟通，积极的、生动的和多样的身势语	接近受众

具体到教育话语的表达，米氏提出了"转化"（трансформация）和"翻译"（перевод）这两个概念。转化对应的是普通修辞学关于话语生成的"构思"和"布局"两部分，力图解决教育话语"说什么"和"按什么顺序说"的问题。而翻译则涉及"表达"的相关理论，回答的是"如何说"的问题。

"转化"指的是将科学的知识从严谨的、繁复的体系转换成教学实践所需要的呈现方式。在这一过程中应该考虑到的是教学课程的目的和教学对象的水平及兴趣。有时可以让学生自己提出让他们感兴趣的、

第四章　现代俄罗斯社会职业领域的修辞建设

与课程相关的问题,比如在学期的第一节课请学生制作问题清单,而最后一节课可以对照清单检查知识的掌握情况。将系统的知识转化成一系列相关的问题,以问题为导向进行课程安排,是教育修辞学对教育话语建构的指导意见。相较于传统教学活动中题目、课程结构和提纲都必须取材于教学大纲的规定,教育修辞学更强调从实际问题出发,结合教学大纲的要求,选取材料或对材料进行修辞再加工。修辞学是一门具有强烈问题意识的人文学科,古典修辞学的"争议点"就是这种意识的体现。修辞学不将已经有结论并且结论已经为大众所公认的问题为研究对象,它关注基于或然性的、可以展开修辞论辩的观点和立场。因此,修辞教育学视野中的教育话语的目的不是将知识告诉学习者,使之仅仅作为教育活动中的信息接收者,而是采用教与学双方对话的形式,通过双方共同的探讨,分析问题的实质,从而找到解决的方案,最终获得思考的方法与知识。

"翻译"在米氏的理论体系中并不是不同种语言之间的转换,而是从正式的、书面的科学化表达翻译成隐喻化的和口语化的表述。隐喻的运用不仅赋予教育话语的形象性和生动性,而且通过对比的方式使未知的知识借助于已知知识得以普及。教育话语的一个显著特点是它的口语化较强,这与它的口头表达形式以及教育对象的生理、心理特征有关。口头表达形式与日常口语联系紧密,所以难免刻有日常口语语体色彩的印记。教育话语的口语化程度较高,这是因为:

> 教学演讲的内容专业性较强,但因学生理解能力的限制,教师必须以通俗易懂的方式来表达;教学演讲的场合是正式程度较低的场合。如果拿教学演讲和科学研讨会上的报告相比较,我们可以看到,前者较后者随意的多。在听众(学生)人数较少时尤其如此;在教学演讲中讲话者和听众的关系,即教师和学生的关系较为熟悉。而熟人之间的交往更倾向于使用

非正式的、口语化程度较高的语言。现代教育理论强调,要在教学过程中建立一种"合作关系",使学生在一种自由宽松、生动有趣的情景中学习,使他们的积极性、主动性得到充分发挥。……而口语化的演讲语言,……是师生心理沟通的重要保障。(张惠芹,2008:107—108)

同时,拉普捷娃(О.А. Лаптева)也指出:"演讲的准备不过是内容的酝酿、通篇逻辑结构的考虑,具体词语的产生则和日常口语一样,仍是自生性质。"(转引自汪嘉斐,1998:155)

通过以上的分析可以看出,现代教育修辞学的研究遵循了古典修辞学的传统,将教育话语作为关注的对象,从宏观的地位作用和微观的语言结构特点分析等方面对教育言语交际的有效化进行了研究。随着俄罗斯现代修辞学理论体系的进一步发展和完善,教育修辞学作为其分支学科还将在通过话语对教学对象进行个性培养等方面建立更为有指导性的研究体系。

第二节 政治修辞学

政治修辞学是修辞学理论服务于政治领域的学科产物。政治活动可以理解为一种话语活动,因为任何一个政治家的思想、立场、见解和方针政策的表达和实施都要借助于话语来实现。有关"政治"的定义也体现出政治与话语的联系:"政治是与管理有关的社会生活领域。"(戈列洛夫/А.А. Горелов,2002:5)众所周知,话语是管理的工具,因此,话语是政治活动的主要形式。任何一个政治家首先是一个修辞实践者,他必须善于运用话语能力来表达和坚持自己的立场。政治家通过话语塑造个人形象,而交际对方对这一形象的接受则在很大程度上决定了政治家期望产生的影响是否能够实现。

4.2.1 政治话语与政治修辞学

政治活动是一项复杂的人类活动,它是政治主体获得政治权利、实施政治统治、维护自身政治利益的过程。在这个过程中话语发挥着不可替代的作用,因此,政治修辞是政治主体进行宣传、鼓动,甚至是操控的主要手段。政治修辞与政治活动的关系可以从以下两个方面进行理解:第一,获得政治权利的过程离不开政治修辞。"无论是采取暴力方式还是和平方式取得政治权利,政治主体都要采用各种各样的政治修辞,举起'正义'的旗帜,充当'正义'的化身,以向社会成员表明其获得政治权利的合法性,是人民接受、支持、拥护其所获得的政治权利。"(刘文科等,2010:7)第二,在政治主体取得政治权利之后必须运用政治修辞稳定和维持政治权利的有效运行。"政治权利的维持与运行要求社会成员普遍的服从,普遍的服从要求普遍的信仰,普遍的信仰要求普遍的内心认同,普遍的内心认同就要求政治修辞来支持,以维持、强化或转变公民的政治态度,使之符合统治者的愿望。可以认为,在一个政治体系中,无论是政治统治还是政治管理,无论是政治参与还是政治传播,都或明或暗地浸润着政治修辞的血液。政治修辞供给这些政治行为以营养,给它们以活力,并把它们紧密地联系成一个整体。"(同上:9)政治修辞作为一种言语和思维活动,在政治权利运作的过程中发挥着如下的功能:第一,实现政治说服;第二,构建政治现实;第三,实施政治操控;第四,促进政治文明。而上述功能是否能够顺利实施都与作为话语行为的政治修辞的有效性紧密相关。

政治与修辞(包括修辞理论与修辞实践)的关系可以上溯到西方古典修辞学产生的时期。众所周知,那时的修辞学研究还集中在演讲这一公共话语形式上。亚里士多德将演讲分为三种:议政演讲、法庭演讲和典礼演讲。然而,他对这三种演讲的态度并不"一视同仁":他认为政治演讲要比法庭演讲崇高,因为法庭演讲的内容多是与个人相关,而政治演讲不仅涉及个人,更是与团体与社会息息相关。这一观点与当时的社会状况有很大的关系，当时"参与政治"这一社会行为有着深刻的意义：首先，它表明参加政治活动的人具有公民身份；其次，参与政治表示主体"正在跳出以自我为中心的小圈子，把自己的能力用于大众的福利"（转引自胡曙中，1999:13）。作为古典修辞学奠基者的亚里士多德甚至认为政治与修辞学相比，是一种更具教育意义的艺术，是一种更真实的分支。亚里士多德还对政治演讲的性质做了更详细的解释："政治演讲强烈要求我们去做或不去做某事"，"政治演说家的目的是确定所提出的行动方针的适宜性或有害性；如果他竭力主张应接受所提出的行动方针，他的理由就是所提出的行动方针将行善；如果他竭力主张应摒弃所提出的行动方针，他的理由就是所提出的行动方针会作恶；至于其他所有的东西，比如提议是否正义，是否正直，他会把它们作为与主要考虑有关并从属于主要考虑的东西来进行研究。"（1978:138）

稍晚一些罗马帝国的西塞罗认为，修辞和公众活动之间的联系是本质性的。在他早期出版的《论构思》中，修辞学被认为是在社会还未形成之前就教育人们必须为公共利益服务的学说。此时的修辞学被定义为"政治科学体系的一个知识范围"，演讲能力作为城邦生活必不可少的要素被归入政治学。修辞学和政治之间的关系，在西塞罗（Цицерон）的著作中被数次强调，他的论述在文艺复兴时期也产生了重大的影响。古罗马时期昆体良的《雄辩术原理》也论及其间的关系，但没有西塞罗那么重点强调，他认为政治问题只是为修辞学提供了一部分材料。

4.2.2 俄罗斯政治修辞学研究现状

俄罗斯修辞学界秉承古典修辞学的传统，致力于研究政治与话语的关系，但是这组关系在政治学领域并没有得到重视。马尔琴科（M.H. Марченко）主编的莫斯科大学学者集体创作的《政治学》是俄罗斯相关课程的基础参考书目，但在这本教科书中仅仅在第18章讲解了《政治交际》。在俄罗斯修辞学界看来，这确实是一大憾事，因为其中并没有

第四章　现代俄罗斯社会职业领域的修辞建设

对俄语术语"语言""言语"和"话语"展开讨论,而是选取了一个适用范围更为广泛的外来词,即"交际"(коммуникация)作为出发点。"交际"的定义是"信息、思想、情感和技能通过符号,即话语、图景和图表的传递"。而在作为符号的三个因素中,话语是最为重要和最有效的传递手段。

俄罗斯现代修辞学对政治话语的研究逐年深入。2002年哈扎格罗夫(Г.Г. Хазагеров)的《政治修辞学》出版。这是修辞学复兴之后的第一本将修辞学理论运用到政治话语分析上的研究成果。作者将政治家作为修辞的实践者,以修辞为视角审视他们可能面临的话语建构上的问题,并进行了分析和解答。当然,书中也存在一些值得商榷的地方,如对"риторика"一词的词源解释不够科学,对"论题体系"的理解也有些呆板。作者将大部分的注意力放在了"表达"部分中的辞格手段上。书中还重点论述了政治话语的"说服性",给出了大量不同体裁政治话语的实例。

莫斯科大学的达尼利娜(В.В. Данилина)的系列论文成果显示了她对政治修辞学研究的独特视角。她的研究吸收了欧美公共关系和政治演讲写作的成果,同时长期在莫斯科大学教授政治修辞学的教学经历也使得她的研究成果具有较强的客观性和教学价值。除此之外,有相当数量的博士论文将政治话语作为研究对象,它们大多将20世纪具有明显社会意义的政治话语作为分析对象:罗曼年科(Е.Н. Романенко)研究了苏联社会政治生活中的演说者形象;帕尔申娜(О.Н. Паршина)分析了现代政治家进行政治题材论辩的方法和策略;奇斯佳科娃(И.Ю. Чистякова)则对20世纪上半叶苏联政治家的演讲进行了修辞学角度的对比研究。

俄罗斯修辞学家们对"政治修辞学"做出了不同的定义。戈列洛夫(2002:6)在《政治学》一书中指出,"政治不仅仅是一种活动,它首先是一种人际关系"。而人际关系首先就是一种话语关系,因为人是一种话语的存在,他的社会化就是通过言语交际实现的。因此,格列罗夫在提出了"政治作为一门管理的艺术是有其历史渊源的"这一观点之后,详尽地论述了"作为话语艺术的修辞学"(同上 :7)。

罗日杰斯特文斯基将政治定义为"对当前社会生活进行总体或部分管理的活动,包括各种社会团体参与社会管理的活动"(2002:70)。由此可以看出,政治修辞学的目的在于研究管理社会的话语手段与方法。

安努什金(2009:179)认为,政治修辞学是研究"作为社会管理组成的政治领域的话语活动的特点、规则和规律的科学,它研究有效建构合理的政治话语的方法"。基于此,可以将"政治修辞"做如下理解:政治修辞是政治主体运用一定的政治语言,在政治过程中实现政治说服的技术和能力。政治修辞是客观存在的政治现象,它是政治权力得以发生实际影响的重要条件。尤其是政治权力要想获得合法性,使人们心悦诚服地接受政治权力,就更离不开政治修辞。研究政治修辞的学科就是政治修辞学。

在俄罗斯修辞学家看来,如果政治被定义为管理国家的艺术,那么政治的目的就是创造公民社会的福祉,而达到这一目的的主要手段就是"话语"。政治活动的产生源于政治主张的碰撞、为了维护自己观点和意见而进行的斗争以及不同社会阶层和团体利益的冲突。罗日杰斯特文斯基(2002:70)将政治活动定义为"宣传自己主张并反驳他人观点的社会活动,它通过话语或其他符号的手段实现"。

如果说修辞学对政治话语的关注和研究在其古典传统中集中在政治演讲中的话,那么在"后工业时代的信息社会"中除了演讲这种口头发表的话语形式,修辞学还对各种政治对话(политический диалог)、政治书面宣传(письменно-политическая пропаганда)、竞选宣传(предвыборная кампания)等产生了极大的兴趣。俄罗斯现代修辞学除了继续对传统的政治话语形式的研究以外,还以网络为媒介的政治话语产生了兴趣。现代政治修辞学与政治领域的"公共关系学"在学源关系上十分接近，因为公共关系将在社会生活中宣传推广思想、纲领等作为研究对象。

政治家进行政治活动的目的在于扩大其在社会生活中的影响力、宣传自己对于管理国家的理解和倡议，进而说服民众接受自己的思想意识和哲学观点。俄罗斯修辞学家认为，具有修辞道德的政治家在获得了权利之后仍然会深入思考社会和公民的福祉等问题，但遗憾的是，人类历史上熟练掌握演讲艺术、但缺乏应有的社会责任感的政治家并不少见。（见安努什金，2009:182）

现代修辞学的另一大进步是在研究过程中考虑到了交际诸方的立场和利益。传统修辞学的研究范式总是在为话语建构者，即发话者提供科学的理论或实践上具有可操作性的建议，例如如何选题、如何进行篇章布局，如何表达等。但政治活动是一个复杂的社会活动，它涉及国家、党派、阶级、阶层甚至是具体的个人。因此，现代修辞学将修辞道德视为衡量政治活动的首要因素，即只有符合道德要求的政治行为才是对上述诸方都有利和负责的活动。众所周知，辩论是政治话语的主要形式之一，但雄辩并不意味着所代表立场的正确性，因为对此过程中所使用论据的检验还应该以人类历史上公认的伦理及道德规则为准。在修辞学家的眼中，政治家的话语任务是在不违反人类道德准则的条件下捍卫和坚持自己的利益。政治修辞学的历史使命在于它促使发话者注意到受话者的现实利益，同时将其置于现实世界中加以考虑并尽量予以满足。政治修辞学的社会功能在于在政权和社会之间建立正面的联系，以及在公民对社会现实的认知和社会现实之间建立联系。修辞学促进话语建构者对真相和真理的追求，有助于他们形成完整的世界观。

4.2.3 说服三要素在政治话语中的功能

普通修辞学的理论为政治话语的修辞研究提供了基础和框架。政治修辞学作为专域修辞学的组成部分，致力于阐释普通修辞学理论在政治领域如何发挥功能。政治话语作为修辞学研究对象的契合点首先在于作为其根本属性的说服性。在人文学科体系中修辞学是研究话语的学科,更确切地说,是研究话语有效性和说服性的学科。普通修辞学理论中的说服要素在政治话语中形成了与其他体裁话语有别的运作机制。

正如上文所述,修辞论辩的说服方式可以分为三个类型:诉诸逻辑、诉诸人品、诉诸情感,即常说的修辞逻辑、修辞道德和修辞情感。政治修辞学的修辞逻辑首先包含较为稳定的世界概念图景(картина представлений мира)。它囊括了民主社会政治体系的一切正面要素,客观上描述了人们理想中民主社会的景象。政治修辞学的修辞逻辑还包含修辞论辩中逻辑关系的表达模式。论题体系中所有的逻辑表达模式在政治话语中都有所使用,但是此类话语中,尤其是对立政治立场的双方或多方进行辩论时,还存在着一些典型的政治"逻辑陷阱"。哈扎格罗夫在《政治修辞学》一书中重点关注了政治话语中常见的"逻辑陷阱"。他认为逻辑陷阱是以逻辑的形式呈现的伪命题,而伪命题是有逻辑缺陷的。哈扎格罗夫认为政治话语中最常见的逻辑陷阱是"在这之后——意味着因此"(После этого—значит поэтому)。这一伪命题的实质在于将时间上的先后关系偷换成因果关系:如"新市长上任后失业率有所增高,因此新市长的就任就是失业率增高的原因"(语例见哈扎格罗夫,2002:24)。哈氏总结的第二个逻辑陷阱是诱导式问题:如"你很早以前就停止了反对国家的活动了么?"对这个问题的回答,不论是"很早以前"还是"不久前",都会承认从事反对国家活动这一指责或指控。(语例来源同上)第三个逻辑陷阱是凭空做出的结论,如:"这是不可能的,因为这样的事情从来没有发生过"。(语例来源同上)

修辞道德在政治修辞学中首先体现在话语中呈现出的相对固定的政治生活价值观体系。价值观是一定社会文化背景下为绝大多数社会成员所认可的政治领域的基本观念。修辞道德要求话语建构者以价值观体系作为大前提或者小前提展开修辞论辩。俄罗斯修辞学家认为,如

第四章　现代俄罗斯社会职业领域的修辞建设

果一个政治家在话语行为中将解决"人类历史的问题"作为目的而能将"人民团结在一起",那么他就可以成为典范或范例,甚至是先例(прецедент)。类似的观点可以理解为一种修辞典范,但同时也是人类向往的一种修辞理想。修辞道德在政治话语建构方面还提出了另一个标准,就是话语的信息性。政治话语要实现其说服性,首先要向受众提供其期望的、能够满足其交际需要的信息。受众的信息不足得到了弥补,才有可能在有效信息的基础之上判断发话者的交际意图,进而决定自己的政治立场。

哈扎格罗夫认为,政治话语的修辞情感来源于两种话语修辞行为,即"威胁"和"承诺"。威胁通常通过描述某种思想或可能的行为带来的恶劣后果使受众对这种思想和行为持反对态度。如2018年3月15日在"Россия 1"电视台播出的总统候选人电视论辩中,唯一的女性候选人克谢妮娅·索布恰克(К.А. Собчак)在辩论的过程中就使用了威胁来争取更多的选票:"如果你们不亲自表示愿意给她(指索布恰克本人——笔者注)一个机会,不表达愿意为改变投票,不表达希望有新鲜血液注入政府,那么你们就会一步一步走入早都设计好的骗局。"而承诺则是为受众描绘出在某种条件下(多是在受众接受发话者观点及立场、或是拥护发话者政治权利的情况下)对他们有利的、符合他们期望的图景。以2018年俄罗斯总统候选人格鲁吉宁(П.Н. Грудинин)的竞选纲领为例来总结一下承诺的若干种表达方式。

(1)(我们)+ 完成体动词将来时

- Мы поставим богатства России, ее природные, промышленные и финансовые ресурсы на службу народу.
(我们将俄罗斯的财富,包括她的自然、工业和金融资源,都用于服务人民。)

- Те триллионы рублей, что хранятся в банках и долговых обязательствах США, мы сделаем капиталовложениями в производство, науку и образование.（那些存在美国银行和美国国债的巨额钱款我们将作为生产、科学和教育的投资。）

- Мы ограничим доступ иностранного спекулятивного капитала к российскому рынку.（我们将限制外国投资资本进入俄罗斯市场。）

- Долю обрабатывающей промышленности мы доведем с нынешних 15—20% до 70—80%, как в передовых странах мира.（我们将会把加工工业的份额从目前的百分之十五到二十提升到百分之七十到八十，达到世界先进国家的水平。）

- Мы восстановим систему дошкольного воспитания, гарантируем место для ребенка в детском саду и в группе продленного дня в школе.（我们要恢复学前教育体系，保证孩子们能够正常入园并且能够进入学校的延时班。）

- Сохраним нынешний возраст выхода на пенсию.（我们将维持目前的退休年龄。）

- Гарантируем среднюю пенсию по старости—не менее 50% от средней зарплаты.（我们保证养老退休金的平均水平不低于平均工资的百分之五十。）

这一表达模式在竞选纲领中共出现47次，它作为承诺的具体言语表达方式着重强调了第一人称在完成承诺过程中的积极主体行为，同时还表达了完成预设目的的信心。

（2）主语（多为表示"政府""国家"及其机构机关的名词）+动词完成体将来时

- Новая власть избавит российскую экономику от тотальной долларовой зависимости. Создаст финансо-

第四章　现代俄罗斯社会职业领域的修辞建设

вую систему в интересах государства и граждан страны. (新政府将使俄罗斯经济全面摆脱美元的控制，将建立利于国家和所有公民的金融体系。)

- Государство возьмет на себя все расходы по лечению тяжелобольных людей, особенно детей. (国家将承担重大疾病，特别是未成年人重大疾病治疗的所有费用。)

候选人在使用该结构的同时隐藏了个人身份，将自己作为新的政府和国家的代言人，在心理上对选民进行暗示，在感情上对他们的认同形成引导。

（3）主语（多为表示热点社会现象或尖锐社会问题的名词或词组）+动词完成体将来时

- Налоговая система станет стимулировать инвестиционную и инновационную деятельность предприятий. (税收体系将开始促进企业的投资和创新活动。)

- Минимальная заработная плата составит 25000—30000 рублей. (最低工资收入将会是25000—30000卢布。)

- Выпускники государственных ВУЗов получат гарантированное первое рабочее место. (国立高校的毕业生将会得到有保证的第一个工作的职位。)

- Физическая культура и спорт станут достоянием народа, важнейшим средством укрепления здоровья нации. (体育文化和运动将成为人民的财富和增强人民体质的重要方法。)

- Многодетные и молодые семьи получат беспроцентный целевой заём на срок 30 лет. (多子女家庭和年轻家庭将会得到为期30年的无利率专项贷款。)

（4）主语（多为在国家和建设过程中需要建成或者取消的客体）+

被动形动词短尾

- Будет ликвидирован налог на добавленную стоимость, удушающий нашу промышленность.（阻碍工业发展的增值税将会被取消。）
- Практика перевода лесов и парков в земли под строительство будет пресечена.（将森林和公园用作建设将被禁止。）

从上述例证可以看出，承诺在政治话语中有着多种的表达方式，它说服选民在选举投票中做出有利于发话者的决定。

在政治修辞学研究者看来，古典修辞学的三个基本要素，即修辞逻辑、修辞情感和修辞伦理呈现出新的相互制约关系：如果以修辞情感作为基础而忽略修辞逻辑和修辞伦理，不仅有向受众开出空头支票之嫌，还会暴露出民粹主义的明显倾向。民粹主义（популизм）又称平民主义，是不利于社会发展的现象，是影响社会和谐稳定的因素。民粹主义承诺改变了大众的福利预期，加大了民众对政府的依赖，也使他们放松了自己的努力。致命问题是，一旦大众的福利预期得不到满足，社会心理很快发生逆转，并形成蔑视权威、拒绝变革和仇视成功者的强烈氛围。在标榜人民主权的政治体制中，政治家总是声称"代表"人民，因而从这个最基本的意义上说，他们都是"民粹主义者"。因此，在政治话语中，应格外强调修辞道德和修辞逻辑，将它们视为修辞情感的前提，以避免陷入民粹主义的泥沼。

4.2.4　政治修辞中的隐喻

政治隐喻是俄罗斯修辞学界研究政治话语的重要组成部分。在政治修辞建构的过程中，政治隐喻的运用增加了话语的形象性、表现性、逻辑性和说服性，进而使政治修辞在政治活动过程中更加有效地实现上述功能。

第四章 现代俄罗斯社会职业领域的修辞建设

隐喻(метафора)是认识客观世界、创造文学形象、产生新的意义的手段之一,具有认知、称名、文学和意义构成等功能。隐喻也是人们经常运用的一种思维方式。在政治话语中,隐喻已经成为表现政治观和影响社会政治意识最强有力的手段之一。丘季诺夫(А.П. Чудинов)(2012:89)就政治隐喻做出了精辟的论述:

> 隐喻常被形象地看作镜子,镜子中自觉不自觉地映照出民族意识,包括政治生活的本质以及人类在各个领域相互关系的实质。政治交际中使用的很多隐喻被形象地称作隐喻马赛克。众所周知,马赛克的每一个独立部分仅仅是一块石头或玻璃,单凭它实际上不可能评断整体图景。确实,每一具体的隐喻反映的是一个人的认知,通常一个隐喻结构传达的只是此人当时的情绪。如果将该隐喻和其他很多的隐喻相比较,列出当代政治话语中占主导思想地位的隐喻模式,比较不同语言中的政治隐喻系统,便有可能发现存在于当前民族意识发展阶段中的政治世界隐喻图景的普遍规律。

隐喻在政治话语中的功能是多样化的,分类的标准也是多元的。以下以2014年至2017年俄罗斯总统的年度国情咨文为例进行政治隐喻分类和功能的分析。

目前,在政治话语研究领域学者们讨论较为深入的是政治隐喻的认知功能,但修辞学视角中的政治隐喻的交际功能和语用功能也是值得深入挖掘的。首先,政治隐喻具有信息普及功能。虽然国情咨文是总统向联邦议会发表的,但实际上其受众要广泛得多:从国内政要到普通俄罗斯公民,从国际政界到其他国家民众。因此,政治隐喻的使用,增加了国情咨文的普及度,使一些较为繁复的政治术语、政治问题或政治事件变得更加形象或简单易懂,从而使更多的受众最大程度地接受国情咨文中的信息。在2016年的国情咨文中普京表达了对西方实行的对俄罗斯的经济制裁的态度：С санкциями, которыми нас пытались заставить плясать под чужую дудку, как у нас говорят в народе, пренебречь своими фундаментальными национальными интересами.（有人企图通过制裁迫使我们受人摆布。）其中使用的隐喻（直译为"听着别人的笛声起舞"，意译为"受人摆布"）有效地将实施制裁的美国和欧盟的一些国家塑造为心怀叵测的试图操纵别国政治和经济的觊觎者形象，从而使受众完全接受国情咨文中对经济制裁本质的判定。这一年普京发表国情咨文后，俄罗斯各界官员纷纷予以评价：俄罗斯联邦委员会主席瓦莲京娜·马特维延科（В.И. Матвиенко）表示，普京的国情咨文既"接地气"，又充满了人文关怀。(http://world.people.com.cn/n1/2016/1202/c1002—28919802.html) 正是这种"接地气"的表述，增加了话语信息的接受程度和普及程度，从而提高了话语交际的有效性。而这个过程，离不开政治隐喻的运用。

其次，政治隐喻具有说服功能。正如本书第三章所论述的那样，说服是修辞学的核心概念。政治隐喻可以在政治主体和受众所共有的某种知识和观念的背景下，形成政治主体所需要的情感状态，并进一步促使他们采取某种符合政治主体利益的行动。2016年的国情咨文中有这样的隐喻运用：Борьба с коррупцией—это не шоу, она требует профессионализма, серьезности и ответственности.（反腐不是作秀，需要专业性、严肃性和责任感。）"隐喻式论证对一些人的影响比其他任何一种论证更为有效。而在其他情形下，隐喻式论据也是理性论据或情感论据的重要补充。"（丘季诺夫，2012:93）上面的例子中运用"作秀"这个隐喻背后的"只说不做""做做样子"的共识反证出反腐需要认真对待并采取有效行动。从这个意义上说，政治隐喻的运用促进了政治主体和受众之间的有效交流，在若干政治问题和事件上达成观念上的一致。

第四章　现代俄罗斯社会职业领域的修辞建设

说服功能的另一体现是政治主体根据受众已有的政治认知在话语中运用相对性的政治隐喻,安抚受众情绪,打消他们对政治主体管理的忧虑,进而改变受众头脑中已然存在的政治图景。俄罗斯列瓦达信息中心进行的社会调查显示出了在俄罗斯普通公民的政治意识中已经形成了对社会政治生活和政治体制较为固定的认知模式:诸如社会公平公正、社会平等、国家的社会责任和社会稳定等价值体系在社会意识结构中的重要作用和地位。调查结果显示,近15年来强调社会平等的受访者人数一直稳定在占全部受访者人数的三分之二左右:如1998年占68%,2014年的数据则是65%。2014年58%的受访者将俄罗斯的未来同社会公平公正、强大的关心本国公民的国家等思想联系在一起。人们对政治生活的认知以及他们对国家在社会保障体系中的作用的认知也体现在他们对政府工作的意见清单中。这个清单是2015年12月进行的社会调查的结果。意见清单中高居榜首的是对官员无力应对民众收入下降(55%)和无力应对经济危机(23%)以及缺乏对居民社会保障(22%)的关心。据统计,2015年36%的受访者认为俄罗斯内部所面临的威胁同经济问题联系在一起,他们中的84%认为本国的经济处在危机之中。

理想和现实之间的矛盾和不平衡促使政治主体在论述国家政治形势、政治问题或政治事件的时候必须考虑到民众的现实诉求,考虑到民众认知中依然形成的观念或图景。这样一来,在话语建构过程中运用情感表现力较强的言语手段就成为一种必需。作为对民众担忧的回应,近年来的总统国情咨文中多次强调增长战略、发展、依靠发展内部潜能和内部资源来实现国家进步,例如 рост экономики(经济增长),благоприятный инвестиционный климат(有利的投资环境),деловой климат(商务环境),география экономического роста(经济增长地理),компании пошли в рост(公司营运进入增长期)等。这样的话语表达符合社会对于国家顺利发展以及支持改革的心理及现实需求

（2015年28%的受访者表示支持合理改变，65%的受访者支持谨慎改变）。2015年12月几乎60%的受访者认为俄罗斯在向好的方向改变和发展。

最后，政治隐喻具有模糊委婉功能。丘季诺夫指出，在很多情形下，隐喻有助于传递作者由于各种原因不宜直接表述的信息。2016年国情咨文中也有发挥此类功能的政治隐喻：Мы хотим и будем самостоятельно распоряжаться своей судьбой, строить настоящее и будущее без чужих подсказок и непрошеных советов.（我们希望自主发展，不需要旁人指手画脚。）这个例子中使用的"旁人的提醒"和"多余的建议"指的是美国和一些欧洲国家对于俄罗斯政治和经济的干预，使用这样的隐喻既表明了俄罗斯政府反对干涉本国内政的态度，又不至于指名道姓引起国际政治争端。

政治话语中的隐喻的喻体也是多种多样的，要厘清这个问题就要对它们的分类进行分析。樊明明在《现代俄语修辞学教程》中将隐喻分为动物隐喻、植物隐喻、机械隐喻、交通隐喻、空间隐喻、体育隐喻、政治（意识形态）隐喻、经济隐喻、戏剧隐喻、音乐隐喻、军事隐喻、医学隐喻和与人有关的隐喻等十三类。（2014:35—37）丘季诺夫对政治话语中的隐喻的类型也进行了界定：拟人化隐喻（антропоморфная метафора）、大自然式隐喻（природоморфная метафора）、社会化隐喻（социоморфная метафора）和仿制隐喻（артефактная метафора）。他还对每种隐喻做了大致的解释：

> 第一，拟人化隐喻。上帝根据自己的形象，以相近的形象创造了人。也许，这可以解释这样一个事实：人类仅仅根据类似结构为政治现实制定模式，用隐喻将复杂而远离日常的政治概念表现为简单易懂的现实。在研究该类隐喻模式时，所分析

的概念属于最初的概念域"解剖学""生理学""疾病""家庭"等等。

第二,大自然式隐喻。有生命和无生命的自然自古就以独特的模式服务于人类,人类根据大自然来想象社会现实,包括政治现实,以此建立了政治世界的语言图景。这时以下概念领域便是隐喻扩展的来源,如"动物世界""植物世界""无生命的大自然世界"等,即,人类通过周围自然世界的概念来认识政治现实。

第三,社会化隐喻。在人的意识中,组成世界以及社会图景的各种要素总在相互作用。因此,政治世界常常会以隐喻的方式,变成其他社会活动的模式。该类政治隐喻包括以下概念,如"犯罪""战争""戏剧艺术""经济""游戏和运动"等。

第四,仿制隐喻。上帝创造了世界和人,但人认为上帝创造的世界不够舒适,于是自己进行创造活动。人通过创造活动完成自我实现。人类仿造自己所创造的物品,用隐喻模式来表示政治领域,将其组成部分表示为"机械""房子(大厦)""计算机世界""工具""家庭用具"等。(2012:96—97)

我们参照丘季诺夫的分类,对2014—2017年俄罗斯总统国情咨文中的隐喻进行了分类,分别得到29个拟人化隐喻、26个大自然式隐喻、61个社会化隐喻和15个仿制隐喻。从数据统计上看,社会化隐喻占了较大比重。在社会化隐喻中根据喻体的不同又可以分为以"运动"为喻体的隐喻、以"战争、冲突"为喻体的隐喻、以"医学"为喻体的隐喻、以"学校、教育"为喻体的隐喻和以其他社会活动为喻体的隐喻。具体出现频率如下表:

政治隐喻类型	政治隐喻使用频率			
	2014年国情咨文	2015年国情咨文	2016年国情咨文	2017年国情咨文
A. 拟人化隐喻	4	9	5	11
B. 大自然式隐喻	6	10	8	2
C. 社会化隐喻	20	18	10	13
C1. 以"运动"为喻体	1	1	-	2
C2. 以"战争、冲突"为喻体	0	1	1	4
C3. 以"医学"为喻体	4	1	-	-
C4. 以"学校、教育"为喻体	3	2	2	2
C5. 以其他社会活动领域为喻体	12	13	7	5
D. 仿制隐喻	8	3	2	2

通过以上的分析和统计可以看出，国情咨文中的隐喻使用非常频繁，喻体涉及"作为宇宙中心的人""人与自然""人与社会"以及"人与人的劳动成果"等概念域。隐喻的使用，增加了政治话语的形象性、说服性和有效性。

第三节 法律修辞学

修辞学是一种说服性论证方式，它以听众所普遍认可和接受的共识作为论证的出发点，通过沟通和对话获得或增强听众的信服，并得出合理的结论。自法律产生开始，修辞学和法律之间就存在着某种关系。法律与其他社会规范一样，最开始都产生于人类解决纠纷的实践。但与其他武力纠纷解决方式的最重要区别就在于，法律是以话语的形式表达出来，并借助于说理、而不是强迫的方式来定分止争。而所谓的"理"不是指自然界的公理、定理，而主要是能够被社会公众所接受和信服的法理、道理、常理和情理。这些"理"与人类的社会生活息息相关，要将它们用人们惯用的方式讲清楚、说明白，就必须借助于修辞。正如佩雷尔曼

第四章　现代俄罗斯社会职业领域的修辞建设

(Перельман)（1982:124）所述："人们一旦试图透过沟通来影响某人或某些人、引导他人思想、激发他人情绪、指引他人的行动,即进入修辞学王国。"

4.3.1　修辞学传统中的法庭演讲

回溯西方古典修辞学的历史,可以说,它孕育于司法实践。古希腊,特别是雅典具有自由、民主的社会氛围,但法律制度却并不发达,司法审判主要采用公民大会的方式进行,因此当事人要想在庭辩中获胜,必须具有高超的演讲技巧。现实的需要催生了修辞学。在古希腊,修辞学之所以成为法庭论辩的重要方法和技巧,主要原因就在于它是一种"缺省三段论"式的或然性推理,它在前提有争议、不确定或者不存在时也可以进行推理,促使人们在几种可能的推理结果中选择最好的问题解决方式。缺省三段论是相对于完整三段论而言的,区别在于,前者是在充满争议的领域发挥作用的;而后者必须是在大前提和小前提都相对确定时才能进行推理,并且结论的"真"是由两个前提的"真"来保证的。因此亚里士多德认为在道德和法律领域尤其需要修辞学。法律领域本身的确是一个充满争议的领域,因此完整的三段论有时很难起作用。表面上看来作为缺省三段论的修辞学是一种演绎推理,但是实际上它得出结论的方式是说服。

亚里士多德的修辞学理论深刻地影响了古罗马及以后的修辞学理论与实践。古罗马形成了比较成熟的法律制度和理论体系,但罗马法学家的法律技术仍然深受古希腊的影响。西塞罗和昆体良等学者将古希腊的修辞学理解为雄辩术,深刻地影响着罗马法学家的理论和实践。古希腊罗马时期法庭论辩无论是对许多政治家的个人事业及声望,还是对这一时期的国家政治领域,都产生了巨大的影响。

西罗马帝国覆灭以后,西方进入中世纪,修辞学渐渐失去了它在古希腊、罗马时期的风光,但在圣经诠释和宗教审判中仍然占有一定的地位。文艺复兴时期法庭修辞的发展往往和法国十七、十八世纪,即法国大革命之前的司法改革有着密切的关系。"旧制度下的司法机关十分复杂,阻力重重、手续缓慢、费用昂贵;毫无疑问,这些是严重的缺陷,但是在司法机关从不存在对政权的屈从,而屈从不过是卖官鬻爵的一种形式,甚至更糟。这项致命弊病不仅腐蚀法官,而且很快毒害了全体人民,但在当时,司法机关却无这种弊病。法官实行终身制,不求升迁,这两点对其独立性都是必不可少的;因为即使用万般伎俩进行收买仍不能迫其就范,这有何妨?"(托克维尔/Токвиль,1992:155—156)这一时期的修辞学著作,包括法庭修辞的论述,都呈现出古典修辞学的基本格局。

与西方古典修辞学发端时期不同,俄罗斯修辞学在其前科学及前教科书时期并没有发展法律修辞实践,这和当时的社会条件有一定的关系。根据潘诺夫和图明娜的观点,古罗斯的演讲主要有下列几种类型:训诫演讲(учительное, или дидактическое красноречие)、颂扬演讲(хвалебное Слово)、典礼演讲(торжественное, или эпидейктическое красноречие)、政治演讲(политическое красноречие)。(见樊明明等,2007:9)

在俄罗斯修辞学发展史上一般认为,俄罗斯法律修辞学的发展可以粗分为19世纪下半叶、苏联时期和后苏联时期。研究者达成共识的是,俄罗斯法律修辞学的实践形式是法庭演讲,而俄罗斯法庭演讲的诞生和繁荣直接源于俄罗斯19世纪60年代的司法改革。此前,在司法程序里一直是书面材料具有绝对的优势。1864年俄罗斯通过了新的司法章程,司法开始脱离行政当局的管辖和束缚,获得了独立,建立了陪审团制度,法庭演讲的公开性、公众性和控辩双方的辩论引起了广泛的共鸣。19世纪下半叶法庭修辞理论和实践都得到了迅猛的发展,涌现了一批优秀的法庭演说家,如科尼(А.Ф. Кони)、斯帕索维奇(В.Д. Спасович)等人。他们不仅表现出优秀的论辩技能,还能够在法庭上展现他们所受过的良好教育以及作为雄辩家的天赋。科尼的学生波罗霍夫希科夫(П.С.

第四章 现代俄罗斯社会职业领域的修辞建设

Пороховщиков)用假名谢尔盖伊齐(П. Сергеич)在1908年出版了《刑事辩护》(Уголовная защита)，并在1910年出版了《法庭言语艺术》(Искусство речи на суде)。这些著作即便是在今天仍具有理论和实践意义。

苏联时期的法律修辞像其他社会活动领域一样，被打上深深的政治烙印。正如塔拉索夫(А.А. Тарасов)等人指出的那样，苏联时期的政治氛围并不利于法律范畴内以事实为基准的刑事或民事以及仲裁论辩，很多对于是否构成犯罪行为的判断是基于"社会政治评价"(общественно-политическая оценка)，甚至在缺乏证据的情况下从嫌疑人的政治立场和他对社会是否做出贡献来判断他有罪与否。但是即便在这样的情况下，苏联时期还是出版了一些知名律师的优秀法庭演讲作品，并且在一些教学机构里也开设了与法庭修辞相关的课程。阿里亚(С.Л. Ария)、斯捷措夫斯基(Ю.И. Стецовский)、基谢尼什斯基(И.М. Кисенишский)、基谢廖夫(Я.С. Киселев)都在法律修辞和法庭演讲的理论和实践方面为该学科日后的发展做出了努力和贡献。

苏联解体后，法律修辞研究逐渐摆脱了苏联时期唯政治化的约束，研究重点慢慢回归了修辞规律本身，运用修辞学理论研究庭前文件准备和庭中控辩、论辩成为了较为热点的问题。在这个过程中，除了对话语建构过程中语言要素和修辞手段运用的关注之外，如何在尊重人权(包括嫌疑人的基本权利)和遵守国际人权法的条件下尽可能地通过论辩寻求犯罪事实的真相，也是研究者们依靠修辞学"从思维到话语"的本质所力求揭示的规律。

4.3.2 法律修辞实践中的话语表达方式

在讨论与法律相关的修辞理论与实践的研究时，能够遇到不同的指称，如法庭修辞学(судебная риторика)、法庭演讲研究(изучение судебного красноречия)、律师修辞学(риторика для юристов)等。这些表述所指称的内容都被包含在法律修辞学（юридическая риторика）这一术语中。法律修辞学作为一门学科是关于司法实践中积极话语的表现形式、作为上述表现形式的书面话语与口头话语之间的相互关系的学科，同时也是关于理想的司法话语实现的程序性规则、法律演讲所有类型的历史阶段性发展的规律以及关于在法律教育机构进行演讲艺术教学的方法及方法论的基础性学科。（塔拉索夫、莎莉波娃/А.Р. Шарипова 2017:11）

  修辞学发展初期法律言语活动多体现在法庭的口头论辩中，因此这一时期的修辞学以法庭演讲作为主要的研究分析对象。而在现代法律实践中，法律活动呈现出复杂多元的面貌，因此存在多种话语运用和研究的视角，如当事人视角、律师视角、法官视角、陪审团视角、公诉机构视角和社会民众视角等。不同的视角对法律实践中的话语建构及话语评价会有不同的立场和态度。在当前的法律修辞学研究中律师视角的话语建构成为研究的中心，因为律师的话语在刑事、民事诉讼和仲裁程序中是最为关键的一环，该话语体裁是对控方和检方的申辩，是法庭裁决的重要影响因素。

  律师的话语可以进行如下的分类：

  第一，按照话语呈现和接受的方式，律师话语可以分为书面表达和口头表达方式。前者包括法律文本、起诉书、案件卷宗等，而后者主要体现在法庭庭审过程中参与各方口头发表的公开话语。口头表达又可以分为独白和对话两种类型。独白包括法庭陈词等形式，对话则包括对证人的交叉询问、控辩双方的辩论等。

  第二，按照使用领域来看，可分为事务或谈判性话语（деловая или переговорная речь）、庭审前话语（досудебная речь）和庭审话语（судебная речь）。

  第三，按照诉讼程序领域来看，可以分为刑事诉讼话语（уголовно-процессуальная）、民事诉讼话语（гражданско-процессуальная）

第四章　现代俄罗斯社会职业领域的修辞建设

和仲裁诉讼话语(арбитражно-процессуальная)。

口头表达的律师话语一部分是经过准备的,它是书面话语的口头再现,比如提前准备好的辩护词等;此外,也有即兴的形式,如在对证人交叉询问过程中根据证词的情况提出经过调整的问题等。除了修辞学传统所关注的法庭演讲,在法律实践中以书面表达形式呈现的各类文件也应该成为研究的内容。塔拉索夫等(2017:63—65)总结了法律修辞中口头表达和书面表达的基本关系:

> 1. 两者的区别首先表现在结构上:口头表达结构简单,使用的句法单位较为简短,允许出现要素的省略或者使用缩略结构;说话者在话语建构过程中也可以根据思想的改变出现一些语言单位不一致(несогласованность)的情况。而书面表达恰恰相反,它追求结构的工整性,倾向于使用复杂句、副动词和形动词等口头表达中并不常见的成分。
>
> 2. 即便是演讲,口头表达也呈现出更多的对话性。发话者根据听众的反应不断调整话语策略:对难以理解的地方进行解释、略去听众不想听的部分、加快或放慢语速等等。
>
> 3. 口头表达没有进行修改和校对的可能,而书面表达可以反复斟酌使用的语言单位,以期找到能够表达思想的最完美的方式。因此,在口头发表法律话语之前应当尽最大可能进行充分的准备,而在这个过程中有经验的法律实践者会对事态的发展进行预判,将对方在庭审中有可能使用的论据进行分析,从而有针对性地进行论点和论据的挑选。
>
> 4. 口头表达突出论点和论据之间的逻辑联系。和书面表达的受众不同,口头表达话语的听众没有对所感兴趣的材料反复研究的可能,他们只能按照发言人的顺序来尽力理解和判断话语中的因果逻辑联系。因此话语建构者应尽可能清晰明了

地突出各个语言单位之间的逻辑联系。

5. 书面表达形式的话语应该尽可能的准确和详细,同时应避免使用多义的语言单位,因为在话语建构者和受话者之间缺少现场沟通的可能,建构者不能根据受众的要求对自己的观点等进行解释。

6. 口头表达形式允许发话者使用非语言的交际单位,如姿势、表情、手势等。这些单位对于表达情感和评价、拉近与受众之间的距离非常有效。

7. 口头表达的话语与书面形式相比更加生动和灵活。

8. 书面表达话语和口头表达话语的质量分别受到正字法和正音法的指导。也就是说,书面表达形式以语法的正确性为第一要义,一个有语法错误的文本会给读者造成非常糟糕的印象。而口头表达形式下发话者的语音、语速等会给听众留下第一印象,而正确性等话语特质则处于评价标准的第二位。

9. 针对需要强调的内容,书面表达通常使用下划线、倾斜、加粗等方法,而口头表达则使用逻辑重音的方式。

10. 从功能上来说,书面表达指向准确地传达信息,而口头表达则是快速地传达信息。

11. 在选择表达方式的时候话语建构者应该考虑的是,书面表达的优势是可以传达大量文本包含的信息,而口头表达的优势在于时间。

12. 两种表达方式相比来说,口头的方式更利于律师展示其精妙的话术和丰富的专业知识。(见2017:63—65)

总结上述论述,可以看出,法律修辞实践是书面表达和口头表达的有机结合,这两种表达方式在法律话语实践中具有互补性并且相互关联。书面表达注重严格性(строгость)、结构性(структурированность)和简洁性(лаконизм),它的建构可以进行充分的准备,并以文件的形式保留下来；而口头表达是即兴的，能够体现出发话者的言语艺术水平，它的主要功能之一就是将受众的注意力吸引到与口头表达内容相关的书面文件上，使他们了解发话者的法律观点和立场，进而做出有利于发话者的决定。

4.3.3 法律修辞中论辩的论点及论据

修辞学在20世纪的复兴影响了包括法学在内的众多人文学科：佩雷尔曼的"新修辞学"理论、图尔敏的"论证模式"理论、沃尔科夫的"论题体系"理论都是修辞学复兴的产物，他们的理论推动了法律推理和法律论证理论研究的发展，并为修辞和法律的结合提供了交叉点。众所周知，修辞学范畴内的论证有别于逻辑论证，它是建立在或然性和似真性的推理基础之上，这便为法律框架内事实尚未确定时通过论证获得真相提供了方法和途径。法律与修辞学的结合打破了形式逻辑的单向的、保守的、二元对立的推理方式对法律思维的垄断。在论证成为一种普遍性诉求的背景下，法律修辞学将修辞学的理论和方法应用到法律领域，为法律领域提供了一种新的说理和论证的方法和理论。法律修辞学是专域修辞学的组成部分，它所关注的是在法律论辩中，通过话语的力量在论辩双方对话和沟通之下，经过相互的说理和论证，寻求有说服性的、可接受的法律判断结论，以获得法律问题的解决。依靠普通修辞学提供的理论框架，法律修辞学将关于修辞者的学说（法庭演讲的作者和演讲者形象）、论辩理论（和其他话语所包含的修辞论辩相比与法律相关的话语的论辩机制有所不同）和话语修辞结构理论（如律师辩护词、公诉人发言、法官宣判等话语的结构）等部分作为主要研究内容。

法律修辞学的研究对象是形式和体裁各异的法律话语，它们都带有明显的论辩特征。那么，法律论辩的本质是什么呢？是逻辑论辩还是修辞论辩呢？修辞论辩理论是关于修辞论据建构的学说，也是关于公共论辩中保证听众认同的思想发展的学说。"法律论辩是致力于建立社会法律关系的话语行为的组成部分。"(哈尔琴科/Е.В. Харченко,什卡托娃/Л.А. Шкатова,2002:7)萨芭廖娃(А.К. Соболёва)也认为法律论辩是修辞论辩,因为"法律的存在以及使用法律的规律都注定了法官所面临的任何问题都不可能只有唯一的一个正确答案"(2002:82)。正如比利时修辞论辩理论家佩雷尔曼指出的那样,如果法庭论辩等同于逻辑论辩,那么法官的工作就可以被计算机所替代了。可以说,法律修辞的论辩实践在法庭论辩中体现得最为充分。法庭修辞论辩就是通过提出一定根据和理由来证明某种立法意见、法律表述、法律陈述、法律学说和法律决定的正确性与正当性。参与法庭修辞论辩的各方非常关注论辩中"听众"的反应和态度,并在遵守法律规范的前提下尽力说服个人和集体,使他们接受自己的观点,以此来论证所持观点和立场的正确性和正当性。

在法庭论辩的结构中,位于中心地位的首先是"论点"(тезис)。塔拉索夫将论点定义为"需要加以证明的观点,它是话语的基础,失去其话语的意义便无从谈起"(2017:120)。论点是话语的灵魂,论据的选择和论述的展开都要围绕着论点进行。论点的内容在论辩过程中不能发生改变,但是可以根据话语建构中所需要表达思想的发展再划分为若干分论点。论点是法庭论辩双方的最终诉求。以刑事案件为例,辩方可能采取的论点可总结为以下三种:(1)未曾发生过所谓的犯罪事实;(2)被告与犯罪事件并无关联;(3)在犯罪事件中被告并不是过错一方。相应的,控方的论点也可以分为:(1)犯罪事实成立;(2)被告完成了犯罪事实;(3)被告在犯罪事实中犯有错误。

法庭论辩的中心论点一旦得到确认,下一步就是以论点为中心挑选论据(аргументы)并进行论证(обоснование)。沃尔科夫论述了论据选择时应该注意的基本原则:第一,所选择的论据应该符合法理(юридическая истина)。这里说的法理是指法律范围内得到公认的道理,并不是指与事实符合的真理(правда)。所谓符合法理的论据,首先应该避

第四章　现代俄罗斯社会职业领域的修辞建设

免使用失去效力的法律法规；其次应该避免使用与案件无关的法律和法规条款作为论据；最后就是不能歪曲证据的意义。第二，所选择的每一个论据都是与论点相关的，所有的论据构成具有说服力的论据链。第三，所选择论据之间不能存在矛盾。第四，论据的论证力有强弱之分，但是论据的重复并不能增强它的论证性。（沃尔科夫，2001:236）

法律修辞学框架中的论辩话语研究可以分为内容研究和形式研究两部分。话语建构过程中采取的方法和策略与形式和内容都有关系。与话语内容相关的方法包括：使用较为知名的相似案例；使用相似的庭审案例；建议控辩双方共同进行证据的研究；使用法律领域内的具有共识的概念。而与形式有关的方法包括：确定受话者的具体情况；将独白对话化，增强与受众的直接联系；话语中的重要部分运用逻辑重音、停顿、重复等手段进行强化；如果是口头表达则要注意节奏的变换；话语的形象性。（塔拉索夫，2017:149）

法庭论辩的内容同时带有建构和解构的特点。建构是发表自己的证据并维护自己的立场，而解构则是对对方的立场和论点论据进行有效的批评。即，建构是证明，而解构是反驳。它们之间是相互联系的：如果证明了一方的论点是正确的，那么和他对立的观点必然是错误的，反之亦然。

众多法律修辞研究者指出，在修辞学的研究框架中，论辩策略在证明、反驳、说明、解释等法庭话语行为中，更为集中地体现在反驳之中。反驳中较为常见的策略是通过证明反命题来实现对对方立场和观点的驳斥。米拉诺维奇一案是俄罗斯19世纪末的经典案例，安德列耶夫斯基（С.А. Андреевский）在为米拉诺维奇（И.И. Миронович）辩护时就使用了这一策略：

> Истина вовсе не там, где вы её искали...Поэтому мы не можем ограничиться блужданием только по той доро-

ге, куда нас влечёт обвинение, и согласиться, что в одном сомнении насчёт Мироновича сосредоточены теперь все вопросы дела. Нет! Миронович, по нашему мнению, не больше как бельмо на глазу следственной власти, которое ей мешало видеть правду и которое мы намерены снять с этого глаза.

（你们找寻真理的地方并没有真理存在。因此我们不能只局限在原告指出的道路上徘徊，并且也不能将目前所有的问题都归结在对米拉诺维奇的怀疑上。这是不对的！我们认为，米拉诺维奇不再是我们尽力擦去的侦察部门眼睛里妨碍他们发现真相的白内障。）

另一个实现反驳的策略是证明对方论点和证据是违背事实的。现代法律实践中基谢尼什斯基（И.М. Кисенишский）在为达维塔亚（П. Давитая）辩护的时候就对原告方的证据进行了驳斥：

Какие доказательства выдвигает обвинение в обоснование своего вывода о виновности Давитая, есть ли в деле данные о том, что именно им было совершено это дикое и ничем не оправданное убийство? Обвинительное заключение по этому делу построено так: оно механически перечисляет показания всех без исключения свидетелей, - вне зависимости от того, имеют ли эти показания отношение к делу, уличают или не уличают обвиняемого; показания эти, без сколько-нибудь серьёзного аналитического разбора, приводятся в качестве доказательств якобы «виновности» обвиняемого. Создаётся впечатление, что автора обвинения не заботит само содержание показаний свидетелей, их действительное доказательное значение, их относимость к доказательному факту. Имеет значение совсем другое—стремление представить любое показание свидетеля как доказательство виновности Давитая, стоит задача создать видимость наличия таких доказательств...

（原告方提出了哪些证据证明被告有罪？卷宗中是否有证据证明确实是他犯下了这桩野蛮的罪行？原告的案件陈词中罗列了所有人，包括证人的陈词，不论这些陈词是否与本案有关，是否能够证明被告有罪。这些陈词未经任何分析就被用来作为指控被告有罪的证据。这就让我们形成了原告方并不关心证人证词内容本身、证词的有效证明意义以及它们和事件真相的关系。对方只关心另外一个意义：就是他们力图将证人的任何证词都看作是证明被告有罪的证明，从而造成存在此类证据的假象……）

4.3.4 法律论辩的功能

法律修辞论辩具有强大的说服功能，在陪审团制度下该功能尤为突出。在具体的法庭修辞论辩活动中，发话者（控辩双方）与听众（陪审团）之间的权力关系是非常典型的修辞关系。在俄罗斯现代修辞学的观念中，听众并不是弱势一方，"真正的听众总是修辞者有所求的对象，因而绝非是修辞体制强加的一个不平等权利关系的当然牺牲品"（刘亚猛，2004:263）。由此看来，处于强势地位的只能是听众而绝不是修辞者，因为只有听众真正拥有可以满足修辞者的愿望和需要以及使这一愿望和需要落空的权利。现代司法体系中的论辩制度为控辩双方都提供了充分展示证据、表达立场和观点的可能,以期在尊重各方权利的基础上做出公正的裁决。法庭论辩是庭审过程中控辩双方面对法官和所有出席庭审者就所审理的刑事或民事案件公开发表的陈述证据或反驳对方的讲话,旨在让他们对自己所持的立场和出示的证据或结论表示认同和信服。

传统修辞学提出了说服的三要素:首先是修辞道德。修辞者(法律领域中多指控辩双方的发言者)必须使听众对其建立信赖,使听众感受到他的论辩值得信赖、真实、合理,简而言之就是使他人觉得可信;其次是修辞情感。修辞者必须能吸引住陪审员、法官等听众的情感,这样他们才能从心理上倾向于接受其观点;最后是修辞逻辑。修辞者的主张必须有理有据,才能使其论辩具有说服力。控辩双方的合理论证与法律规则和案件事实有关,而修辞者所提出的这些规则和事实将支持其主张,以使其当事人获得一份有利的判决。结合对说服三要素的考察,俄罗斯修辞学研究们认为,要使法律修辞论辩充分发挥其说服功能可以针对具体的论辩场景有选择地使用一些修辞策略,将这些观点进行如下总结和进一步的拓展:

第一,以理服人。这一修辞策略侧重于运用理性的逻辑推理方式来使听众信服。这体现在修辞逻辑中。当修辞者运用修辞逻辑说服听众时,一般要使用演绎三段论或归纳三段论。虽然亚里士多德的省略三段论不像演绎推理那样确定,但从将省略三段论放在修辞的中心阶段来看,亚里士多德是理性的。在法庭论辩中,修辞者往往需要运用论题体系的知识来获得论据,从而维护自己的立场。

第二,以辞服人。从广义上说,任何一种修辞都是通过一定的言语技巧来说服人,都是在"以辞服人"。法庭论辩是一种灵活机动、实践性很强的活动,需要运用多样化的语言技巧,比如要以动情的话语服人、通过重复强调重点、善用比喻手段、善于把握节奏、使用有力的话语风格、善于使用修辞问句、做到条理清晰。

第四章　现代俄罗斯社会职业领域的修辞建设

第三，以情感人。这是指通过口头或书面的言语表达技巧，触动听众内心的情感，使其接受修辞者所要传达的意图或观点。这种修辞方法尤其适用于口头方式的论辩中。比如有学者谈到，"音节的节拍也可能改变意义。……除了那些声音的强调以外，还有其他一些强调：通过姿态、重复或词语感情色彩，通过收音机中新闻发言人狡猾的停顿和译文研究学者对一篇论文的过分夸张，可以形成更复杂的心理强调。"（吉尔比/Gilby 2000:297）再如下例：

> 在古罗马，凡争讼中能击败对手的手段，在很长的时间内都被认为是合法的。诉讼的双方都伴装悲戚，叹息着、抽泣着，大声祈求着公众的福祉，就和证人和委托人出庭以使审判更加感人。李曼特曾对阿比西尼亚的一次开庭审判作了如下的描述："原告以仔细推敲和极富才智的措辞提出了控诉。幽默的俏皮话、讥笑、有力的暗示、格言、冷嘲热讽，都被调动起来，其间还伴有精心设计的最为动人的手势和最为可怕的怒斥，旨在加强控诉的力量并使被告惊慌失措。"（胡伊青加，1998:110—111）这种强烈的修辞手法显然容易从感情上触动听众，引起共鸣，令人接受其观点。（焦宝乾，2009:49）

第四，以德服人。这种修辞策略注重修辞者本人的人格威望和道德修养这种"情"与"理"以外的因素在说服中的运用。亚里士多德在谈论如上三种说服手段时，首先提及的就是通过修辞者的"人格或道德"进行说服的修辞道德。他认为，修辞者的人格威信对说服几乎可以说是起决定作用的因素。相比之下，他对情感和道理作为修辞手段的评论则等而下之。为什么修辞者的人格威信会成为一种非常重要的说服因素？我国学者刘亚猛先生指出：

> 由于修辞文体的或然本质，也由于修辞论辩中使用的前提大多只是可信意见，因而不享有坚固的认识论地位，更由于在修辞互动中如果仅仅诉诸道理则往往出现对立观点平分秋色，不分轩轾，使人无所适从的局面，修辞人格在各类修辞资源中的地位和重要性得到提升，成了说服的"支配"和"控制"的因素。（2004:171）

因此，在"两个道理都讲得通"而陷于实际上的胶着状态情况下，能够打破两个势均力敌论点进行对抗所必然产生的僵局的唯一因素就是修辞者相对于他的对手在个人信用、名望等方面占有优势。

拉扎廖娃（В.А. Лазарёва）认为，法律修辞论辩除了说服功能还客观上提供了无限接近事实真相的方法。她在《法庭话语理论》（Теория судебной речи）一书中就修辞和真理之间的关系进行了论述：

> 法律修辞论辩通过或然式推理的论证使我们的认识不断地接近真理。在法律论辩中，各不相同的观点有可能经过讨论、辩论甚至争论达到共识。而这种共识不仅指向话语的主体，还与客观真理有着千丝万缕的联系。此外，法律修辞学在一定程度上沟通了法律领域中的真理和多数之间的紧张与冲突。法律作为一种社会控制方式，不仅应当以某种真理作为法律判断和法律决定的依据，还应该顾及到社会群体的意志，所以应当在真理和社会群体的意志之间建立某种有益的关联，使社会群体的共识成为真理的前提，而真理也是社会群体意志的基础。否则人们的共识往往可能导致谬误而不是真理。这样，法律就与正义背道而驰。而防止这种情况的有效方法就是通过理性的对话和论争，更确切地说通过相互说服，使各种意见最终导向真理的认识。（2001:132）

第四章 现代俄罗斯社会职业领域的修辞建设

修辞学的活动范围是令人信服的论证领域,因此法律修辞学虽然不可避免地处理价值问题,但它绝非是一种非理性的论证方式,相反,它为法律领域的价值判断提供了一种理性的方法。除了"有说服力"之外,修辞学也是发现真理、获得知识的方式。具体到法庭论辩的过程,则法庭辩论的参与各方(原告、公诉人、被告、代理人、律师等)通常会就刑事、民事或者仲裁事件本身展开论述。各方在论辩的过程中提供的话语信息显示了他们力图运用话语所描绘的图景,并期望借此影响其他人的意识和判断。但是对于法官、陪审团和听众来说,通过对比论辩各方对所谓"事实"的描述,通过逻辑审视,最终得出最为接近事实真相的结论更具现实意义。卢卡舍维奇(В.К. Лукашевич)(2004:57)在谈到法庭论辩中的语言事实图景时举了下面一起嫌疑人企图施暴并暴力抗警的案例:

嫌疑人的陈述是:"По пути около котельной я встретил женщину, сказал, что хочу поговорить, взял за руку, а она закричала. Я от неё отстал и пошёл в сторону общежития. Со стороны общежития мне навстречу вышли двое мужчин. Они спросили, не слышал ли я криков? Я сказал: «А что случилось?» Мужчины предложили мне пойти с ними в общежитие. Кто они такие, они мне не представились. Один мужчина стал хватать меня за рукав, тогда я вырвался. Рядом бегали пацаны с клюшками, я у одного взял клюшку минут на пять, зачем мне клюшка нужна была, я не знаю."(走到锅炉房附近我碰上了一个女的,我跟她说想和她聊聊天,拉起了她的手,她就叫了起来。我撇下她往宿舍楼走去。迎面走过来两个男的。他们问我有没有听到叫声。我说"出什么事啦?"他们让我跟他们一起去宿舍楼,但是他们没有跟我说他们的身份。其中一个拉住我的袖子,我挣脱了。旁边有一群小子拿着棍子跑来跑去,我就拿了其中一个人的棍子几分钟,但我也不知道我为啥需要这个棍子。)

被袭击的警察的证词是:"Мы спросили парней, не слышали ли они, как кричала женщина и звала на помощь. Высокий на наш вопрос ответил вопросом, кто мы такие. Я сказал, что я являюсь работником милиции, и в это время получил несколько ударов клюшкой—по плечу, по лицу и больше не помню."(我们问这几个人有没有听见一个女的在呼救。那个个子高一些的不但没回答我们的问题还反问我们是谁。我说我是警察,结果肩膀和脸上就挨了好几棍子,然后就什么都记不得了。)

作为证人的另一个警察的证词是:"Мы спросили ребят, слышали ли они какой-нибудь женский крик о помощи или какую-нибудь там возню. Длинный спросил, кто мы такие. И я, и М. в тот вечер не дежурили, мы оба были в гражданской одежде. М. ответил, что мы работники милиции. Парень, что пониже, сказал: «Что вы к нам пристаёте, что вам от нас надо?» и сразу же попытался отойти от меня. Длинный несколько раз ударил М. клюшкой, М. упал в снег, поднялся не сразу, а когда встал, левая сторона лица у него была вся опухшая."(我们问这几个人有没有听到一个女的呼救的声音或者有没有看到出了什么乱子。个子高的一个人问我们是谁。我和M那天晚上不当值,所以我们都穿的便服。M说我们是警察,个子低一些的那个说:"你们跟我们扯什么? 你们想从我们这里得到啥?"他们当时就想走。个子高的那个用棍子打了M好几下,M摔倒在雪地里,一下子都爬不起来。等爬起来的时候左边脸整个都肿起来了。)

正如上述例子所显示的那样,参加庭审的各方都运用话语建立了主观的"事实"图景,表达了自己对事件的评价。而法官、陪审团以及听众则需要在各方的陈述中寻找关联和矛盾,从而建立无限接近事实的图景。

拉扎廖娃还认为,从宏观上看法庭论辩还有普及法律知识的意义。以修辞学的基本理论为实践基础所进行的法律论辩,同其他形式的修辞话语一样,实际上都是论辩双方相互说服并期望取得观点或利益统一的过程。论辩中的任何一方不仅是发话者,同时也是听众,而修辞正是作用于这种关系的要素。所以从某种意义上来说,听众的存在使相互竞争的言者难以超越合乎理性和情理的辩论边界。而在具有共同知识背景者之间进行论辩,听众的专业知识更是防止了发话者滥用修辞方法或手段发表谬误的言论,同时也保证了论辩的理性化。对于一场精彩的法庭修辞论辩来说,它的听众,或者说受众是可以通过现代传媒无限扩大的,论辩中体现的法律知识和修辞逻辑可以成为大众兴趣的焦点。因此,优秀的法庭修辞论辩对于推动社会法治建设、普及法律知识具有重要的意义。

第四节 传媒修辞学

从20世纪90年代以来,在外部全球局势变化和内部民主化进程的推动下,俄罗斯进入了其社会和文化的转型时期。所谓"社会转型",指的是社会系统内在结构的变迁,它意味着"人们的生产方式、生活方式、心理结构、价值观念等各方面全面而深刻的革命性变革"(郭德宏2003:87)。变革不但改变了社会环境,也改变了媒介环境,由此俄罗斯大众传媒领域发生了翻天覆地的从结构到形式的变化。俄罗斯学者拉佐夫斯基(Б.Н. Лазовский)指出,社会转型时期对于俄罗斯大众传媒的作用和使命来说,意味着"结构性"的变化,从媒体是"社会主义建设的工具""党的传送带"到大众传媒是"民主制度"以及"公民社会的组成部分"(2010:41)。而这些要求的满足都必须通过传媒话语、图像、音效等因素来实现。在这个体系之中传媒话语占据着非常重要的地位,换言之,传媒主要通过话语的力量执行其商业功能和社会功能。

目前,俄罗斯对传媒话语的研究已经成为大众传媒研究的重要组成部分,社会学、新闻传播学、语言学、交际学等人文学科都将传媒话语作为自己的研究对象,一批有着不同学术背景的学者以各自的学术兴趣为背景进行着多层面、多视角的研究和解读。在这些学术思想和潮流中,俄罗斯修辞学作为一门研究"从思维到话语"即言语生成全过程的学科,以其跨学科的性质形成了研究传媒话语的独特视角。

4.4.1 俄罗斯修辞学话语体系中的传媒话语

俄罗斯修辞学复兴的领军人物、俄罗斯科学院院士罗日杰斯特文斯基(2006:86)指出,在现代的话语环境中,修辞学的范围和功能已经大大地拓展,新的社会条件下产生新的修辞形式,如传媒、广告、公共关系等。俄罗斯修辞学史专家安努什金(2006a:197)进一步指出,修辞学应该尽可能多地将各种言语形式和类型纳入自己的体系之中,口头言语、书面言语、各类印刷品和书籍、大众传媒(广播、报刊、电视、广告、电影)等都应该成为现代修辞学的研究对象。大众传媒的言语类型受众面广、有自己独特的言语调节规律、规则和规范,应该予以重视。

罗日杰斯特文斯基以社会发展为背景、以话语表达形式为参照,对话语进行了分类,建构了话语类型体系。该话语类型体系由八个层级组成。罗氏认为,对话(диалог)是最为原始的话语形式,然后是传说(молва)和民间口头创作(фольклор)。而这三种话语形式的共同特点是它们的前书面语(дописьменная речь)属性,也就是说它们都属于文字和书面语产生之前的非正式的口头交际场景。这三种形式共同构成了罗氏话语类型体系的第一级。体系的第二级由演讲(ораторика)、布道(гомилетика)和舞台言语(сценическая речь)构成。这一组的特点是在话语建构过程中使用口头标准语(литературная устная речь),话语建构者是有文化、具有一定学识的人,存在集体话语建构的可能。第三层级到第八层级都分别由一个话语类型构成,它们依次为书信(эпистолы)、文件(документы)、手写文书(рукописные сочинения)、印刷物(печатные произведения)、大众信息(массовая инофрмация)和信息技术(информатика)。罗氏认为,书信和文件是话语的不同表现

第四章　现代俄罗斯社会职业领域的修辞建设

形式,但是它们的目的是一样的,即发话者希望和受话者达成一致。在这样的话语形式中,发话者并不具有相对于受话者绝对话语权的优势,因为是否达成一致往往取决于受话者的态度和最终的决定。手写文书的交际模式同演讲和舞台话语类似,但是更为突出的特点是发话者和受话者双方都是识文断字的、有一定文化素养的人。印刷物发话者的构成更为复杂:理论上它由文本作者、排版者、发行者和销售者构成。缺少任何一个环节印刷物所表达的话语内容都无法传达至受话者。在话语形式发展到印刷物的时候并没有向受话者提供反馈的可能。印刷物的受众已经是大众化的受众。而大众信息得益于丰富的传播方式对受众的影响则更为广泛。话语的大众信息阶段受众仍然缺乏与发话者之间有效的沟通反馈渠道。信息技术打破了这样基本为单向交流的方式:它为受众和信息体系(информационная система)之间、受众之间、受众和发话者之间、信息体系之间的有效对话提供了平台。

罗氏的话语形式分类结构以层级的形式体现了人类交际形式的历史演进,也体现了人类技术进步对于交际及话语形式多样化的巨大影响。但是罗氏的分类也存在一些值得商榷的地方。如第一层级中的"传说"从体裁上来说就是"民间口头创作"的分支体裁;而第二级中的"布道"也是"演讲"的类型之一;第八级指进入到网络时代的现代技术,但第七级和第八级同时构成我们现在所说的大众传媒。如果对上述项目进行合并,则得到更为清晰的话语的演进图景:

第一级	对话、民间口头创作(谚语、俗语及传说等)
第二级	演讲、舞台表演话语
第三级	书信
第四级	文件
第五级	手写文书
第六级	印刷物
第七级	以书刊、报纸、广播、电视、网络等传媒方式为载体的大众信息

沃尔科夫在罗氏进行的研究基础之上进行了大众信息作为传播形式的特征研究。在莫斯科大学集体著作《大众传媒语言》(Язык средств массовой информации) 中"大众传媒语言的修辞学视角"部分中沃尔科夫总结了如下特征：

第一，作者的集体性和话语的技术性 (коллективное авторство и техничность текста)。在大众信息话语的创造过程中，作者通常是创作集体，如记者编辑、录入员、导演等。同时，大众信息话语经常以话语群的形式呈现，例杂志的每一期的结构都会根据所包含的内容来进行调整。此类话语建构的技术层面涉及心理和社会科学。大众传媒修辞学的基础是在每一种传媒话语中都会结合集体创作和个人创作两种形式。沃尔科夫指出，传媒话语的集体创作特征首先体现在信息来源的综合性上。向媒体提供信息的渠道多种多样，媒体话语建构过程中会对各个渠道的消息来源进行整合，这就是媒体话语信息来源的综合性。

第二，统一的思想意识形态体系 (единая система идеологического воздействия)。大众传媒机构众多，每一个机构在建构话语的过程中都以满足自己目标受众的信息需求为目标，并力图为他们勾勒出一定思想意识形态背景下全球的信息全景。沃尔科夫指出，媒体机构的运作不是依赖政府拨款，就是以广告收入及赞助商支持为主。而这些都取决于受众的多少和范围。媒体争取受众的主要手段是通过话语来吸引他们，而话语中所体现的思想意识形态则是和受众达成共识的基础，偏离了这个统一的体系可能会导致所传达信息的失真与谬误。

第三，受众的大众性 (массовость аудитории) 和接受话语的独立性 (индивидуальное получение текста)。大众传媒受众从地域上来说是分散的，从社会组成来说是复杂多样的，他们唯一的共同之处就是对作为传媒信息载体的话语的认知。大众传媒话语接受的独立性和传媒话语的风格有关。从大众传媒话语的内容来说，众多传媒机构所报道和传达的信息并无太大差别，但受众在媒体机构之间做出的选择体现

第四章　现代俄罗斯社会职业领域的修辞建设

了他们的独立性。这种选择是以传媒话语的风格为基础的。在相同内容的情况下,受众依照自己对理想话语的理解和喜好对传媒机构进行选择。

第四,受众对于传媒话语批评的失语(неспособность получателя критически оценить текст)。沃尔科夫认为观众没有能力,也没有渠道对传媒机构提供的各种体裁的话语进行分析和批评。但是值得指出的是,在互联网技术普及的条件下观众完全可以运用评论、留言或者通过自媒体等方式表达自己的态度和评价,对媒体话语进行分析和批评。

第五,内容的强制性(принудительность содержания)。沃尔科夫所谓的强制性,是指传媒话语对社会的裹挟性。多种体裁的传媒话语不但覆盖了几乎所有的社会生活领域,还促使了社会舆论的产生和发酵。

第六,大众传媒话语的非文化性(внекультурность)。沃尔科夫认为,文化的属性之一是传承性,只有保存下来的话语形式才属于文化的范畴,而传媒话语的受众不会保存它们,即便是传媒机构也不可能进行全部的保存。大众传媒话语是一次性和非派生的。这一观点也存在偏颇之处,大众传媒固然与传统的精英文化存在一定的距离,但是它孕育了大众文化,而大众文化中的部分文化因素和文化价值在社会发展的过程中会得到认可,并固定下来,进入精英文化的领域。(2009:128—131)

俄罗斯修辞学家还依据修辞体裁的理论试图对传媒话语做出分类。多布罗斯克隆斯卡娅(Т.Г. Добросклонская)认为,对传媒话语的分类首先应该考虑信息传播的途径。在现代的科学技术条件下,通常会区分报刊话语、广播话语、电视话语和网络话语四种形式。不同的传播方式对话语的建构产生巨大的影响。就信息呈现形式来说,报刊最为单一,它能够使用的传达方式是话语和图片;广播失去了图片表达的可能,但是声音的表现力成为一定程度上弥补的手段;电视则集合了声音、影像等科技手段,作为话语表达的辅助形式;而网络则最为复合,它作为传播途径最大程度上克服了地域和时间的限制,综合了以上各种传播方式的优点,并为受众发表立场和观点创造了可能,为他们与传媒机构之间的对话提供了平台。(2008:79—81)多氏还认为,传媒话语根据形式、内容、体裁和语体等要素来区分的话,可以分成新闻话语(новости)、信息分析话语(информационная аналитика)、政论话语(публицистика)和广告话语(реклама)四大类。她认为这四个类型的话语是传媒话语的最基本类型,很多复合类型的传媒话语都是建立在这四种话语之上的。(同上)

多氏研究视野中的新闻是传媒话语最基本的类型,她将新闻话语的特点总结为以下几点:第一,新闻话语和其他几个基本类型相比,信息性最为突出,充分体现了大众传媒的信息传播功能。第二,新闻话语在不同的媒介上有不同的体现形式。第三,新闻话语的结构较为固定,它的题目和论据所涉及的领域多为政治、经济、商业、教育、体育和文化。每一个领域还可以进行细分,如政治领域可以分为国内政治活动报道,政治谈判、政治危机话语等。多氏认为以新闻话语为基础并在内容上加入了解释性和分析性话语成分的形式是"信息分析话语"。信息性分析话语是传媒机构显示其社会责任和传媒素养的方式之一。传媒机构在该类话语中针对相关的新闻事件进行解释、分析和评价。从修辞学角度来说,这是一个提出观点(即对新闻事件的评价),随后进行修辞论证(解释和分析)的过程。政论话语从本质上来说与信息分析话语相似,都是以表达立场和观点、并进行评价为主要内容,但它的信息性(информативность)相对减弱,因为它不一定是基于时下新闻事件,社会生活各个领域中的现象和思想都可以是政论话语的内容来源。但由于其讨论的对象与大众传媒受众的关系较为紧密,该类型的传媒话语的影响性(воздействие)较前两种类型有所增强。影响性最强的传媒话语类型是广告话语。该类型话语以影响受众思想并促使他们采取相应行为(如购买商品、接受服务等行为)为主要交际目的。

基于以上论述可以看出,大众传媒是人类认知进步和技术进步的产物,它符合人类社会演进的规律。大众传媒主要以话语为信息传播方式,最大程度上反映人类生存空间的现实,并对广大受众形成了巨大的影响。

4.4.2 作为俄罗斯现代修辞学研究对象的传媒话语

多布罗斯克隆斯卡娅是俄罗斯研究传媒话语(медиадискурс)的著名学者,她认为与传媒文本(медиатекст)、传媒言语(медиаречь)、传媒语言(медиаязык)等概念相比,传媒话语是一个更为复合的概念:它包含更加丰富的文化信息、强调语言使用的社会背景,因此它比上述任何一个对照概念的外延都要广泛。(2008:52—54)从这一点看,多氏的观点与"话语"作为修辞学的研究对象更能体现该学科的社会及文化功能的观点较为接近。基于此,多氏认为,作为一个复合的概念,必须要整合相关的人文社会学科来形成一个跨学科的研究模式对其进行研究。她将这个跨学科体系称之为传媒语言学(медиалингвистика),并在2000年自己的博士研究生学位论文《传媒语言学的理论与方法》中首次加以运用。她在分析传媒语言学的理论基础时,强调了学科的修辞学属性。在分析传媒话语的主要研究方法时,更是将"修辞批评"(риторическая критика)作为一个主要方法加以阐述。

多氏建构的传媒话语研究方法体系由以下方法组成:(1)传统意义上语言学的分析方法(метод лингвистического анализа),即在语言体系的框架内展开的分析:词汇层面、词法层面、句法层面和语体层面。(2)内容分析方法(метод контент-анализа),即对设定语言单位进行使用频率统计的方法。(3)话语分析方法(метод дискурсивного анализа),即建立在话语概念化基础上的分析,这种方法可以在话语的语言和超语言因素之间建立起联系。(4)修辞批评的方法(метод риторической критики），即对传媒话语中隐性的政治及意识形态要素（скрытая политико-идеологическая составляющая）进行分析。（5）认知分析的方法（метод когнитивного анализа），即以阐明社会现实和现实的传媒再现之间的相互关系为目的的方法。（6）语言文化分析方法（метод лингвокультурологического анализа），即以分析传媒话语中具有文化意义的要素和阐明此类话语的民族文化特征为目的的方法。（2008:68—69）虽然这一体系仍然存在一些可以商榷的地方，比如对修辞批评的理解还可以更为宽泛一些，但是其中对修辞学在研究传媒话语的学科体系中地位的确定是其他学者丰富传媒话语研究视角的有效参考。

  俄罗斯修辞学家们认为，修辞学将传媒话语纳入自己的研究领域是有其理据。纵观罗日杰斯特文斯基等学者的观点并参考其他国家修辞学研究者的观点，可以将传媒话语的修辞研究的合理性总结为以下两点：第一，大众传媒主要通过各异的话语形式完成与受众的交流，尽管媒介形式和传播方式不尽相同，但其言语交际的属性是共通的。而修辞学以人类言语交际行为及其规律为研究对象，旨在揭示人类言语交际的规律，因此，修辞学理论及体系为大众传媒实现成功有效的交际提供了保证。曾任美国《芝加哥论坛报》（Chicago Tribune）总编、社长兼首席执行官、普利策奖得主杰克·富勒（Jack Fuller）曾说："没有哪个职业比新闻界更讲究修辞了。"（转引自陈汝东，2004:50）第二，作为俄罗斯现代修辞学学科渊源的古典修辞学虽然是研究演讲理论和实践的科学，但它同时也为其他形式的言语交际理论建构奠定了基础。以受话者理论为例。中国学者陈汝东（2004:50）指出："亚里士多德的《修辞学》，不仅建立了以说服为主的修辞学理论体系，还开了传播学中受众分析理论的先河。"修辞学理解的"修辞者"（即媒体）和"听众"（即受众）在交际的过程中没有强、弱势之分，在这个过程中，传媒话语是媒体和受众交际的中介，受众作为传媒话语的受话者对于话语的建构提供了"论点、论据、目的、方向、对象"（刘亚猛，2004:266），积极参与到交际之中，体现出言语交际的社会性、互动性和对话性。

正如上文所述，俄罗斯现代修辞学不但关心如何表达话语，它同时也解决"说（写）什么"的问题，是一门研究"从思维到话语"的科学。俄罗斯现代修辞学视角中的传媒话语研究也基本上可以分为"传媒话语与社会文化"的宏观研究和"传媒话语表达特点"的微观研究两个方向。下文就分别就这两个方向进行更为详细的论述。

4.4.3 传媒话语与社会文化

"说服"是古典修辞学的学科基础，也是俄罗斯修辞学的核心概念。在大众传播领域，"说服"是落实在传媒话语中的、媒介机构对受众进行"施事"的一种艺术和手段：媒体和受众的交际过程其实就是传播主体对受众的"说服"过程。哈贝马斯（Jürgen Habermas）（1985:243）曾经这样解释与传媒话语有关的"说服"："现代大众传媒的说服是一种交往工艺学，借助说服，可以构成一种公众社会，交往行动可以通过专门化的影响，通过媒体如专业上的声望和价值联系……受到控制。"俄罗斯修辞学家（见罗日杰斯特文斯基、格拉乌金娜、达布拉斯特隆斯卡娅等人的论著）认为，传媒话语的"说服"有两层含义：一方面媒介机构通过传媒话语指向商业目的的说服，它的结果是公众持续关注媒介内容，媒介机构由此提高行业竞争力，进而创造商业价值；另一方面媒体说服的重点在于通过话语的力量影响受众认同自己的媒介作品，将话语作为添加到公众意识中的新元素，从而改变公众的思想、态度乃至行为。我们认为，这两个层面的"说服"与大众传媒的双重功能关系密切：正如美国学者伯德和梅尔文在《报刊与社会》中指出的那样，报纸以及其他大众传媒有两重性：一方面是商业企业，另一方面具有社会职能。（转引自童兵，2002:70）

那么，传媒话语是如何进行说服的呢？它的机制是什么呢？俄罗斯本国的学者运用古典修辞学的"说服三要素"对传媒话语的说服机制进行了解读。

修辞者的人格威信在大众传播的领域中就是媒介机构在受众中的接受,就是媒体公信力。"媒体公信力是指媒体通过其传播行为而获得的受众普遍认同和信任的程度,也即媒体在社会上的信誉度、权威性和影响力,它是媒体赖以生存和发展的基础,是媒体最有价值的内在品质,集中体现了媒介获得公众信任的能力。"(肖潇雨,2010:383)2007年尤里·列瓦达分析中心对1600名俄罗斯人进行的调查显示,接近一半的(46%)参与调查的俄罗斯人表示对当代媒体正失去兴趣,其中包括电视——这个所有信息源中最受欢迎的媒介形式。根据《新报》的报道,认为电视"对事件的表述贫乏且歪曲事实"和电视"操纵意识"的人增加了三个百分点。斯特洛夫斯基(Д.Л. Стровский)(2010:60—61)认为,俄罗斯大众媒体中"深植商人的实用主义,它排挤了新闻中传统的道德伦理价值观,如寻求真理、帮助别人"。由此可见:俄罗斯媒体的公信力较低,与受众的交际是低效的。

说服的另一要素"修辞逻辑"是一个语义较为复杂的概念。在修辞学研究范畴中,"更准确地说,它指的是言语自身及其表达的'意'和'理'"(刘亚猛,2004:165)。就这一方面而言,俄罗斯修辞学家们从价值观、文化意义、风格等方面对传媒话语进行了研究。我们可以对他们的主要观点作如下几点总结:第一,俄罗斯传媒话语自称继承了"批判现实主义",它们传达和体现的内容大多是悲观和消极的。媒体从业者在建构话语时总是遵循着一个错误的理念,即"生活或现实决定话语"。在这种消极的理念中,生活是一种物欲横流的现实,它抹杀了人运用思维、运用语言创造话语、进而改变生活的能力;第二,媒体话语的风格总体来说是低俗的,甚至有有意愚弄受众之嫌。传媒话语非但没有在提高受众艺术鉴赏能力方面起到积极的作用,还有意将生活娱乐化、狂欢化,为受众树立了不符合俄罗斯当前社会现实的、西方化的精神偶像;第

第四章 现代俄罗斯社会职业领域的修辞建设

三,传媒话语歪曲了俄罗斯人的形象,将其塑造成富有,但却贪婪、毫无原则、没有精神追求且没有话语创造能力的人。这体现出传媒话语建构者在社会转型条件下复杂的媒介环境中的失语和空虚;第四,俄罗斯社会转型以来,政府一度失去了对媒体的控制,普京执政以来,政府通过控股来参与媒体的运转,虽然传媒中出现了更多的政治话语,但它们并没有真正发挥"话语支配世界""话语管理国家"的功能。其原因在于传媒政治话语以掌握媒介机构的一党或一人的政治喜好为准,忽视了俄罗斯民族和国家的利益;第五,进入社会转型期以来,俄罗斯文化同样面临着蜕变和外来文化渗透的问题。而俄语作为原来苏联时期备受推崇的"各民族交流的桥梁"也受到了其他民族语言(如乌克兰语等)的排挤和其他国家语言(如英语、法语等)的冲击。俄罗斯语言学家认为,保护俄语是有关"俄罗斯民族安全的问题"(安努什金,2009:81),而俄罗斯民族所建构的话语,在俄罗斯修辞学家眼中,如果不能称其为"民族的思想",那么它也应该是"创造民族思想的工具"(同上)。"保护俄语的纯洁性"是俄罗斯政府的重要语言政策,政府鼓励运用各种方式宣传语言、言语和话语对于社会生活、社会的精神和心理状态的重要性。社会转型后俄罗斯的新闻审查制度只针对传媒话语内容的政治倾向,对话语本身中的言语文化却不甚重视。俄罗斯修辞学家们认为,传媒话语并没有体现俄罗斯国家"保护俄语"这一语言政策,它充斥着大量的外来语、俚俗语甚至是詈语。诺贝尔文学奖获得者索尔仁尼琴在一次演讲中说道:"报界获得了自由,然而我们的报纸立刻采用了令人无法忍受的腔调、风格和内容……而今天我们的报纸在自己的旗帜上标榜的不是言论自由,而是下流自由!这种报纸就像电视一样会令我们毁灭。这不是语言病,这是心灵病!如果没有了俄语,就根本不会再有我们俄罗斯人了!"(转引自孙汉军,2007:24)

要研究媒体的公信力必定要涉及作为说服三要素之一的受众情感,因为"公信力不仅仅是媒体的一种属性,更多的是媒体与受众之间的一种关系,是公众与媒介的相互作用关系中媒介赢得公众信任的能力。"(喻国明,2005:12)修辞学家们致力于解读媒体和受众的关系。事实上,在传播学的研究领域中,研究者们早已借鉴古典修辞学有关"听众"的见解,完成了从"魔弹论""靶子论"到"受众中心论"的演变。在受众中心论中,受众被视为媒体话语消费者,强调要从受众的兴趣与需要出发来判断和选择媒体话语,以使其易于为受众所接受,进而赢得他们,最终有利于占领媒体市场,从而赢得利润。但是在俄罗斯传媒话语的修辞批评中,研究者指出,媒介机构有"极端受众中心论"的趋势,即为了达到说服的目的过度满足所谓"受众的需要"。但这些媒介机构所理解的受众需要并不是受众精神和心理的诉求,因为受众"讽刺或嘲笑"媒介机构提供的节目,而他们真正关心的社会和政治问题却被"脱口秀节目中的叫嚣"所掩盖。"媒体对于日常生活的认识是狭窄的、与大量民众每天接触到的事实相比是被阉割了的。"(斯特洛夫斯基,2010:58)可以说,媒介机构误读了受众的关注和情感所在,使得媒体公信力不断下降。

在对传媒话语的文化意义进行分析的同时,俄罗斯的修辞学家提出了增强传媒话语自律,强化媒体社会职能的呼吁。研究者们认为,俄罗斯社会发生骤变后,最为关键的社会问题是民众缺乏信仰,缺乏民族意识。20世纪末俄罗斯急速转型,对公众的思想意识和社会心态产生了巨大影响,俄罗斯的民族意识受到了极大震动,也发生了一些变化。"西欧一体化的不断发展,使民族认同逐渐失去触动情感的振兴作用,并局部包容于其他类别(如,地区性和泛欧性)的认同之中,而俄罗斯社会心态的变化却恰恰相反,以民族属性为凝聚力。"而在这种情况下,传媒话语则因其社会功能而应该主动承担起唤醒和重建受众的民族意识的职责。要执行和完成这一功能,修辞学家们认为,应该充分运用传媒话语来再现和建构有着优秀传统的俄罗斯语言文化,强化受众的群体历史记忆。根据陀思妥耶夫斯基原著改编的电视连续剧《白痴》在俄罗斯的热

第四章　现代俄罗斯社会职业领域的修辞建设

播就说明了俄罗斯民众以追随被世界认可的文学名著为途径,进一步显示与此相关的民族自豪感。除此之外,媒体话语自身应该遵循俄罗斯言语的标准和规范,成为"保护俄语纯洁性"的修辞典范。

俄罗斯的社会转型对传媒话语的建构和表达产生了巨大的影响,使之产生了颠覆性的变化。对传媒话语进行修辞批评是使之摆脱道德缺失、更充分地发挥其社会文化建设功能的途径。

4.4.4　传媒话语表达特点

传媒话语表达特点的修辞学分析不同于传统意义上的语言学或者语体学分析,它不以阐明各个层面语言单位在传媒话语各个体裁中使用的规律为目的,它更加关注的是在传媒机构运用传媒话语对受众施加影响和进行说服的过程中,使用了哪些话语表达手段来达到预设的目的。

彼得罗娃(Н.Е. Петрова)和拉齐布尔斯卡娅(Л.В.Рацибурская)首先从词汇层面考察了传媒话语的修辞功能及社会功能。她们认为社会及文化的转型,包括政治制度的改变、思想意识形态的发展、经济领域的变化都对作为语言体系构成要素的词汇系统形成了冲击。瓦西里耶夫(А.Д. Васильев)(2003:46)也指出,"词汇作为语言体系中最为活跃的部分能够最为快速并准确地反映出社会的变化,尤其在文化、政治、经济的转型时期。因为这种时期之前的行为标准被否定、伦理及审美的标准被重新建立。"彼得罗娃和拉齐布尔斯卡娅分析了评价性词汇在传媒话语中的功能。她们认为,评价性的词汇固然在表达作者乃至传媒机构的态度及立场上起着无法替代的重要作用,但对其过度的使用会降低传媒话语的公信力,进而降低它的说服力和影响力。她们以卡尔塔绍夫(А. Картошов)发表在2009年第21期《文学报》(Литературная газета)上对电视剧《伊凡雷帝》的评论文章为例进行了分析:

Не ожидал, что так можно обходиться с русской историей и ее великими деятелям, как обошлись с ними Андрей Эшпай в сериале «Иван Грозный» и руководство канала «Россия», выпустившего эту халтуру на голубой экран. Редкое сочетание убогого внутреннего содержания с выдающимся по убогости изобразительным рядом ...Смешон в своей благостности митрополит в исполнении замечательного острохарактерного актера Михаила Филиппова. Впрочем, упрекать хороших актеров, которых в сериале много, я не могу—в дурацкое положение они поставлены режиссером. Так же не к месту был смешон в предыдущей многосерийной драме Эшпая («Дети Арбата») маршал Жуков (совершенно не похожий на реального), когда беседовал с Сашей Панкратовым и все-все понимал про его героизм, выяснив, что он... с Арбата. Главное же впечатление от сериала о первом русском царе—бедность всего, от мыслей до декораций, действие как будто разворачивается не в Москве, не в Кремле, а в каком-то задрипанном селе. Таков масштаб первых серий этой, с позволения сказать, телеэпопеи и ее мелкотравчатых героев.

（我没想到，居然有安德烈·埃什帕伊这样的人在《伊凡雷帝》中这样捏造历史和历史人物，也有"俄罗斯"这样的频道居然会播放这种粗制滥造的东西。这部电视剧罕见地将贫乏的内容和极度贫乏的表现手段结合在一起。优秀演员米哈依尔·菲利波夫在这部剧中的演出都十分荒谬可笑。我不能指责在这个剧中出演的优秀演员，因为正是导演将他们置于这场闹剧之中。这和埃什帕伊德上一部剧《阿尔巴特街的儿女们》中呈现的与现实完全不符的朱可夫元帅一样，他在和萨沙·潘克拉托维交谈的时候才明白了他的英雄主义，明白了他原来来自阿尔巴特街。这部关于俄罗斯第一个沙皇的电视剧给观众留下的最主要的印象就是——贫瘠：从思想到布景都是贫瘠的，好像所拍摄的故事不是发生在莫斯科，不是发生在克里姆林宫，而是发生在一个脏兮兮的村子。这

第四章 现代俄罗斯社会职业领域的修辞建设

就是我想说的所谓电视历史长诗和它里面卑微的人物的格局。)

彼得罗娃等人还指出了在传媒话语中大量使用口语、俚俗语、行话、甚至是詈语等词汇的特点,认为这也是传媒机构拉近与受众距离的常见方法。

在谈到传媒话语的评价性质时很多学者都注意到很多新词(неологизм)的评价意义。这些新词从构词的角度来说十分具有研究的价值。"一些构词单位与生俱来就拥有评价意义,而另外一些则在具体的交际场景下产生并实现潜在的评价功能。"(特罗什金娜 / Т.И. Трошкина,200:158)"在现代构词的过程中经常可以发现评价性或者情感表达性词汇占据了较大的比重。在口语、俚俗语和行话使用越来越广泛的情况下这种现象也越来越常见。"(瓦尔吉娜 / Н.С. Валгина,2001:149)当然,这样积极的构词现象归根究底还是要对相应的社会事件和现象进行描述与评价。

俄语语言体系的动态发展始终和外来语有着一定的关系。希米克(В.В Химик)(2006:56)指出,"任何民族和任何语言发展的历史上都会出现外来词汇快速并广泛引进的时期,这反映了(或者说在一定程度上甚至促进了)社会和民族语言的发展。"具体到当前的社会及文化转型条件下的外来词发展,克雷辛(Л.П. Крысин)(2002:5)描述道:"20世纪末到21世纪初强大的外来词冲击早就引起了俄语语言学家的注意。有关外来词的数量、使用特点、言语功能、它们和本族语以及早期外来语之间的相互关系等等都存在不同的意见。"科里亚科夫采娃(Е.И. Коряковцева)(2008:97)在分析外来语和传媒话语对受众所施加的影响之间的关系的时候指出:"传媒机构对受众施加影响的一个策略就是过度使用外来语,这样就造成了信息代码的冲突:这是发话者有意让受话者不能理解他的话语,故意造成他们技高一筹的假象。"她总结出在国家级报刊中使用频率较高的、作为术语使用的英语外来词:аудит(审计),авуары(资产), акт сюрвейера(检查报告), бенефициар(受益人),

брэндинг（品牌）, валоризация（提高有价证券行市）, варрант（栈单）, гудвил（企业信誉）, детеншен（滞期费）, индемнитет（豁免权）, инжиниринг（工程学）, клиринг（非现金结算）, консигнация（寄售）, контроферта лаг（计程仪）, лизинг（长期租赁）, локаут（同盟歇业）, маржинальный доход（边际收入）, мерчандайзер（业务员）, ноу-хау лицензиара（技术专利许可证）, опцион（选择权）, офшорный центр（离岸中心）, онкольная операция（透支业务）, преференциальные льготы（特惠）, римесса（转付汇票）, роялти（特许权）, свинг（容许差额）, супервизирование（管理）, тайм-чартер（定期租船合同）, таксатор（估价员）, толлинг（来料加工）, трактация（条约）, хайринг（中期租赁）, хеджер（套头交易者）, флуктуации рынка（市场波动）, форфейтинг（福弗廷—外贸信贷业务中一种中、长期融资形式）, франчайзинг（特许经营）, франшиза（保险免赔额）, фри-аут（租船人员负责卸货）等等。科里亚科夫采娃还指出，外来词的过度使用还体现在传媒话语中直接使用外语词汇，如：Во-вторых, soft power: расширение гуманитарных связей, льгот для желающих обучаться в России.（第二点，软实力：扩大人文交流，为愿意来俄留学的人提供优惠。）（《论据与事实》2009年第28期）

彼得罗娃等人还将比喻这一修辞格纳入了研究的视野。她们认为，传媒话语中比喻的功能除了使受众认知新事物外，主要还是进行评价，进而影响并说服受众。她们在所编纂的教科书中以2009年发表在《论据与事实》（Аргументы и факты）第9期的一篇文章为例分析了比喻的评价属性及其在传媒话语中对受众施加影响的机制。

Затерявшийся в пустыне иракский город Эрбиль похож на столицу пиратов—что-то вроде средневекового порт-Рояля. Цены в гостиницах не уступают парижским, а стоимость квартиры в новостройках Dream City («Город мечты») еще дороже, чем

第四章　现代俄罗斯社会职业领域的修辞建设

в Москве. Сходства с пиратской гаванью добавляет немыслимое количество авантюристов, предлагающих «карты сокровищ», только вместо островов, где зарыты сундуки с пиастрами, - «неразведанные» нефтяные участки.

［迷失在沙漠中的伊拉克城市埃尔比勒看起来像海盗的首都——就像中世纪的皇家港口。酒店的价格并不逊于巴黎，梦想城市（"梦想之城"）的新建公寓的成本甚至比莫斯科还贵。与海盗港的相似之处吸引了一些不可思议带着"宝藏地图"前来的冒险者。唯一的区别就是那里不是埋藏着装满金币箱子的群岛，在那里都是"未被发现的"油田。］

这个片段中的比喻是建立在人们通过文学作品以及民间传说所建立起来的对海盗的认识及联想之上的，荒无人烟的岛屿、埋藏的金币……通过这样的比喻描绘了伊拉克城市的样貌，并传达了作者对它的评价。

以上介绍的都是词汇和辞格层面传媒话语影响和说服受众的常见策略，事实上，这些策略还涉及句法和篇章层面，甚至在语用原则方面都有所体现，比如故意打破话语关联、故意违反话语的语用预设等。这些策略的修辞功能都可以理解为对受众施加影响，从而改变或重新建立他们的价值观体系。俄罗斯修辞学者对这些策略的研究还在不断深入的过程之中。

第五章

现代俄罗斯社会的修辞教育教学

俄罗斯现代修辞学在俄罗斯的研究是多元化和多角度的。修辞学的教育功能和教学价值是诸多研究方向中的一个重要问题。每年召开的俄罗斯修辞学会国际年会出版的材料中总有一部分是以此为题材的。修辞学曾经和语法学、逻辑学一起成为人文学科体系中的基础学科，它的教育及教学价值在学科发展初期就得到了肯定。俄罗斯修辞学在其历史发展过程中曾在教育教学领域被完全摈弃，但值得强调的一点是，修辞学作为一种教育和教学的内容、方法和态度，仍然渗透甚至融合在诸多课型之中；而修辞学中的话语伦理道德思想在培养受教育者的言语个性方面则一直起着潜移默化的影响。随着修辞学重返教育教学和研究领域，它的教育功能又再次得到了挖掘，很多教育机构都开设了修辞学课程，以期提高受教育者的言语交际能力。本章将描述俄罗斯现代修辞学的教育教学功能及其在各级教育体系中的地位和作用。

第一节　修辞教育教学历史回顾

修辞学在其发源之时起，就是作为教授的内容出现的。在古希腊时期修辞学和语法学及逻辑学被一同称为"三艺"（тривиум），并被认为是教育体系中最为基础的一门学科。早期的"智者派"（софисты）重视教授说服的艺术，在教学内容中已经有了"理论"和"实践"的区分，并致力于把弱势的立场通过修辞论辩转化为强势的一方。希腊著名的哲学家苏格拉底则提出了修辞的伦理道德基础，强调在教学过程中"真理"（истина）的重要性。随后，柏拉图和亚里士多德还建立了自己的学校，他们的修辞思想一直贯穿在人文教育的过程之中。修辞学发展进入

第五章 现代俄罗斯社会的修辞教育教学

古罗马时期后,其代表人物西塞罗和昆体良更是将希腊时期的学科教育教学成果发扬光大,他们对修辞教育的真知灼见对普通教育也仍然具有借鉴意义。

20世纪西方新修辞学复兴以来,美国和欧洲的很多高校开设了修辞学课程。王筑昑(2004:72—74)在《美国大学修辞教育探微》一文中对美国大学修辞教育的基本状况做出了描述:"修辞学系是美国大学修辞教育的重要力量;修辞学已成为美国大学英语系的主课程;传播修辞学成为言语交际系的后起之秀;研究中心以及交际系、教育系举办的修辞教育各具风骚。"很多欧洲国家的高校也都开设了修辞学课程。根据伊波利托娃(Н.А.Ипполитова)等人对西班牙、保加利亚、丹麦、芬兰、德国、挪威、波兰和英国等国家代表性高校修辞学课程开设情况的统计,虽然各国高校在开课形式(必修和选修)以及授课方式(理论讲座或实践练习课)等方面有所差异,但所统计的所有的高校均开设了修辞学课程。

俄罗斯的修辞教育可以回溯至基辅罗斯时期。在弗拉基米尔大公确定东正教为国教后,修辞学和语法学及逻辑学一同被确立为教育机构中的课程。虽然那时还没有专门的修辞学教科书,但是与话语表达相关的修辞建议在各类作品中比比皆是。1620年,俄罗斯第一本修辞学教材面世。根据俄罗斯修辞学历史研究家安努什金的观点,它是从著名的德国教育家菲利普·梅兰希顿的拉丁文教材翻译而来的。这部教材包括《构思》和《言语修饰》两部分,探讨了诸如修辞学规则、言语结构、论题、言语样类等问题。库尔采娃(З.И. Курцева)总结了古罗斯至19世纪修辞教育的基本特点:在国家发展的各个阶段修辞学都没有改变它在"三艺"中的地位,能言善辩是具有文化素养和较高教育水平的特征,修辞学是发展思维和情感以及认知自己和他人的有效手段;修辞学在普通学校的高年级独立设课,其他类型的专门学校也都有不同的教授形式;在此阶段修辞学已经形成了理论与实践相配合的教授手段;修辞

教师形象对于学习者的言语文化发展以及个人的精神道德培养起着一定的作用。(2014:37—38)

20世纪下半叶修辞学在俄罗斯复兴以来,修辞教育仍然继承了之前的传统,关注言语交际个性的发展和学习者道德价值观的培养。复兴后的学科进入了现代修辞学的发展阶段,它作为一门课程的主要目的不仅在于培养学习者掌握发表公共话语的技能,还在于理解和运用各种题材的话语。娜·拉德仁斯卡娅(Н.В. Ладыженская)(2002:87)在教育领域的修辞学复兴不久后写道:"在未来的学校里应该教授一门特别的课程:那就是具有文化建设意义和文化整合性质的修辞学"。伊波利托娃(2014:38—39)还将"修辞教育"视为术语并将它定义为"多层级的理论实践体系",并阐明该体系的基本目的在于"向学习者讲授交际以促进交际能力的发展,对功能文化个体进行道德培养,使之能够顺利地在现代社会中实现自我"。下图可以直观地表现出俄罗斯学者设计的修辞教育层级体系:

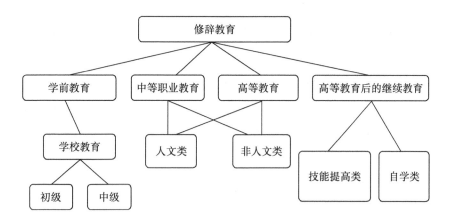

第五章　现代俄罗斯社会的修辞教育教学

第二节　俄罗斯现代修辞学的教育教学资源

在俄罗斯修辞学没有获得独立学科地位之前，俄罗斯各级教育机构所开设的其他人文学科课程或社会学课程之中都渗透着甚至融合了修辞学的要素。可以说，在俄罗斯普及教育中修辞学与其他课程有着千丝万缕的联系。安努什金认为，很多课程中都存在修辞学的映像，如言语发展(развитие речи)、言语素养(культура речи)、交际文化(культура общения)、篇章语言学(лингвистика текста)、言语修辞学(стилистика речи)、功能语体学(функциональная стилистика)等等。（见2009:12）在现代的话语环境中言语学科体系也有其复杂性：由于新的交际技术和大众交际的发展出现了新的言语学科，如公共关系(связи с общественностью)、形象学(имиджелогия)和神经语言学(нейролингвистика)等。这些新的言语学科的出现对现代语文教育产生了影响，也对修辞学在教育领域的复兴起着促进的作用。虽然俄罗斯学者们经常陷入关于学科称名的争执，但教育的目标和目的是确定的：提高受教育对象的言语技能水平。修辞学，不论是古典修辞学还是现代修辞学，都以对待语言实践意义的哲学宽泛目光丰富了学校现代教育进程。

5.2.1　有关修辞教育教学的争议

在定义修辞教育的实质时，俄罗斯学者进行了大范围的争论并提出了各自的意见和观点，这一话题在每年召开的俄罗斯修辞学会国际年会上都会引起热烈的讨论。以下详细讨论几个有代表性的争议点。

第一，修辞学是一门独立的科学和独立的知识体系，还是它所研究和关注的问题也是其他学科的研究对象？

修辞学作为研究话语的一门学科有其普遍性，而这普遍性是由话语的普遍性所决定的。修辞的普遍性还是在学科的起源时期就有所提及：亚里士多德(1978:19)认为，修辞学是一种"普遍的知识"(всеобщее знание),它被每个和他人进行言语交际并且希望"在任何事情上找到说服的方法"的人所需要。修辞学的普遍性以及由此而产生的重要性在俄罗斯语文教育中也有所体现:"修辞学的材料是所有可以言说的事物,也就是所有可认知的事物"(罗蒙诺索夫)、"所有的科学和知识……只能通过话语来表达"(特列季阿科夫斯基 /В.К. Тредиаковский)、"修辞学是研究如何言说所有事物的科学。其他所有科学的研究对象都是有限的,只有修辞学的研究对象是本质相同的言语的统一体"(《儿童修辞学》1787,转引自安努什金,2002:149)。

修辞学的普遍性在现代信息社会同样成立,这是因为不论哪个社会领域都要求从业者掌握构建合理有效话语的技能。这一点在人文科学领域尤其突出,因为所有的智力职业(интеллектуальная профессия)都涉及话语的运用。而在教育领域修辞学的普遍性同样存在:在中小学教育中它是一门培养受教育者言语个性的课程,而在高等教育和职业教育中它更为重要:只有通过修辞技能的提高才能准确有效的表达和加工已经获得的知识。

第二,是否存在修辞教育的公设(постуалы)?如果有,是什么样的公设?所谓公设,指的是某门学科中不需要证明而必须加以承认的某些陈述或命题,即"不证自明"的命题。如果一门学科被表示成公设的形式,那么它的所有命题就可以由这些公设按照逻辑推证出来。如果把一门学科比作一幢大楼,那么该学科的公设就像大楼的地基,整幢大楼必须以它为基础才能建立起来。那么,修辞学以及修辞教育的公设是什么呢?从修辞学的发展历史看,修辞教育一直是修辞学家们致力研究的重要领域。各个时期修辞学家能够达成的统一公设即为修辞学可以被教授,它有利于受教育者完善个性并发展他们的话语能力。

第三,学校修辞学课的教授内容应该是什么样的?传统的语文学(словесность)和俄语修辞学(стилистика)作为教学课程来说,主要讲授的是语音语调、语言单位的语体资源、修辞格(如隐喻等)的运用规

第五章 现代俄罗斯社会的修辞教育教学

律。而俄罗斯修辞学虽然也涉及这些内容，比如普通修辞学的"五艺"的最后一部分，就专门研究和教授口头表达过程中的语音语调、声调、语速等内容，但不论是古典修辞学还是现代修辞学都将言语交际实现的各种条件作为研究和教授的主要内容：话语中的人品和道德（这是语境中的先决条件）、话语中的情感（这是话语的意义所在，通过论题体系构建话语内容以及论证的方法）、话语中的逻辑（话语的表达手段）等。

第四，传统的"言语发展"课（развитие речи）和"修辞"课（риторика）有什么区别？"言语发展"是俄罗斯语文教育界和中国俄语教学界常常提到的一个术语，促进学生的言语发展是俄罗斯学校教育的一项重要任务，也是俄罗斯语文教学的一项专门内容。那么，"言语发展"课的主要内容是什么样的呢？泰·拉德仁斯卡娅（Т.А. Ладыженская）（1999:3）认为：

> 中小学有专门的训练，使得你们（指学生——笔者注）的言语变得更加多样、生动、纯正、正确。这种训练在所有的课上都在进行着，但最主要是在俄语课和阅读课上。这项训练的名称叫做言语发展。通过言语发展训练，最终可使你们的言语变得更加丰富，词汇量、语法和语调均得到发展。具体说来，当代俄罗斯的教学法可以区分出言语发展工作的三个主要方向：丰富学生的言语（丰富其言语的词汇量、语法和语调结构）；预防言语错误（用词错误，词组，句子组织上的错误等等）；通过"连贯语"及"转述和写作"训练培养交际能力。

至于这两个课型的区别，娜·拉德仁斯卡娅（2002:9）等人也撰文解释道：

言语发展	修辞学
(1)用各种语言手段丰富言语(在所有的课上)	(1)学习修辞学中的两个主要部分"交际"和"言语体裁",用各种语言手段丰富言语
(2)预防言语缺点和错误(在所有的课上)	(2)预防言语和语篇错误、缺点;强调言语正确性对交际有效性的意义
(3)教授书面转述和作文(在俄语课和文学课上)	(3)教授在生活(包括学习)中常用的、适宜于具体言语交际情景的言语体裁

俄罗斯修辞学家认为,从宏观角度看,这个问题的争论和俄罗斯教育界中认为"言语发展"课和"言语素养"课优于"修辞"课的观点有很大的关系。巴拉诺夫(М.Т. Баранов)是俄罗斯优秀的教育家,也是俄罗斯教育部推荐的许多教科书的编写者,他于1998年在《学校俄语教学》(Русский язык в школе)杂志上发表了《从修辞学到言语发展——俄罗斯学校教育中的言语教育》一文,其中就明确表示在学校教育中言语发展课比修辞学更具有教学价值。安努什金则指出,言语发展课中缺少了很多古典和现代俄罗斯修辞学的重要部分。在这些缺失的修辞学内容中最为重要的是言语建构的普通规则(Общие правила ведения речи)。罗日杰斯特文斯基研究了"思想—话语—事实"(мысль—слово—дело)之间的关系、话语关系的规则以及发话者和受话者应遵循的规则。(详见 1978:211—229)还有一些话语建构规则属于伦理和道德的范畴,它们多出自宗教文献和作品(如《圣经》等)。对这些规则的总结散见于米哈利斯卡娅的《教育修辞学》(1998年)、罗日杰斯特文斯基的《修辞学理论》(2006年)和安努什金的《修辞学》(1994年)等著作和教材中。学者们认为,将语言、言语和话语作为创造人类精神财富和福祉的理解有助于丰富现代的教育理念。

第五,学校教育中的修辞学课程如何促进教学对象言语个性的形成?现代教育提倡培养受教育者的个性,认为这是思想创新的基础。修辞教育也把培养个性作为主要目的之一。修辞教育教学本着对话语实质的认知,将个性培养与话语能力发展相结合,提出培养并发展教学对

第五章 现代俄罗斯社会的修辞教育教学

象言语个性的概念：认为个性的培养是以言语教育为背景的，言语认知的完善和言语技能的提高是个性发展的有效途径，而这一切都体现在言说者所塑造的自我形象之中。

在传统和现代修辞学中，"交际者形象"（образ ритора）一直是研究的核心概念之一，它研究的是如何在话语中合理有效地体现交际者形象的问题。对于口头交际来说，是言说者的形象，而对于书面交际来说，是书写者或作者的形象。可见，交际者形象的问题和个性培养以及个性在思想和话语中的体现紧密相关。交际者形象首先是建立在"交际者道德"这一概念基础之上的。修辞学重视交际者的精神和道德素养，研究者提出了针对交际者个性的伦理要求。这一概念与前文中讨论过的"修辞典范"从本质上来说是一致的，它们都是将民族和社会所认可的交际者品质作为核心。在传统和现代的修辞学教科书中，诚实、智慧或者博学、正直、善良、谦虚等都是交际者所应该具有的品质。当然，不同的时代和不同的伦理—哲学体系会提出不同的标准和要求，但最本质的要求是不会改变的。而俄罗斯现代教育中所说的言语品质大多是从传统俄罗斯修辞学中汲取的内容，比如正确性、清晰性、准确性、纯洁性、逻辑性、形象性和生动性等。"交际者道德"和"修辞典范"是学校言语教育的有机补充，正是通过精神和伦理观念的灌输，受教育者的个性，包括言语个性才有可能得到健康和全面的发展。

第六，一些当代的学者和教育家认为修辞学是研究演讲艺术的学说，这是一个错误的观点吗？有关这一观点在本书第二章第五节中已经有所论述。修辞学在其发展历史上是以研究演讲话语作为学科起源的，但是将现代俄罗斯修辞学仅仅作为研究公共独白式口头演讲的学科便是狭隘的、忽视了学科动态发展的观点了：比如在古罗斯时期言语文化的研究就分别关注了文献话语和书信话语。而与西方古典修辞学和当前一些西方话语理论相比，俄罗斯现代修辞学的特点和优势就在于将各种形式的现实话语（реальная речь）都纳入了研究视野。基于普通修学和专域修辞学这样的学科结构区分,俄罗斯现代话语研究理论不仅研究文学作品和民间口头创作(现代学校教育的主要内容),还以书面文化产生之前的口头话语文化作为话语研究的起点,尽力展示社会发展背景下话语形式的演进,并挖掘每一个话语体裁的建构与表达规则。在现代技术条件下,修辞教育还努力对大众传媒话语进行研究,因为这一话语形式在现代社会中具有其他形式所不可比拟的社会意义和功能。因此,学校教育有向教育对象解释大众传媒话语中的言语操控和解释计算机技术下的人机对话实质的责任。在这个层面上修辞课程具有不可替代的作用,因为话语评价正是运用修辞知识分析话语的内容之一,它是和话语建构同样重要的知识和意识。俄罗斯修辞学家认为,在现代信息社会中对各种话语的接受和判断能力是作为社会的人的基本知识,它是保证个人独立话语意识的条件。

第七,学校修辞教育是否只局限于独白话语的教授?如果说演讲艺术是有关独白话语的理论,那么现代修辞学和修辞教学法则更为关注对话理论(теория диалога)。正如本书第三章中所述,俄罗斯现代修辞学视对话为人类话语活动的基本特性,它渗透在人类各种交际形式之中,从修辞哲学的角度来看,它甚至是人类生存的状态。修辞教育首先应该以对话性为基础,使教学对象理解平等对待言说对象,用对话达成一致在人际交往中的重要性。同时,作为专域修辞学研究对象的各种体裁的对话是学校修辞教学中极具教学价值的材料。纳入学校教育的对话体裁最起码应包括各种场景下的日常口头对话和职业对话理论基础。在对话教授的过程中,话语条件、意图的确立、内容、论据、结构和书面或口头表达都应被纳入教学内容之中。此外,对话也是有效的修辞教学手段之一。

第八,是否应该在学校修辞教育中恢复传统的修辞学理论,主要是普通修辞学的"五艺"部分。正如上文所述,对于具体语境下的话语建构以及作为范例的话语体裁的学习在学校修辞教育中的作用和地位已

第五章　现代俄罗斯社会的修辞教育教学

经不必多言,但关于普通修辞学的"五艺"说是否应该进入中小学修辞课堂的问题,则存在着一些争议。总结研究者们的主要观点和意见,可以肯定的是,传统修辞学的"五艺"仍然具有教学价值:理论研究者和教育研究者都努力将传统的理论框架和当今社会的话语环境联系起来。学校修辞教育中"构思"(изобретение)的教授理想上应该教会教学对象在纷繁芜杂的话语信息和资料面前,以符合"修辞典范"原则所要求的态度进行交际意图和交际内容的构建。在"五艺"中构思尤为重要,而在构思中论题理论则是核心概念。正如本书第三章第四节第三部分所论述的那样,论题理论不仅是一个论点和论据生成的依据,它同时也是一个价值范畴,是民族和社会大多数成员所认可和接受的价值观的体现。在论题理论所提供的范畴和方法条件下,话语的建构者和接受者才有可能达到一致,而这些具体的范畴和方法的寻找对于话语建构者来说就是一个思维和话语的创新过程。思考习惯和话语建构技能的养成是一个长期的过程,因此,在学校教育中就应该为这种习惯和技能的培养形成基础,这也是学校修辞教育的主要任务所在。

"五艺"中的"布局""表达"和其他部分的内容在学校教育的其他课型中都体现的不够充分。例如有关"现场发表"部分,安努什金认为,不论"有效的、合适的"的发音这部分内容被称作什么,或者被归纳在哪一个课型之中,在中小学教育的教科书中对这一部分知识的介绍和讲解都是不充分的。学会发音(звучать),包括学会在话语表达的过程中做出停顿、富有表达力的说话、动态地运用嗓音、把握韵律和速度以及掌握发音技巧等等都是需要教授的内容。(2009:159)

第九,在学校修辞教育中是否需要增加修辞学史的知识?安努什金认为,在对本国语文学历史的借鉴过程中蕴藏着丰富思想和话语教学活动的广阔前景。对俄罗斯修辞学和语文学历史的回顾对于拓展学校修辞教育的视野十分有益。那种肤浅甚至自以为是的定义,如"修辞学就是逻辑学""修辞学就是语言修辞学""语文学就是文学"等,不仅无益于研究和教学活动,更是一种反智和反文化的现象。而对修辞学历史的回顾和梳理则会让这类错误定义和观点得到反思和纠正。

5.2.2 俄罗斯现代修辞教育教学经验

修辞教育教学在俄罗斯经历了较为漫长的发展历史,经验的积累是有史可查的。这些经验对于当前的信息社会仍然具有实践价值。对这些经验来源和内容的考察是俄罗斯修辞教育教学功能研究不可或缺的部分。纵观俄罗斯学者有关修辞教育教学经验的讨论,可以总结为以下三个来源:

第一,古希腊、罗马时期的方法论,也就是西方古典修辞学时期的教学方法论。这一时期的方法论得益于各种"修辞学校"的教学活动,也得益于苏格拉底、柏拉图和亚里士多德等人的教学经验。安努什金认为在修辞教育和教授的方法上,古典修辞学提供了如下的建议:(1)发展教学对象与生俱来的话语能力;(2)话语构建理论、规则和建议等知识的讲授;(3)模仿是一种有效的教授方法,需要让教学对象掌握文学和演讲的范例;(4)发展教学对象阅读和阐释话语的能力以及进行朗诵、发音技巧练习。(2009:51—52)

在西方古典修辞学时期修辞学被理解为有说服力话语的科学和艺术,但是说服不是修辞的终极目的,因为它有可能被用于良好的目的,也可能被用于"别有用心"的目的。因此,西方古典修辞学总是强调其哲学和伦理学基础。按照柏拉图的观点,修辞学,或者说修辞术更为准确,是一种熟练的技艺,是将受众引向有利于演说者的结论的技巧,而"这种技艺的教授就是修辞的艺术"(罗日杰斯特文斯基,2006:79)。但事实上修辞学不仅仅是上述的"技艺"或"技巧",它还应该是"用于创造幸福感受的话语艺术"(洛谢夫/А.Ф. Лосев,1974:110)。柏拉图提倡用一种新的精神哲学视角看待修辞学,在这种视角下,话语的基本目的不是运用演讲所获得的短暂的利益,而是通过演讲来展示和影响道德层面。

第五章 现代俄罗斯社会的修辞教育教学

从上述修辞学的目的出发,柏拉图提出了相应的修辞教育的方法论。他首先继承了苏格拉底的对话模式。"苏格拉底式对话"是一种采用对谈的方式澄清彼此观念和思想的方法。苏氏认为透过对话可使学生澄清自己的理念、想法,使谈论的问题变得清晰。他还认为只要坚持更正不完全、不正确的观念,便可使人寻找到"真理"。苏格拉底认为一切知识均从疑问中产生,越是追求知识的深度,疑问就越多。苏格拉底的母亲是助产士,他也认为自己从事的是类似的事情:知识并不是由他灌输给人的,而是人们原来已经具有的;人们已经种下了知识的种子,不过自己还不知道,他通过对话帮助别人产生知识。苏格拉底的"诘问式"以提问的方式指出对方提出的各种命题、学说中的矛盾,以动摇对方论证的基础,指明对方在知识上的缺陷。在谈话过程中,苏格拉底不轻易回答对方的问题:他以谦和的态度发问,由对方回答中而导引出其他问题的思考,直至最后由于不断的诘询,使青年承认他的无知。在西方哲学史上,苏格拉底的这种方法是最早的辩证法的形式。"苏格拉底方法"自始至终是以师生问答的形式进行的,所以又叫"问答法"。苏格拉底在教学生获得某种概念时,不是把这种概念直接告诉学生,而是先向学生提出问题,让学生回答,如果学生回答错了,他并不直接纠正,而是提出另外的问题引导学生思考,从而一步一步得出正确的结论。通常认为,这种问答分为三步:第一步称为苏格拉底讽刺,他认为这是使人变得聪明的一个必要的步骤,因为除非一个人很谦逊,"自知其无知",否则他不可能学到真知。第二步叫定义,在问答中经过反复诘难和归纳,从而得出明确的定义和概念;第三步叫助产术,即引导学生自己进行思索,自己得出结论。柏拉图提倡在修辞教学中使用"苏格拉底对话"的形式,同时还建议在对话时要寻找一个讨论的题目并发表独白形式的演讲(如《宴会篇》中是对厄洛斯爱神的歌颂)。也就是说,柏拉图将对话形式作为修辞技能和知识的教授方式,而将命题演讲作为修辞实践的主要练习方式。

古罗马时期修辞教育的方法论在西塞罗和昆体良的著作中都有体现，它们散见于著作中的格言警句中，并在书中得到系统化的综述。西塞罗详细论述了雄辩家（演讲者）应具备的优良素质，并提出雄辩家要具备这些优良素质，就必须接受良好的教育和严格的训练。首先，雄辩家应具有相应的天赋才能，如智力上的快速反应、敏捷的口才、清脆的声调、匀称的体态等品质。如果缺乏上述自然的天赋，便难以成为真正的雄辩家。但是光有天赋才能还不够，要想成为一名真正的雄辩家还必须依靠后天的培养。教育的作用就是通过严格的训练使这些天赋才能变得更加出色。

其次，雄辩家应具备广博而坚实的知识基础和伦理性格。西塞罗认为，要成为一名成功的雄辩家，必须具备足够的知识基础。只有这样，他才能在处理诉讼案件时做出正确的决定，在公共场合、法庭中、讲台上、元老院里阐明自己的主张，并指引别人做出明智的判断。他强调说："雄辩的艺术则是更为崇高的事情，它是由远比人们想象的更多得多的各种科学和学问结合而成的。""大量的知识，对于雄辩艺术来说是十分必要的，没有渊博的知识，即使是能言善辩也是空洞荒谬的……"（西塞罗，1972:58）因此，"在我看来，谁如果没有获得一切重要学科和艺术的知识，他就不能成为完备的具有一切优点的雄辩家。"（同上:23）基于这种看法，西塞罗主张雄辩家应接受通才教育，其课程除了雄辩术之外，还应包括文法、修辞、逻辑、几何、天文、音乐、物理、历史、法律和哲学。此外，还应了解政治、经济、科学、人群心理和社会习俗等知识。在西塞罗看来，雄辩术是依靠各门学科的知识而丰富起来的，否则，雄辩术只不过是空洞的夸夸其谈。而一切学科知识的学习必须服从于培养真正雄辩家这个目的，如学哲学是因为在演讲、辩论时常常会接触到哲学命题，而且如果演讲者对于哲学所揭示的关于人类的天性与行为习惯的理论没有精心研究，他的演讲就不能使听众了解哲学的观点；学历史是为了提供史实先例以加强论据，从而获得良好的辩论效果；学习政治是为了对

第五章　现代俄罗斯社会的修辞教育教学

某项立法提案做出正确的判断，以便在公共场合上发表演讲支持或反对这项立法提案，以引导公众做出明智的选择。特别值得一提的是，西塞罗非常重视法律教育。他认为，法律知识在罗马人的生活和文明中是十分重要的，在雄辩家教育中也是必不可少的内容。他说："人们在学习法律中获得乐趣和欣慰。""斯契沃拉民法知识，对于将成为有造诣的雄辩家是不可缺少的。"（同上:137）在西塞罗的指导和影响下，罗马的法律从完全实用的、靠艺徒制传授的专业，提高为科学的学科，其教学也逐渐系统化和理论化。在西塞罗时代，首都罗马成为法律深造的中心，许多希腊人到罗马学习求学。西塞罗还大力提倡学习和研究历史。他指出，一个真正的雄辩家"要熟记过去的全部历史和先例"（同上:56）。不过，一名真正的雄辩家除了掌握上述知识外，还必须具备良好的道德品质。

再次，雄辩家应有语言修养。西塞罗认为，作为真正的雄辩家仅有一般的自然与社会知识还不够，还必须在语言方面有特殊的修养，因为遣词造句以及整个演讲词的文体结构，决定了演讲水平的高低。他说："演讲时，不只是词句的选择，而且要仔细推敲句子的结构……"（同上:185）区分内容充实、语言丰富的演讲与内容枯燥、词汇贫乏的演讲的根据"即高超的演讲具备优美而优雅的文体，在修辞方面具有独特的技巧和光泽"（同上）。在西塞罗看来，雄辩家所应具备的语言修养包括必须说纯净、准确的拉丁语，清晰地、言简意赅地表达自己的思想，做到表述通俗易懂、优美生动，并能够使论证紧扣主题。为此，雄辩家就必须接受更高级的演讲艺术的陶冶，攻读修辞学，以便使演讲的艺术达到最高成就。他认为，攻读修辞学是罗马享有最高名望的高等教育形式，只有少数天赋禀异的人才能接受。西塞罗本人正是那一时代优秀雄辩家的典范，他以纯洁、典雅的拉丁文体促进了拉丁文学的发展，从而对罗马及以后欧洲的教育产生了深远的影响。

最后，雄辩家应具有优雅的举止和风度。西塞罗认为，演讲时身体的姿势、手势、面部表情和抑扬变化的声调都会对演讲的效果产生巨大的影响。因此,一个有造诣的雄辩家应是一个有教养的人,在发表演讲时,"要谈吐文雅、机智,在回答问题和反驳对方时,要敏捷、简练、谦恭有礼"(同上:101)。此外一个真正的雄辩家还应该了解听众的心理状态和思想情感,使自己的演讲打动听众。他说,发表演讲时,"必须清楚地懂得,自然赋予听众的思想情感,由于演讲的动力和艺术得以镇静或兴奋……"(同上),因而使自己"所做的一切都是尽善尽美、完全令人陶醉、举止得体,以便能打动人心,令每个人着迷"(同上)。而要做到这一点,也需要付出很大的努力、经过大量的练习才能达到。

至于具体的培养雄辩家的方法,西塞罗认为主要有三种形式:

一是通过广泛的阅读使雄辩家具有广博的知识。西塞罗认为,教师应该让学生诵读大量的文学精品,同时授以记忆术,使学生真正掌握大量的知识,这对于一个雄辩家的成长是非常重要的。二是通过长期的写作使雄辩家获得敏锐的思维、判断能力和机智的表达能力,从而提高"雄辩能力"。西塞罗指出,一篇好的演讲词要结构合理,布局匀称得体并富有韵律,这就需要在写作演讲稿上下工夫,通过持之以恒的练习才能达到。因此,想成为雄辩家必须花费巨大的精力,锲而不舍地练习写作,同时还要竭尽全力去观察事物,体验生活,并从实践中学习。只有这样做,才能成为一个才华横溢的雄辩家,受到人们的普遍赞扬。三是通过大量的实际训练来提高雄辩家的雄辩理论和技巧。西塞罗强调,经验是最好的老师。他说:"在每个人通过自己的努力所获得的学识之上,又加上了大量的实践经验,哲学经验比一切大师们的箴言都更有用。"(同上:143)西塞罗认为,最常用的实践训练是演讲练习和模拟审判。演讲练习是先确定一个在讲坛上演讲的论题,让学生对讲题深思熟虑,做好充分的准备,尽可能接近真实地发表演说或进行辩论,在实践中学习雄辩术。模拟审判是让学生对法庭话语实践事先进行练习,还要去法庭现场观摩。在那里,学生既可以看到雄辩家的演讲姿态,又可以学到雄辩的技巧,因此,法庭是雄辩术理论和实践互相结合的理性场所,也是

第五章　现代俄罗斯社会的修辞教育教学

获得这些知识和技巧的最佳课堂。在上述练习的基础上,"雄辩术必须从家庭中温室般的练习场地走出去,走向实际行动,走向喧嚣的尘世,走向军营和公共争辩的战场……"(同上:162)

第二,俄罗斯古典修辞学教学方法论。古典修辞学方法论在罗蒙诺索夫时期之前就已经初具规模,它形成于罗蒙诺索夫时期,由斯别兰斯基、梅尔兹利亚科夫和科尚斯基等人继续完善。俄罗斯古典修辞学方法论对现代俄罗斯教育的影响十分深远,它为现代教育提供了很多有益的经验和模式。

俄罗斯古典修辞学的教学方法论建立在对言语教育实质的道德哲学理解之上。如果说对于西方古典修辞学来说口头表达的公共话语是其关注的重点,那么书面文化的出现,东正教的普及则在很大程度上改变了国家结构和社会话语实践的形式,由此,俄罗斯古典修辞学的关注范围较西方古典修辞学则变得更为宽泛。

对古罗斯的语文发展历史进行回顾就可以看出,那时的教育家们对 риторикия, ритория, ветийство, ритор, ветий(均可译为"修辞")等词已经非常熟悉了。俄语词汇 ветийство(修辞)是希腊词汇 rhetorica(修辞)的翻译。修辞学在当时被视作是"高等科学"(высшая наука),修辞学习的前修课是语法课。17世纪之前在古罗斯还没有出现修辞学教科书,但是存在着诸如 доброслових 和 благоречие(均可译为"善言")等概念,它们是言语行为的基本原则。古罗斯的神职人员都是以基督教文化的文本作为学习的内容,并借此了解文学和演讲实践的范例。安努什金的《俄罗斯修辞学历史》一书中详细叙述了古罗斯时期的修辞教育情况,据此可以对这一时期言语教育使用的教学方法和手段做如下总结:(1)分析具体的言语范例,描写演讲实践;(2)总结在进行演讲家言语培养时使用的各种方法和手段;(3)分析《七贤说》和1620年《修辞学》中的修辞学理论。

传统修辞学的教学经验对现代教育具有启示作用。罗蒙诺索夫在

《雄辩术简要指南》中非常清楚地描述了修辞学的教学手段。在描述这一教学手段的体系时,罗蒙诺索夫不仅借用了他的老师克赖斯基(Порфирий Крайский)的学说,还借鉴了17—18世纪非常流行的手抄文献的经验。比如罗蒙诺索夫对修辞学的界定和对修辞教学方法的理解就来源于乌萨乔夫的《修辞学》,只是在一些术语的称名上和知识的体系化上做了一些变动和完善。在他的教学方法体系中有以下几个重要部分:一是天赋,二是科学,三是模仿,四是写作练习,五是其他相关学科的知识。(1952b:92)以下就这五个部分进行具体的分析。

(1)天赋。天赋指精神和生理(душевные и телесные способности)上与生俱来的才赋,它也是人区别于其他动物的主要特征。罗蒙诺索夫将精神上的才赋理解为机智和记忆(остроумие и память)。以修辞学为背景的机智可以理解为修辞能力的外在表现,是一种快速并准确找到论据的能力。记忆是一种对知识的定位,是修辞者在进行言语交际时积极运用的一种手段。很显然,机智和记忆对于现代话语环境下的修辞者同样是十分必需的,它们决定了修辞者积极进行构思、有效寻找论点和论据的能力。罗蒙诺索夫将"洪亮、悦耳的嗓音、深长的呼吸、良好的身形和外貌"等生理条件理解为"生理天赋"。这些生理天赋与口头话语发表有着极大的关系,并且与古典修辞学的教育中重视站姿、身体语言、发音以及语音语调的练习是一致的。而这些因素都是交际者言语个性的组成部分。

(2)科学。罗蒙诺索夫(1952:86)认为:"科学是对通向雄辩的正确之路所需知识的认知。"罗蒙诺索夫所提出的"科学",就是规则,而规则来源于对话语实践的观察和研究,是对交际者成功或不成功言语交际经验的总结。所有形式的活动,包括话语活动,都要遵循具体的规则和建议。关于这些"规则",罗蒙诺索夫(1952:93)指出:"首先,它们应当是简短的,这样易于记忆,也易于作为范例在语言运用的时候使用;其次,这些规则应当是表述清晰的,这样才易于理解和学习;最后,应该举

第五章　现代俄罗斯社会的修辞教育教学

例说明这些规则,这是规则运用的最为清楚的证明……"

（3）范文的挑选和模仿。范例模仿是俄罗斯古典修辞学教学实践中非常重要的方法。修辞学所提倡的模仿并不是机械和盲目的重复,它是一种对范文的创造性理解和思考。它的终极目的是要深刻并透彻地理解范文的文化意义,并将其纳入学习者的言语个性之中。这样,学习者才有可能接受并熟练运用本民族的话语文化传统。

（4）罗蒙诺索夫将运用于修辞教学实践的基本方法理论总结为"模仿的最佳方法是在不同话语体裁的写作中得到训练"。这里罗氏所说的写作得到的不仅仅是书面表达的训练,他还要求将作文用来演讲和口头发表。19世纪—20世纪的很多演讲家都以单独授课或答疑的形式进行过此类教授经验的积累,而这样的教学活动的目的就是发展教学对象的修辞能力,或者说言语能力（риторические способности или речевые способности）。

（5）罗蒙诺索夫在他的修辞学教学方法体系中将"其他学科的知识"作为独立的一点提出,是因为在他看来,"修辞的资源正是世上现实存在的一切"（1952:85）。现代社会话语实践表明,具有良好的职业素质,掌握全面的职业知识的人才可能成为优秀的修辞者。因为职业知识的运用多是要通过运用话语来实现,这也是"思维"和"话语"相互关系的体现。

罗蒙诺索夫有关修辞学教学方法的基本理论在随后的修辞学研究中得到了发展。斯别兰斯基（М.М. Сперанский）的《高级演说规则》（Правила высшего красноречия）中就以这样的论述作为开篇："演说是打动心灵、使心灵充满激情并形象地表达概念的才能。……我将修辞学,或者说加强演说有效性的方法的教授分为三种:规则的阅读、范例的阅读和独立作文的练习。"（1844:5）科尚斯基是皇村中学第一位语文学和修辞学教师,他还讲授过诗学创作。他在1828年之前一直在皇村中学教书,随后在1829年创作了《普通修辞学》（Общая риторика）、在

1832年创作了《专域修辞学》(Частная риторика)。在这两本教科书中科尚斯基提出了许多修辞学教学的建议,并将达到修辞学教学目的的方法总结为三种:"(1)阅读;(2)思考;(3)独立练习。阅读时应该标出优美的词汇和表述,理解优秀的思想。勤于思考则利于培养论证的能力,而独立练习的意义则在于培养连贯表述和生产话语的能力。"(1829:3)

第三,国外现代修辞教学方法论。对俄罗斯现代修辞学教育方法论影响最大的是美国和日本的相关理论。俄罗斯修辞教育研究者对于美国修辞教育教学经验的分析和介绍抱有相当的兴趣。这是因为和东欧国家的修辞学发展历史相比,美国的修辞学发展是较为连续的:在美国的各级教育机构中,修辞学作为教学课程一直存在(虽然可能称名不同,如演讲学、写作、政治修辞等)。安努什金(2009:124)在谈到美国的修辞学教育时指出:

> 在美国的言语文化和学校教育中都将政治活动家的话语作为主要的研究对象之一,对这类话语进行修辞论证的分析,树立政治话语行为的范例。这就使培养"积极公民"(активный гражданин)成为了一种可能。"积极公民"意指以自己的祖国为骄傲并有能力运用话语来捍卫她的社会成员。这其中可以用来捍卫自己祖国的话语是一些论据的固定组成,是结构稳定的思想意识话语学习的成果,也是对宣传美国思想意识的典范修辞者话语活动学习的成果。

罗日杰斯特文斯基和其领导的莫斯科大学"普通和比较语言学教研室"对美国科学修辞学(научная риторика)的研究状况进行了分析。这些分析和研究成果记录在罗日杰斯特文斯基的最后一本著作《现代修辞学原则》中。以下对罗日杰斯特文斯基的观点进行简要的介绍。在书中他指出美国的科学修辞学的研究始于20世纪,当时内容分析

第五章　现代俄罗斯社会的修辞教育教学

(контент-анализ)成为一种统计分析文本的方法，它提供了在实证分析的基础上建立文本内容全貌的一种可能。借助于内容分析人们开始研究社会观点和社会兴趣的分布。科学修辞学的研究者从受众研究转向话语有效性的研究。随后这门学科被称为"交际理论"(теория коммуникации)。交际理论研究发话者和受话者通过话语文本所建立的联系。在这种理论研究的背景下，美国的教育体系中形成了独特的学校教学课程综合体。除了传统的写作和朗诵课外，还开设了新的课程"言语课"(Speech/Речь)。在"言语课"上教授言语的生成及发表的知识，还教授辩论方法。显然，这是修辞教学内容的完全体现。在俄罗斯修辞学教学改革初期，俄罗斯本国的修辞学和教育学研究者就注意到了美国学校的这一课程，并非常注重借鉴这方面的经验。

目前，"言语交际"(Speech communication)在美国学校中开设的非常普遍。"Toastmaster International"（国际演讲会）计划为修辞教育的普及和推广提供了保证。Toastmasters International 作为一个非营利的教育组织于1924年在美国加州成立，于全球142个国家拥有众多会员组织。其成立的目的是基于帮助他人如何演讲、倾听与思考来培养学员领导力、表达能力的国际性组织。按照这一组织的计划，十年内修辞学应一直作为课程在各级教育机构中开设。在俄罗斯修辞学研究者看来，美国的学校修辞教育具有以下特点：

首先，美国的修辞教育注重对修辞者和受众之间修辞关系的伦理思考。修辞者应该是一个高尚的人，他应该善于证明自己的观点就是国家意识形态和思想体系的个体表达。美国的国家思想体系是在修辞思想和意见的碰撞过程中形成的。

其次，美国的修辞教育注重将教育对象培养成为有能力做出选择或者能够根据自己的意愿以及对未来职业的倾向找到交际话题的修辞者。换句话说，美国学校中的每一个受教育者都被努力培养成为能够捍卫个人立场的个体，因此受教育者们会努力在内心中寻找自我的思想主张体系和个人话语风格。在这一点上,俄罗斯修辞学也一直非常看重思想的独立性和独创性,同时也追求任何一个社会团体或阶层的同一和团结。

再次,美国的学校修辞教育具有实用主义的特点。言语礼节、敏锐的思维、格言性的话语、话语发表时的自信和生动都是修辞教与学双方所追求的教学效果。因此,学生在课堂上会进行大量的演讲和论辩练习,对具体的范例进行观察和分析。俄罗斯的修辞学家们对美国教育的这一特点持双重态度:一方面,他们认为这是发展言语技能的有效方法,另一方面,他们批评这是唯实用主义倾向,是美国国家思想体系机器控制个体思维的手段。(见安努什金、沃尔科夫、米哈里斯卡娅等人的论述)美国学校修辞学教科书中关于言语行为的建议和规则的表述非常简单易懂。虽然这些建议和规则并不全是话语建构过程中的通用原则,但它们对于具体场景中的言语交际还是具有指导意义的。本书的附录4是莫斯科大学外文系的学生所翻译的美国修辞学教科书《交际与领导》一书中的片段。该书分为10课,它是按论据的寻找、表达、发表等顺序提供的实践练习。俄罗斯修辞教学领域在编写相关教科书时对于美国修辞教学的经验是比较重视的,尤其是在实践练习的编写过程中。当然,俄罗斯本国的学者一再强调,借鉴美国修辞学的教学经验不是盲目的复制,在将其吸收的过程中一定要考虑到本国的现实、民族的世界观和本国修辞教学传统。

除了美国修辞教育的经验,俄罗斯修辞学教育对于日本相关领域的经验也十分重视。俄罗斯修辞学家认为,日本之所以在20世纪后半叶能够在国际上占有一席之地,很大程度上得益于面向全体公民的话语能力的培养和教育。日本的语言研究者提出了"语言存在理论"(японская теория языкового существования)。这一理论的实质是从劳动和言语有效性的视角看待社会每一个成员的行为。在理论的建立阶段日本的研究者运用了实证的研究方法,对不同年龄和职业阶段的人用于言语交际的时间进行了统计,并将言语交际的具体行为区分为说、听、读、写。

第五章　现代俄罗斯社会的修辞教育教学

在统计结果的基础上，研究者提出了优化各种言语行为的策略。语言存在理论以培养一种特别的语言个性为研究目的，这种语言个性能够在某种程度上有效、和谐地将个人言语行为及其对社会的影响相协调。俄罗斯研究者指出，日本的受教育者在接受言语培养的过程中所学习的规则和标准是社会语言实践中最常见的交际形式和体裁应遵循的规则和标准。这样，形成的不仅仅是个体的言语行为准则，还有社会言语标准。而言语行为伦理典范的学习与普及则有助于形成人与人之间的相互理解和信任。由此，言语建构的成功经验便促进了劳动有效性的显著提高。

现代俄罗斯修辞学者对教学方法论的见解不尽相同，每一种见解中都有其合理的成分，并且它们之间是相互渗透的。对于修辞教育和教学，俄罗斯学界存在着许多不同的声音，有的见解甚至很难定义，但每一种都有其理论依据，也都是对修辞教学有效性的探索和思考。对于现代教育体系中修辞教育和教学，包括其方法论的探讨一直是俄罗斯修辞学会年会的议题。2017年在庆祝俄罗斯修辞学会成立20周年的庆典暨学术年会上所形成的决议中写道：

> 俄罗斯修辞学会已经成立20年了，它是由在有效的俄罗斯话语和言语文化宣传领域勤奋工作的专业人员组成的学术组织。在过去的20年里修辞学经过了复兴和巩固的时期，该学术组织对高校、中小学和其他补充教育机构的修辞学课程展开了研究，数量众多的研究成果面世，相关的副博士和博士论文通过答辩。与此同时，俄罗斯修辞学会的会员客观地评价了新型信息社会的形成和发展，并力图解决现代修辞教育的问题，因为若不考虑这些问题，那么俄罗斯社会在21世纪的发展则无顺利可言。

5.2.3 俄罗斯修辞教育教学组织的基本原则

安努什金在专著《语言与生活》(Язык и жизнь)(2009)一书中总结了修辞教育教学的基本原则。他从哲学方法论的角度出发,将修辞教育教学活动视为哲学方法论所区分的"学习活动"的一种类型,同时也强调修辞活动在语文学方法论范畴内所区分的"言语活动"的特征。安努什金认为以下这五条原则是同时面向教育者和学习者的极具操作性的建议。我们以这五条建议为框架,对俄罗斯修辞学界的教育思想展开阐释性论述。

第一,个性培养原则。受教育者个性的全面发展是通过完善他的"话语"本质来实现的。时任皇村中学(Царскосельский лицей)教师的科尚斯基将修辞教育的目的定义为"完善人主要的能力—智慧的力量和话语的天赋"(1829:1)。值得一提的是,皇村中学的教育体系在当时联合国教科文组织的调查表上被称为"最佳教育模式"。个性原则可以看作对人文学科方向高年级修辞教育目的的建议:形成具有最佳个性品质表现的交际者的完美形象、寻找在话语中体现出的个性独特风格。

第二,哲学观念原则。交际者总是在运用话语中努力阐明自己的观点并力图说服交际对象,而修辞学可以促使个人形成在话语中反映出的道德哲学世界观。因此,在修辞学课堂上首先应当考虑的是发展受教育对象的思维能力,并配合进行相应的练习。这一原则的相应建议是学习者应该形成明确的哲学生活和职业立场,并学会在言语活动中表达和捍卫自己的立场。

第三,科学理论原则。这一原则实际上是对古典修辞学和俄罗斯传统修辞学教育教学经验的继承(见上一节的论述)。科学理论原则对修辞教学的建议是教授和学习修辞学的规范和规则(законы и правила)。修辞学的教学应以囊括修辞学规范和规则的系统修辞学知识为内容。促进有效言语交际的规范和规则是在修辞学理论(теории риторики)

第五章 现代俄罗斯社会的修辞教育教学

中得到研究的。"规范"来源于演讲或言语交际实践的理论基础。这些以及规范显示的是言语现实适用于各种形式的社会言语实践。"规则"是从规范中衍生而来的、针对言语实践运用的内容。在学校修辞学教育活动中,修辞学规则的教授大多以对言语交际建议的形式出现。这样的建议是理论修辞学的传统体裁,在安努什金于2006年出版的《修辞学导论》(Риторика. Вводный курс)中得到比较集中的描写和分析。(见附录5)总而言之,学校修辞教育应该在深厚的古典修辞学理论和丰富的现代社会的话语实践基础上进行和发展,如果没有这些规范和规则的教授,那么学校的修辞教育就会沦为空洞的说教,对个性和思维能力的培养就更无从谈起了。

第四,教学文本文化意义的原则。遵循这一原则,学校修辞课堂上所使用的范文不仅仅应是引人入胜的趣味性文章,更应该是能够进入俄罗斯社会文化记忆中的篇章。依照这一原则的具体建议是:对各个时代各种风格的修辞典范进行学习。不了解所属社会和民族文化的修辞典范便无法成为一个好的修辞者。作为典范的修辞话语为学习者提供了言语活动的范本,它们是学习者在言语交际场景进行模仿的对象。正是通过对这些典范的学习,学生才可以接触和认识所属的文化,才有可能进行进一步反映个性的文化再创作。

由于意识形态和思维模式的关系,典范文本在各个社会发展阶段和时期是不完全相同的。那么,在中小学和大学的修辞教育中什么样的文本可以成为演讲教学的范例呢?这个问题对于修辞教育,尤其是中小学修辞教育有着迫切的意义,因为在俄罗斯传统教育体系中并没有专门教授演讲技能的课程。事实上,每一种演讲体裁都有其范例,这些演讲艺术的范例不仅仅是民族和社会文化模式的体现,更是所属文化的组成部分。法庭演讲的典范可以认为是19世纪末20世纪初的普列瓦科(Ф.Н. Плевако)、科尼、波罗霍夫希科夫(П.С. Пороховщиков)等人的法庭演讲;19世纪的历史学家格拉诺夫斯基(Т.П. Грановский)、克柳切夫斯基

(В.О. Ключевский)、语文学家达维多夫、布斯拉耶夫(Ф.И. Буслаев)、斯列兹涅夫斯基(И.И. Срезневский)、20世纪的康拉德和维诺格拉多夫等人的演讲是学术演讲的范例；而许多教堂的布道和宣讲则可以作为宗教演讲的范例。

在学校修辞教育中更为复杂的问题是政治修辞典范的确定,因为在一定社会中优秀甚至权威的政治家在随后的社会发展阶段被质疑、被否定,甚至被批判是常见的现象。除此之外,在俄罗斯政治修辞的历史上有过短暂的议会时期,当时的政治争论和冲突十分盛行。基辅的大公们、普罗科波维奇、20世纪初国家杜马的演讲和争论都可以作为学校教育中政治演讲的范例。苏联时期的政治演讲从意识形态上看评价不一,但从演讲艺术的角度来看,列宁、斯大林、基洛夫等人的演讲在很大程度上决定了他们的政治成就。对于文科专业的学生来说,当代政治家的话语分析也十分重要。对这类演讲话语的分析应该运用修辞批评的传统模式,对立意、结构、篇章修辞、发音特点和交际环境进行分析和说明。相对于现代政治家的演讲,俄罗斯的学校教育传统更善于分析普希金、马雅可夫斯基和拉斯普京的文学作品。对政治演讲的关注可以使教学对象在以后的社会生活中摆脱政治话语的恶意操控。

第五,实践话语原则。这一原则在修辞教学中的具体体现是练习的设计和运用。修辞课和俄语课及文学课的区别是它的教学重点是在现实话语的场景中话语建构者如何维护自己的立场,保证自己的利益。修辞课的练习可以分成三类：一是发音技巧的练习；二是范例文本的分析和朗诵；三是写作和演讲的练习。以下对这三类练习进行描述和分析。

发音技巧的练习在很多中小学修辞学教科书中都占有一定的比例。这些练习从某种程度上说和体育训练、戏剧艺术教学有相似的地方。就发音技巧来说,必须要指出的一点是修辞学并不只是"漂亮、好听的说话"(красивоговорение),对于一个成功的交际者来说,发音技巧的掌握不是全部,但它确实是丰富思维和有效话语表达的渠道和手段。

第五章　现代俄罗斯社会的修辞教育教学

范文的阅读分析和朗诵是第二类练习方式。在阅读和朗诵的过程中，范文作者的创作意图、行文风格得到更深刻的理解；在这个过程中范文中所包含的语言和文化信息才能更为准确无误的传达给教学对象。"阅读"是修辞学教学的基本方法。阅读时，学生积累的是思维和话语表达的经验和知识，而这些将在他随后的话语建构过程中体现出来。和对"阅读"的统一赞同态度不同的是，"朗诵"是一个引起不同理解的概念和方法。现代修辞学所提倡的"朗诵"，是一种能够处理自己或他人文本的能力，它对范例文本的处理是建立在对文本的分析和阅读的基础之上的。对范文具体的处理方法可以简单描述如下：先挑选学习者感兴趣的篇章（散文或诗歌），分析它的内容和风格，进行朗诵，逐渐过渡到背诵。这个方法不但适用于课堂教学，也同样适用于自学。当然，如果按照这个方法学习例文，对于自学者也有一定的学习能力的要求：他需要评价自己的话语，并善于发现自己的不足和错误。在"朗诵"的评价和分析上，录音和录像是很好的辅助手段。不自然的体态、过快的语速、没有停顿、多余的重复、语调单一等言语表达的缺点通过这样的辅助手段都可以得到纠正。通过朗诵可以养成良好的发音和话语发表习惯，注重对话语本身和交际对方的关注，而这正是交际成功的要素之一。

俄语词汇"выступление"我们多将其理解为"演讲"，其实在修辞教学中，它还可以指讨论（дебаты），各种言语游戏（различные речевые игры）以及就教学对象所感兴趣问题的辩论（вопросно-ответная полемика）。修辞教学的实践积累了大量课堂教学经验，这些课堂实践从古典修辞学时期一直持续到俄罗斯现代修辞学时期，既包括俄罗斯的经验，也包括其他国家的修辞教学经验。18世纪—19世纪的基辅和莫斯科的宗教科学院在修辞课堂上通常会给出一个具体题目，随后学生们以书面形式写出命题作文，然后以演讲的形式在课堂上发表自己的作文；而教师不仅要修改书面的作文，写出自己的评语，还要对演讲进行评价。俄罗斯修辞历史学家对那个时期的学生作文集的研究显示，当时的作文题目涉及的领域非常广泛,如道德、哲学、教育、学术的内容都有所涉及:"学习的乐趣""哲学的赞美""论高尚品德""论理智与情感""论哲学和修辞的联姻"等等。(见安努什金,2002:209—211) 1918年成立的演讲学院(Институт живого слова)的教学对当今修辞教学也具有参考意义。施奈德(А.К. Шнейдер)在演讲学院任教的时候,在课堂上要求学生做3分钟无准备的演讲,然后对演讲进行分析,对其中的优点和缺点进行点评。今天俄罗斯的修辞教育,甚至是语文教学的模式继承了古典传统,将学生的回答视作一种独白话语。这样一来,这里就存在着修辞教育创新的可能和必要。在课堂教学活动中,课堂的设计和预期可以以一种动态的目光将学生的演讲和教师的组织视作一个对话的总体,而不是以个体的独立演讲作为着眼点。在这个对话的总体结构中,教师既是交际的组织者,也是交际的参与者,他的修辞知识和技能对课堂的教学效果来说至关重要。为了推动学校修辞实践的教学,在俄罗斯很多城市,如莫斯科、彼尔姆等都组织了各种演讲和辩论竞赛,如全俄俄语奥林匹克竞赛和独联体国家和波罗的海沿岸国家俄语奥林匹克竞赛中都设置了"青年演说家"分赛事等。

5.2.4 俄罗斯现代修辞学教育教学研究的地区特色

俄罗斯修辞学的研究呈现出较为明显的地区特点。2017年俄罗斯修辞学会国际学术年会召开之后公布的会议决议中,确定了14个分会及分会主席:

1. 莫斯科分会(伊波利托娃 / Н.А. Ипполитова)
2. 圣彼得堡分会(休基娜 / Д.А. Щукина)
3. 沃罗涅日分会(斯捷尔宁 / И.А. Стернин)
4. 雅罗斯拉夫尔分会(安东诺娃 / Г.Г. Антонова)
5. 克拉斯诺亚尔斯克分会(斯科沃罗德尼科夫 / А.П. Сковородников)

第五章　现代俄罗斯社会的修辞教育教学

6. 阿尔泰分会（丘瓦金 / А.А. Чувакин）

7. 萨拉托夫分会（西罗季宁娜 / О.Б. Сиротинина）

8. 阿斯特拉罕分会（帕尔申娜 / О.Н. Паршина）

9. 叶卡捷林堡分会（玛特维耶娃 / Т.В. Матвеева）

10. 皮季戈尔斯克分会（格列伊季娜 / Н.Л. Грейдина）

11. 卡塔夫-伊万诺夫斯克分会（米赫耶娃 / Л.Н. Михеева）

12. 秋明分会（巴勒扎克 / И.А. Баржак）

13. 斯摩棱斯克分会（西拉耶夫 / П.В. Силаев）

14. 彼尔姆分会（米涅耶娃 / С.А. Минеева）

这14个分会的修辞研究都有各自的特点和侧重点，同时，他们的研究也都反映在修辞教育教学的观点之中，而地区教育正是俄罗斯国家教育的有机组成。安努什金以地区修辞学研究特点为参考总结了俄罗斯修辞教育教学的主要流派及成果。

1. 莫斯科分会的研究实际上分为三个流派。首先是莫斯科大学学派。该学派的奠基者是罗日杰斯特文斯基，他从20世纪70年代起就在莫斯科大学教授语文学和修辞学等课程。他成为科学院院士后，仍然坚持在莫斯科学校的高年级教授修辞学，在教学实践中检验自己的修辞认知和修辞思想。

罗日杰斯特文斯基对俄罗斯修辞学的基本设想和认知集中体现在他晚年的几本学术著作中：《修辞学理论》和《现代修辞学原则》等。他所有对修辞学的思考都来自于"话语是社会管理的工具"这一基础认知。社会生活的风格源于话语的风格。要建立一个和谐的现代社会，必须将公民培养成为积极的话语建构者，使他们在新的信息社会中具有掌握各种话语类型的修辞能力。

罗日杰斯特文斯基学术观点的演进在《罗日杰斯特文斯基的修辞著作》(Риторические труды Ю.В. Рождественского)一文中得到了清晰的描述。罗日杰斯特文斯基在他早期的学术论文中就将修辞学的教育功能视为一个与修辞学学科的普遍理解、该学科教学方法的基本原则相关的复杂问题,这一问题还和受教育对象各方面的个性发展有联系。"散文话语教授的复杂性在于教学内容的繁杂和教学对象不同的生活背景"(1985:20)高校讨论课(семинарские занятия)的教学经验显示,在话语教授的过程中如果缺乏对生活的思考,忽视了伦理规则在话语建构中的作用,那么话语只能等同于"华丽的辞藻"(краснобайство)或"空话"(пустословие)。在修辞者的培养和"自我培养"(самовоспитание)的问题上,罗日杰斯特文斯基进行了深入的思考。他指出,修辞者培养的必要条件有很多,但其中最重要的是培养他们的修辞能力。罗日杰斯特文斯基提出的修辞能力与他所理解的现实话语的实质有着紧密的关系。他认为,现实话语总是体现一定的利益,而在现实社会中所有的利益总是和它的反对者同时存在。因此,所有的修辞行为都是为了确认自己的观点和利益而进行的斗争。(1989:62)罗日杰斯特文斯基提出了以下具体的建议:(1)聆听优秀演说家的演讲并分析他们的演讲话语;(2)分析有书面记录的经典演讲艺术作品;(3)学习修辞规则;(4)经常进行修辞实践的练习。(同上)

罗日杰斯特文斯基的学术传统由他的学生沃尔科夫、安努什金、别什科夫(И.В. Пешков)、萨芭廖娃(А.К. Соболёва)、萨利耶娃(Л.К. Салиева)等人继承。秉承该学派的学术特色,他们对俄罗斯修辞学的历史、现代修辞学的说服机制等问题进行了深入的研究。

莫斯科分会的第二个流派是莫斯科国立师范大学学派。该学派的学术基地是该校的修辞及文化教研室。泰·拉德任斯卡娅和伊波利托娃是该学派的主要代表人物。正是得益于该学派的努力,修辞学才得以重返学校课堂。她们编写了培养修辞学教师的系列教材。该学派突出的贡献在于编写了供1年级—11年级学生使用的修辞学教材。该系列教材在修辞课程任课教师丰富的实践教学经验基础上编写而成,编写者倡议修辞重返教育教学领域,并认同该课程在学校语文教学体系中的重

第五章　现代俄罗斯社会的修辞教育教学

要地位。

在该学派所编纂的系列教科书中,修辞学被理解为"研究交际及其所有形式的科学"。通过修辞学课程的学习,教学对象会逐渐明白在家庭中、在和朋友交往的过程中以及在学校教育的情景中建构合理话语的重要意义。在系列教科书中提供了修辞学的学科知识。例如在8年级的课本中就总结了有关话语生成过程的修辞原理:构思、布局、言语表达、记忆、话语发表。由于该系列教材是针对中小学教育的,因此,这些在某种程度上颇为深奥的修辞学原理在教科书中以深入浅出的注释形式呈现,简化了这些原理的构成。

莫斯科分会的第三个流派以古典修辞教育教学资源为依托展开相关研究。在20世纪80年代中期,伴随着民主的浪潮,修辞学在中小学教育中得以复兴。在这个过程中,一些之前从事俄语修辞学(стилистика русского языка)研究的学者将目光重新投向了本不应忘记或忽视的古典修辞学(классическая риторика),努力寻找一个将古典修辞资源同现代俄罗斯社会相结合的途径。科赫乔夫(H.H. Кохтев)编写的八年级的教科书(第一版为八年级的教科书,第二版为8年级—11年级的教科书)可以视为在这个方向早期所做出的尝试。该教科书的编写参考了历史上修辞学教授教学的经验,教科书中不但回顾了古典修辞学的精华,还对学术修辞和法庭修辞有所涉及。该教科书的不足之处在于对现代信息社会新的话语环境缺乏充分的考量。

目前使用较为广泛的修辞学教材还有利沃夫(M.P. Львов)的八年级《修辞学》(Риторика)。这本教科书在体系上更为完善,其中包括很多对话语建构的有益建议。虽然在一些术语的定义和修辞学发展历史上存在一些出入,但该教科书力图反映的是修辞学的全貌,并且其中的练习设计对于提高学生的修辞技能也有着现实意义。

实用性较强的中小学高年级课本是米哈利斯卡娅所著的《修辞学基础.思维与话语》(Основы риторики. Мысль и слово)。在这部著作中米哈利斯卡娅首次提出了基于古典修辞学教学基础并同时对现代教学具有意义的创新概念。该书并没有重复之前修辞学教科书的模式。例如"修辞者形象"这一古典修辞学的主要概念在米哈利斯卡娅的书中得到了详尽的、角度新颖的分析：她强调言说者的道德和伦理观念。在书中米哈利斯卡娅还对作为思维模式的论题理论及辞格等修辞学的重要组成部分进行了描述。遗憾的是，该书对俄罗斯修辞学的哲学基础并没有做出相应的阐释，而哲学基础恰恰是人文学科教科书中极为重要的要素。

在修辞学教育教学传播过程中的另一位重要的教育家是索菲亚·伊万诺娃（Софья Филипповна Иванова）。她致力于恢复修辞学在教育教学体系中的地位，长期在"知识协会"中举办修辞学讲座，同时还在学校中讲授修辞学。伊万诺娃在莫斯科创建了东正教学校，并在各个年级教授修辞学。她的中小学修辞教育教学思想体现在她的著作和教科书中，如《话语探索入门(Введение во храм Слова)（1994年）等。伊万诺娃所编写的教科书中始终贯穿着对于话语精神道德实质的思考，并体现出对范例篇章选择的谨慎态度。在她的教科书中对大量的相关见解和观点进行了综述，并选择修辞教学中的经典案例进行了分析。伊万诺娃在她的著作中提出了一些颇有见地的观点，这些观点作为现代修辞学教育教学实践组织的基本原则被广泛接受。其中的两个观点体现了她的宗教学术背景：

（1）她强调学习俄语和所有交际形式过程中的伦理精神要素以及学习过程中《圣经》的重要性和在东正教教义中寻找言语行为准则的必要性。

（2）她提倡在修辞学教学中使用宗教话语范例，认为它们属于俄罗斯古典文化的范畴。

伊万诺娃积累了数十年的修辞学教学经验，同时她还具有丰富的文学知识。这一切都有助于形成较为完善的修辞学教学思路和设计，这些

第五章　现代俄罗斯社会的修辞教育教学

观点在伊万诺娃1995年发表在彼尔姆学术研讨会论文集中的论文有较为详尽的论述。

2. 如果按照研究者所在的地域来区分，圣彼得堡也是修辞学研究者较为集中的城市。其中学术成就较为突出的是戏剧修辞流派。该流派的代表人物是戏剧教育家萨夫科娃（З.В. Савкова）和她的学生玛尔琴科（О.И. Марченко）。萨夫科娃将戏剧话语行为的思想和俄罗斯戏剧工作者多年以来积累的交际经验用于现实交际的研究和演讲者的培养。她的理论研究和在不同年级培养演讲者的实践经验表明言语个性的发展是可以通过教育教学手段进行培养的，其中对具体话语文本的批评和评价是必不可少的。

玛尔琴科将自己的修辞理念建立在人文文化思想（идея гуманитарной культуры）之上。她在学术著作中将理论观点、修辞原理和规则的练习相结合，显示出她较为新颖的材料及例文的甄选角度和标准。玛尔琴科在许多年级都开设了修辞学课程，并编写了以戏剧修辞理论为主导思想的教科书，其中包括一些独具特色的戏剧演员的发声和言语技巧方面的练习。

3. 沃罗涅日学派在俄罗斯现代修辞学中因"言语影响"（речевое воздействие）的研究而引人注目。该学派的代表人物斯捷尔宁（И.А. Стернин）（2003:5）认为，"对言语影响的研究需要一个跨学科的研究视角和方法：传统语言学（традиционная лингвистика）、心理语言学（психолингвистика）、交际语言学（коммуникативная лингвистика）、修辞学（риторика）、心理学（психология）、大众传播理论（теория массовой каммуникации）、公共关系学（связь с общественностью）、冲突学（конфликтология）等学科都应加入其中。"斯捷尔宁的思想在现代科学教育领域中颇有影响。他认为，他所提倡的研究视角与传统的语文学以及理论修辞学观点是不同的。在他针对高等教育所编写的教科书中就包括大量的实践方面的建议，行文也尽量通俗易懂，适用于各个阶段的修辞教学。斯捷尔宁的研究团体还编写了1年级—12年级的教材。系列教材《交际文化》(Культура общения)针对不同年级的教学对象编排了相关内容。例如,九年级的教材包括以下部分:言语练习、课程相关理论概念、分析用范文、实践部分练习和理论复习练习。

斯捷尔宁的修辞观点也存在着明显的不足之处:虽然他将研究的重点放在言语交际上,但他将作为一门学科的修辞学狭义地理解为"研究演讲的学说"。这一观点在现代修辞学范畴中是一种以偏概全的片面理解。

4. 克拉斯纳亚尔斯克学派在言语学科的教授研究方面也有较长的历史。该学派的创始人是斯科沃罗德尼科夫(А.П. Сковородников)教授。该学派的学术兴趣在于言语风格的规范,也就是现在常说的"语言生态"(экология языка)的研究。该学派以克拉斯纳亚尔斯克国立大学为研究基地,以"言语素养学"(культура речи)为理论基础,进行了词典编纂方面的工作。如《俄罗斯言语文化》百科词典(Энциклопедический словарь《Культура русской речи》)和《语言的情感表现力方法》词典(словарь «Экспрессивно-выразительные средства языка»)。

该学派的一些研究者来自亚琴师范学校,他们的研究工作在巴拉霍维奇(И.И. Барахович)的领导下展开,颇具创新之处。他们每年就交际理论、言语素养等问题召开研讨会,制定相关学科的教学计划。该学校的研究者非常重视言语学科教授的人文基础,他们认为,交际思想是这个人文基础的核心观念。该学派的学术观点以及教学方法心得集中体现在学术论文集刊《言语交际》(Речевое общение)中。

5. 萨拉托夫学派在20世纪70年代开始相关的集体研究工作。该学派致力于口语修辞的研究,他们从演讲话语的研究起步,非常善于使用词频统计的实证研究法。现在已经形成了具有一定规模的、以西罗季宁娜为代表的研究团体。他们的学术兴趣主要集中在:言语的语体研

第五章　现代俄罗斯社会的修辞教育教学

究、话语体裁研究、言语文化的分类等。萨拉托夫大学的研究者们还编纂了修辞学教科书,其中以舍甫琴科(Н.И. Шевченко)的教材(2000年)最为具有原创性。他的教材中不仅有修辞学课程的简要描述,还有系统的、切实反映现代教育经验的练习设计。

6. 叶卡捷林堡学术流派以对言语学科体系中的俄罗斯现代修辞学、俄语修辞学和言语素养学的综合研究见长。在教育教学方面较为突出的研究成果是马特维耶娃所编纂的《"俄语—语体学—言语素养学—修辞学"百科词典》(Энциклопедический словарь «Русский язык—Стилистика - Культура речи - Риторика»)(2003)。对修辞学教学具有实践意义的是库平娜(Н.А. Купина)编写的教科书《游戏和练习中的修辞》(Риторика в играх и упражнениях)(2004年)。

7. 在修辞学教学研究中颇具影响力的另一个学派是彼尔姆的西乌拉尔教学研究中心(Западно-Уральский учебно-научный центр),米涅耶娃是该学派的代表人物。该中心是一个教学科研机构,一些致力于教育创新的教育家就职于此,在改革初期他们努力在俄罗斯宣传和普及修辞学知识。该中心的学术主张以"对话修辞学"为核心,并每年出版以《对话修辞学》(Риторика диалога)为名的修辞学研究论文集。同时,每年还定期举办暑期班对修辞学教师进行培训。自1991年起该中心定期举办科学实践年会,讨论中小学的修辞学教学问题。

西乌拉尔教学研究中心研制了"2002年至2010年俄罗斯教育现代化纲要(Концепции модернизации российского образования на период до 2010 года)"。在此之后,彼尔姆市杜马通过了教育发展科学人文纲要,认同了西乌拉尔中心所倡导的"对话文化"(диалогическая культура)在教育体系中的重要性。由于该中心修辞学家的不断呼吁和宣传,对话修辞学的教学经验得以在彼尔姆地区的教学机构中普及,对话修辞学的思想贯穿在中小学教学的各门课程之中(尤其是人文学科的课程)。该中心还组织了多种实践活动,如每年举办面向独联体中小学生的"青年演讲家"比赛等。

米涅耶娃将修辞学视为一门课程,"它的研究对象是固定生活场景中言语思维活动原理的教授和修辞活动原理的教授"(1995:75)。米涅耶娃认为"如果对修辞活动原理比较陌生,那么这将限制个人自我认知和实现的可能性"(同上:78)。同时,仅仅对修辞活动规则和原理的介绍并不能满足教学对象提高修辞实践的要求,在教学过程中增加多种形式的修辞实践练习才是使学生真正接受对话文化的有效途径。米涅耶娃(同上:79—80)还指出,"教学内容如果只局限于规则介绍、发音练习或造句练习是不符合教学大纲的,最重要的练习形式应该是作文。作文是一种形式复杂的思维言语生成过程。"

俄罗斯修辞教育界对米涅耶娃的一些论述并不完全认同。安努什金指出,诸如"20世纪之前缺少有关修辞学学科建立和发展的科学研究"(2009:74)的论断过于武断,事实上,在古希腊时期就有类似"修辞是……科学(艺术)"的判断。因此,安努什金指出,一方面应该明确"科学"等术语的定义,另一方面应运用历史比较的方法开展研究工作。但不论针对米涅耶娃的观点存在着多少争议,彼尔姆修辞学派一直是俄罗斯修辞学研究,尤其是修辞学教学研究的重镇。

8. 按照研究者所属的地域进行的修辞学研究流派或方向的划分还可以做出以下补充:

以安东诺娃(Л.Г. Антонова)为代表的雅罗斯拉夫尔学派所进行的教育修辞学的研究;

阿斯特拉罕学派所进行的政治修辞学的研究及该类话语体裁教学资源的挖掘;

伏尔加格勒学派所进行的社会活动各个领域中的篇章理论(теория текста)研究(如普拉赫瓦季洛娃/О.А. Прохватилова 所进行的政治话语对话性和宗教话语建构特点的研究;阿尼西莫娃/Т.В. Анисимова 和吉姆别里松/Е.Г. Гимпельсон 所进行的事务话语修辞研究和卡梅

第五章　现代俄罗斯社会的修辞教育教学

舍娃/С.Ю. Камышева 所进行的教育修辞学的研究等）；

阿尔泰学派所进行的以丘瓦金(А.А. Чувакин)为代表的修辞学在各级教育机构的语文教育中及交际研究跨学科体系中地位的研究；

斯摩棱斯克学派中别列戈夫斯卡娅(Э.М. Береговская)所进行的资源修辞学(риторическая стилистика)和马克西缅科(М.В. Максименко)所进行的法律修辞学研究等。

通过以上以地区分会为参照的流派划分可以看出，俄罗斯本国学者在修辞教育教学方面进行了诸多有益的、多维度、多视角的探索，他们致力于完善各级教育机构中的修辞教育，并期望通过努力来改善和丰富俄罗斯语文教育的形式和内容。

通过以上对俄罗斯修辞学教育教学问题的探讨可以做出以下结论：

第一，修辞学作为一门研究有效和合理话语的学科和艺术在学校教育，特别是人文教育体系中占有一席之地。

第二，修辞学的教学积累了大量学校人文教育实践的经验，这些经验是现代俄罗斯修辞教育现代化的保证。没有话语教育则受教育者不可能养成现代人文学科工作者的完善个性。

第三，通过对古典和现代修辞学教学方法的分析可以看出，修辞教育者积累了大量方法和手段，形成了具有民族文化和地域性特征的"修辞流派"，而这些流派都提出了言语教学和个性培养的科研教学的范畴。这些范畴、具体的方法和手段值得在现代修辞教学中普及和推广。

第四，修辞学是关于在现代社会中建立有效交际联系的基础科学，它对于未来的人文学科工作者的个性养成有着非同一般的意义，这是因为在人文科学领域任何研究者和工作者都要使用话语，并借助于话语完成职业工作。修辞知识提供的是言语交际的普遍适用方法，而这些方法在人文职业领域将会有助于合理建构口头和书面话语，并且在日常生活和科学职业领域的交际过程中都会发挥相应的作用。

在俄罗斯修辞学会所提倡的普及和发展修辞教育的思想下，俄罗斯一些高校和科研机构成为了研究修辞教育的主力军：国立普希金俄语学院的语文学和跨文化交际教研室以及莫斯科国立师范大学的修辞学和言语素养学教研室每年都会举办两次为期两周的修辞学和言语素养学中小学和大学教师进修班。同样的进修班在彼尔姆的西乌拉尔教学科研中心、沃罗涅日和萨列哈尔达等市的师范院校都有举办。

毫无疑问，当前的俄罗斯社会需要社会话语关系的重组和优化，而掌握有效的和有说服力的话语是组织社会、生产乃至个人生活的必要条件。由此，社会每一个成员都应竭力追求修辞知识的普及和修辞技能的提高。在语文学家们，更准确地说是语文学—修辞学家们看来，只有话语的社会功能得到认可，并借助话语形成合理稳定的社会交际联系，才有可能产生真正的社会福祉(общественное благоденствие)。而为了实现这一目标，社会的每一个成员都应该接受基础的语文和修辞教育，这样才能认识到社会和个人生活中话语的作用和意义，从而发展个人的修辞能力，进而实现个性的发展和完善。

第三节 俄罗斯普及和高等教育体系中的修辞学课程

修辞学在俄罗斯的复兴在教育界也形成了巨大的影响。俄罗斯各级教育机构纷纷恢复了修辞课程，展开了现代社会和现代教育条件下修辞课程目的、任务、教授方法等方面的研究。在此过程中研究者们充分考虑到教育教学对象的生理及心理特点，针对各个层级的修辞教育教学实践活动进行探索。

5.3.1 俄罗斯现代教育教学体系中的修辞课程

要将一门学科引进学校的教育教学体系，并将之设置为一门课程，通常至少应该满足三个条件：第一是该课程的设置应该满足社会的需求；第二是该学科自身应该有较高的发展水平；第三则是相关心理教

第五章 现代俄罗斯社会的修辞教育教学

育及教学方法具有较高发展水平,它们是保证课程教学顺利实施的必要条件。虽然修辞教育教学具有漫长的历史,但是在现代社会的教育教学条件下,尤其考虑到俄罗斯修辞学自身发展出现过断裂的情况,修辞教育教学仍然是一门需要探索和研究的教育课题。伊波利托娃等人(2014:48)认为,"俄罗斯教育界的修辞转向和该学科的复兴与人们认识到它的社会功能有关。该学科在俄罗斯社会民主变革阶段具有现实的意义,尤其是在社会对话语自由、政党选举自由、捍卫自己的立场和观点、在论辩中进行论证的能力、作为民主社会标志的平等和公正等产生巨大需求的条件下。"伊氏对于修辞学重返教育教学领域原因的分析不无道理,在社会转型时期的俄罗斯社会条件下,个人在社会生活中的地位得到了提升,同时对于个人在各种交际场景下驾驭话语的能力有了更高的要求,出现了更多需要影响他人、说服他人的场景。

修辞教育教学历史证明了它在人的教育和人的社会化过程中起着举足轻重的作用。综合俄罗斯学者的观点,可以认为,在现代社会条件下,修辞课程为解决下列问题提供了可能:

第一,修辞课程帮助学习者养成交际技能,使他们能够驾驭各种交际场景,正确地确立和完成各个层级的交际任务。

第二,修辞课程能够完善学习者言语思维行为,因为任何一个交际任务的完成都必须动用人的认知潜能和他的言语能力,而言语能力不仅仅是言语的表达,还包括言语的构思。

第三,修辞课程促进学习者掌握言语行为模式(модели речевого поведения)。这些模式不仅仅使学习者了解体裁和语体各异的话语创作规则,还让他们能够拥有认知世界的知识、认识行为的知识、认识事实和现象之间关系的知识,而这些知识正是在话语中得到体现。

第四,修辞课程注重教授交际过程中交际各方的互动,这不但涉及交际者之间的心理接触,还包括交际者们如何能够合理地扮演自己在社会中的角色。

第五，对言语行为模式的学习，以及随后对修辞规则的学习和实践都有益于学习者形成价值观体系。该体系是学习者在交际中的行为基础，它指导着学习者在交际过程中使用历史形成的、得到社会文化公认的价值观作为自己的立场。

基于此，可以认为，修辞课程的设置有助于解决现代教育中的重大问题，因为该课程致力于培养学习者口头和书面的交际能力，使他们能够驾驭社会生活中的各种交际场景，认识到话语是民族文化的表现形式。

目前俄罗斯各级学校都开设了修辞课程，开设的目的简言之就是培养教学对象进行有效交际的能力。要达到这个目的，可以将该课程需要完成的任务总结为以下几点：

第一，分析言语交际场景，并根据具体的场景判断应该使用的言语策略。

第二，正确设置和解决交际任务。

第三，使用所有的语言和话语资源，在口头和书面交际中把握交际节奏。

第四，建构话语时分析交际类型的体裁和语体特征，作为选择表达方式的依据。

第五，发挥语言教育的优势并完善受教育者话语创作的能力，所创作的话语作品就是民族文化的组成部分。

第六，在言语交际的过程中实现个人创作，完善言语个性。

从以上修辞课程的主要任务来看，它首先是一个实践型的课程，通过实践能力的培养发展学习者的理论认知。修辞课程充分肯定话语的社会文化意义和对于个性发展的意义，期望通过实践能力的提高完善学

第五章　现代俄罗斯社会的修辞教育教学

习者的言语个性，在话语建构中充分体现民族价值观念，提升民族文化的影响力。

伊波利托娃等人认为，依据修辞课程的目的和主要任务，可以将修辞实践课的主要内容设置为三大部分：交际(общение)、言语体裁(речевые жанры)和道德修辞思想(нравственно-риторические идеи)。(2014:54—58)

交际部分揭示人际交流的规律和规则。这部分的教学内容包括：交际的概念和基本特征、言语交际场景、交际的种类、言语礼节、言语活动及分类、构思的类型和步骤、言语交际质量。这些内容都可以在修辞传统的"五艺"中找到对应的理论支撑。

道德修辞思想部分其实也就是修辞学一直强调的学科伦理基础，在教育教学活动中呈现为一种更为简单易懂的教学内容：对交际对方的关注、尊重以及对他人友善的态度等等。这部分的教育教学有助于学生在交际中以达到相互理解为基本诉求，以形成与交际对方的合作为基本目的，并在这个过程中不断审视和反省自己的言语行为。道德修辞思想的教授不仅仅对完善学习者个性具有现实的意义，它对于促进人际和谐交际、提升民族交际文化水平也具有重大的意义。

关于言语体裁的教授，是修辞课程内容设计的重点。从理论上来说，修辞学范畴内的体裁研究完善了语体理论提出的五大语体，解释了很多单纯依靠五大语体无法解决的社会话语现象。从实践上来说，体裁为有效的话语技能培养提供了有效的途径：把社会和家庭生活中的交际场景分解为体裁，对相应体裁的话语建构与规律进行分析，以便于学习者学习掌握并进一步加以实践。这一点是俄罗斯修辞教育教学实践对传统语文教学的突破，它对于我国的修辞教育教学，甚至是语文教育教学都具有相当的参考意义。

巴赫金(М.М. Бахтин)在《马克思主义和语言哲学》(Марксизм и

философия языка)(1929)一书中就提出了"言语体裁"的问题。他在《言语体裁问题》(Проблема речевых жанров)一书中论述了具有独创性的言语体裁理论。他(1998:36)指出:"马克思主义语言哲学应以作为语言—言语实际现象的话语为基础。"作为言语交际单位的话语,小的可以是一个词构成的句子,大的包括长篇小说、学术专著等。这样,"话语"就有简单和复杂之分,有第一性和第二性之分。第一类话语类型是一些简单类型,如日常生活中的对话、对白或书信,它与日常生活的言语交际有直接的关系。第二类话语类型是一种较复杂的文化交际形式,如长篇小说、戏剧、各种科学著述、大型政论话语类型等,它们是在较为复杂的和相对发达而有组织的文化交际条件下产生的,如艺术交际、科学交际、社会政治交际等。第二类话语在自身形成的过程中,把第一类话语类型直接吸收进来,并加以改造;第一类话语类型进入到第二性话语类型中,在那里发生了形变,获得了特殊的性质。(见巴赫金,1998:143)对于第一类话语类型和第二类话语类型之间的差别,巴赫金(同上:62)做出了如下的阐述:

> 第二类(复杂)言语话语类型,如小说、戏剧、所有的科学研究、主要的评论类等都产生于较复杂的、相对发达的、有组织的文化交际中,这种交际有一定的艺术性、科学性、社会政治性等。在它们的形成过程中,它们吸收、消化了日常言语交际中形成的主要(简单)话语类型。这些主要话语类型一旦进入到复杂话语类型中便改变了原有的面貌,并呈现出特殊的特征。它们失掉了与现实和实际话语中间的直接联系。例如,小说中的日常对话和书信在小说内容的层面保留了它们的形式和日常的特征。它们整体上是通过小说,即文学的、艺术的事件,而不是日常生活,进入到现实世界中的。

第五章　现代俄罗斯社会的修辞教育教学

巴赫金认为,功能语体研究是可以的、需要的,"但这种研究只有在始终考虑到语体的言语体裁特性(жанровая природа),并在事先研究言语体裁类型的基础上才会是正确的和有成效的。但到目前为止语言修辞学并没有这种基础,由此产生出它的弱点。"又说:"任何的语体和修辞都和话语以及话语形式也即言语体裁密不可分。""过去的语体研究和界定是从语言的功能出发,但没有与具体的言语体裁相联系。"(同上:250)

我国张会森也指出,巴赫金的《言语体裁问题》是针对当时建立起来的功能语体学的。他认为,在俄语修辞学(стилистика русского языка)的研究中功能语体知识一直占据着重要的地位。但相对于言语体裁的研究,功能语体的研究也暴露出一些不足(以下引文中的修辞学指的是стилистика——笔者注):

> 第一,在功能修辞学建立的时期,为了论证修辞学是一门语言学科,学者们更多是从纯语言学或狭义语言学的角度来观察和讨论,把语体当做"语言"的子系统来看待,忽视了语体的语言属性。
>
> 第二,在研究、确定语体的语言特征时,着眼于语言单位的选择与组织规律,基本停留在"前语篇平面"上(на дотекстовом уровне),还没有涉及语篇(текст);即或涉及语篇,后者也不过是研究语言单位的辅助手段。而真正研究语言的使用,就要研究话语、语篇。
>
> 第三,修辞学,特别是"功能修辞学",在俄语界定位为"研究语言使用"的科学。应该说,由于把语言划分为若干子系统——语体,这样语言使用问题就比最抽象的"语言"具体些了。但是在语体上研究语言的使用,用列昂季耶夫(А.А. Леонтьев)的说法,只是研究了"可能之可能,潜力之潜力",语体研究的

是语言平面的语言使用规律,过于"抽象和空泛",不利于对语言具体运用的分析和指导。

　　语体研究作为语言系统的子系统的研究,应该说,成就很大,但从"语言使用"角度看,暴露出它先天的不足。还在50年代修辞学大讨论的时候,有的学者,如索罗金(Ю.С. Сорокин)(1954)就曾经说过:功能语体过于概括,在一种功能语体名目下联合着过于多样的言语情景,这样的概括"无助于揭示不同目的,不同交际条件下,不同的社会活动领域中,人们根据言语内容的不同,语言使用上的多样性"(1954:82)。

　　第四,以往的功能修辞学主要是在语体(及分语体)平面上做文章。功能语体是一种宏观体,还存在许多难以概括的语体现象。有些学者(如多里宁)已经提出走另一条路,即先搞微观体的研究,由下而上归至宏观体。这样做可能避免"削足适履",有助于解决语体的"最优化分类"问题。多里宁(К.А. Долинин)说:"应加强具体研究,在具体的研究中,方法论上更适合的作法不是从'大'的功能语体出发,而是从比较'小'的言语体裁(речевые жанры),或用维诺格罗德夫(В.В. Виноградов)的叫法——言语体式(речевые стили)出发。"(1987:79)

(张会森,2001:237—238)

　　修辞课程中的体裁教学与专域修辞学密切相关。正如在上文中描述和分析的那样,俄罗斯现代修辞学格局中的专域修辞学以现代社会职业特征为基本划分标准,对现实话语给予了极大的关注。将专域修辞学的理念引进各级教学机构,从很大程度上是对学校教育只重视文学作品教学现状的反拨。翻看学校语文教材,很多语言学习的例证都来自于文学作品。文学语言的教学固然有利于培养学习者的审美意识,但是在

第五章　现代俄罗斯社会的修辞教育教学

提高学习者日常交际技能上却有所缺失。正如美国修辞学复兴的领军人物韦恩·布斯于1964年12月29日在纽约举办的英语大会（General Meeting on English）上的演讲《修辞学的复兴》中的论述那样：

>……在导致修辞学赝品产生的所有原因中，其中之一就是我们拙劣的修辞学理论以及其更加拙劣的教学，这也是我们唯一还有机会做些努力的地方。……如果有人要我推荐一些可以帮助其阅读诗歌的著作，我可以建议很多名著，其中的一些很值得一读。但如果要我在区分辩论好坏方面给一些指导，或独立构建一个真正有力的辩论，或者组织一篇令人印象深刻的——不只是凑合过关的——员工报告，我又该说些什么呢？当一个有才智的成年人要把自己的思想、动机和目的传递给其他人的时候，我们所有的写作教材是否向他提供了这方面真正的技艺指导呢？
>
>即使是在某些不只是传授正确修辞的简单法则的教科书中，我能找到的大部分修辞建议也都是一般性的指导。所有的建议都要求我们做到简洁、清晰、有力、仔细修改、用词精炼。这些意见并非完全错误，甚至还很有用。但是由于其太过笼统，对我没有什么帮助，我依然不知道怎样的辩论才能吸引特定环境中的你。我怎样才能做到吸引人呢？我应该怎样安排它们呢？简洁、清晰、统一、连贯、强调——所有这些都没什么价值，除非我能够针对某个观众所做的某个主题组织出一系列严密的辩论，这样才能缩小你听我演前的想法和我希望你听完后的想法之间的鸿沟。（2009:55—56）

伊波利托娃等人认为，在修辞学教学过程中，作为教学内容的言语体裁的选择应该考虑以下要素：第一，学习者生活和以后工作中有可能接触到的言语体裁;第二,能够体现出民族文化传统、爱好、发展趋势、历史特点的言语特征;第三,在学习和掌握知识过程中所需要的言语体裁;第四,体现个人社会属性所需要的言语体裁。(2014:56)他们还认为,言语体裁的教授应该在考虑到学习者生理和心理特点的条件下分阶段进行。

言语体裁除了作为教学内容,也可以理解为教学方法。传统的语法教学采用的是自下而上的方法,从词素、词、短语到句,最后进入话语的层次。而体裁教学法则以交际场景为依托,教授学习者学会选择适合场景的语言单位,建构符合交际目的的话语,从而使传统的词汇和语法的学习更具灵活性。

5.3.2 俄罗斯各级教育机构中的修辞课程建设

修辞课程的开设不仅有助于培养个人的言语交际能力,还有助于形成正确的世界观和价值观,赋予其交际,甚至是跨文化交际的文化认知。纵观当前俄罗斯的修辞教育教学,以下几个方面已经取得了较为突出的成绩:

1. 针对学前修辞教育教学编写了参考书和教学方法指南;
2. 编写了儿童及中小学生修辞教学大纲(1—11年级);
3. 编写了1—11年级的修辞课程教科书;
4. 编写了高等教育使用的言语学科课程(包括修辞课程)的教学大纲;
5. 编写了供本科生使用的修辞课程教科书和教学参考书;
6. 编写了研究生阶段使用的言语学科课程的教学材料。

本节以教学大纲和教材为参考进一步考察俄罗斯各级教育体系中修辞课程的特点。

5.3.2.1 学前儿童修辞课程

1983年出版了拉德任斯卡娅主编的《言语.言语.言语:低年级言语发展课教师用书》(Речь. Речь. Речь: Книга для учителя начальных классов по развитию речи учащихся)并编写了与之配套的学前修辞课程教学大纲。儿童修辞课程的概念是在20世纪80年代提出来的。拉氏的学生库尔采娃(З.И. Курцева)编写了《学前修辞课程教学大纲》(Программы дошкольного курса риторики),指出了修辞课程的主要任务:

> 第一,有助于消除儿童在不同言语交际场景下可能会产生的心理障碍;
> 第二,使儿童了解他们生活中最常见的口头交际体裁;
> 第三,完善儿童非言语交际能力。(转引自伊波利托娃 2014:69)

现在面世的供学前儿童使用的修辞课程大纲性出版物有:斯梅斯洛娃(В.А. Смыслова)的《学前修辞基础》(Основы риторики в детском саду)、什雷科娃(И.В. Шлыкова)的《学前儿童修辞课程》(Риторика для дошкольников)和季亚琴科(В.Ю. Дьяченко)的《言语发展》(Развитие речи)等。

5.3.2.2 中小学修辞课程

中小学修辞教育教学的理念较为完整和全面地体现在泰·拉德仁斯卡娅和她在莫斯科国立师范大学修辞学和言语文化学教研室的同事们的论著中。拉氏认为中小学修辞课程的主要任务是"培养能够掌握一定信息、能够把控具体言语交际场景、能够建构符合交际场景和交际目的的言语表达的个体。"(转引自伊波利托娃 2014:70)修辞课程的特点是"大部分时间用来培养学习者的交际修辞能力,对于课程来说最主要的位置是工具性的知识"(同上)。拉氏的修辞课程大纲针对每个年级都分为两个单元。第一个单元是"交际"(общение),主要内容是向学习者介绍交际场景的基本概念,并以这个概念为基础介绍典型的交际现象、交际的实质、交际双方应该遵守的规则等。第一单元还非常注意教授学习者交际礼节,包括言语礼节,并教授他们如何克服交际中的障碍和错误。第二单元是"言语体裁"(речевые жанры),包括各种体裁的文本:教学的、学术的、事务的和日常生活的各类体裁。学习这些体裁有助于学习者掌握多种体裁的话语表现。第二单元特别强调谈话、申请、声明、自我介绍、恭维、评语等在日常工作、学习和生活中常见体裁的教学。

正如教学参考书《交际的教授:中小学修辞课程的教学方法》(Обучение общению: методика школьной риторики)所指出的那样,中小学修辞课程的基本目的是"有效交际的教授"。而有效的交际离不开作为修辞学基础的伦理道德思想的教授。2013年编纂的大纲纳入了新的内容,例如贯穿整个修辞课程的道德修辞思想(нравственно-риторические идеи):学会礼貌的表达就意味着学会用尊重和友好的态度对待交际的另一方。上述教学大纲规定的教学目的和任务体现在1992—2004年编写的修辞教科书中,这套教材成为了俄罗斯联邦科学和教育部资助教材,并被推荐给教学机构使用。拉氏编写的供1年级—11年级使用的《儿童修辞》(Детская риторика)《中小学修辞》(Школьная риторика)《修辞》(Риторика)系列教材教学大纲的编写符合《学校2100》(Школа 2100)规定的整体教育规划,最后以供教师使用的《学校修辞课程》(Уроки риторики в школе)(2000年版、2002年版、2004年版、2006年版等)的形式问世。书中包括了有效交际条件下各种体裁的教授方法。

伊万诺娃的修辞教学大纲以及与之配套的1992年出版的参考书

第五章　现代俄罗斯社会的修辞教育教学

《对话的艺术——关于修辞的谈话》(Искусство диалога, или беседа о риторике)是供高级中学使用的。作者本人将她所教授的课程称为"中小学的论辩学与修辞学"。在教学大纲中作者指出,非常重要的是教会学习者寻找真理并且通过论辩的方式确认真理。伊万诺娃建构的修辞学课程完全按照古典修辞学时期的教授框架设计,重视平等对话的教授、思维和话语的关系、掌握批评话语的技能,这些都是伊万诺娃最主要的有关修辞教学方法的思想。

1995年出版了由玛特维耶娃等20位修辞教学研究者集体编写的《修辞和俄语言语课程教学大纲》(Программы по риторике и русской речи)合集。合集的第一部分是由乌拉尔大学修辞学教研室的学者们编写的《教学课堂中的俄语言语·大学生教学纲要》(Русская речь на учебных занятиях. Программы для студентов и учащихся)。这一部分主要探讨了母语教学的交际问题、俄语言语的正确性问题和言语互动的规则问题。第二和第三部分是伊万诺娃和其他教学机构的教师编写的大纲。编写者的教学实验实践是在西乌拉尔教学中心进行的。大纲可用于大学和中小学的修辞课程设计。大纲包括"书籍阅读""文本的类型""文本分析""言语技术基础""言语思维活动步骤"等题目。大纲分别阐述了中小学和大学修辞课程的内容、描述了教学对象、教学预期达到的目的、教学材料、教学方法和大纲实施的必要条件。

20世纪90年代以斯捷尔宁为首的沃罗涅日修辞学派提出了自己的中小学修辞课程教学理念,编写了相应的教学大纲。大纲解释了言语文化的概念,其中包括交际文化、言语文化和言语有效互动,确定了母语者形成言语文化的原则,提出了修辞课程的教学方法。大纲中规定的教学题目有:"文本的朗读""转述的概念;转述的种类""以书面文本为基础的独白语""公共论辩礼节""书信礼节"等。大纲适用于学前和中小学的修辞教学。

1993年卡赫乔夫编写了《高级学校和人文学校8年级—9年级大

纲》(Программа для 8-9 классов гимназий и лицеев гуманитарного направления)。这个大纲着重指出了理论知识之外的公共演讲的重要性,认为学习者应该不断完善分析经典演讲作品片段的能力。

1994年出版了米哈利斯卡娅的大纲——《修辞学基础:从思想到话语》(Основы риторики: от мысли к слову),1996年出版了同名的供普通教育机构10年级——11年级学习者使用的教学参考书。作者向中学高年级学生介绍了修辞学规则和公开演讲的基本技巧以及谈话和争论的艺术,其中着重介绍了俄罗斯修辞学的特点。大纲的主要题目是:"古典修辞规范""俄罗斯修辞典范""演讲者的道德职责"等。大纲认为修辞课程最主要的特点应该是把修辞学的理论同实践教学紧密地结合起来。大纲的目的在于让学生掌握修辞的艺术。

1998年出版了穆拉绍夫的《修辞课程教学大纲》(Риторика. Программа учебного курса)。这部大纲是供中学高年级学生使用的,它着重强调了提高言语技能的方法,对于如何学习语法的正确性、准确性、逻辑性、简短性和表现力制订了方案。

接下来对供中小学使用的教材和教参进行梳理。2012年出版了安努什金编写的供学校10年级——11年级使用的修辞教科书。安努什金将修辞学看作是有关有说服力和有效话语的学说,因此这本书的目的是以话语实践为基础,给予学习者必要的理论培养并发展他们的话语能力。供10年级使用的教材包括"修辞学——有关言语的科学和艺术""普通修辞学与专域修辞学""如何学习修辞?""修辞者形象""构思""布局""言语行为的规则"等。供11年级使用的教材涉及的题目有:"言语的风格和品质""发音的风格和身体语言""对话的规则""演讲艺术""争论的艺术""祝贺语"等。这套教材的每一章都包括简短的理论讲解、问题讨论、修辞创作、话语实践等部分。

泰·拉德任斯卡娅和她的团队编写了中小学修辞课程的系列教材。创作团队将修辞学理解为有效言语交际的科学,因此按照拉氏教育教学理念设计的修辞课程的唯一目的就是使学习者掌握有效交际的知识。系列教材的结构是相同的,都分为"交际"和"言语体裁"两部分。"交际"部分同普通修辞学的内容相契合,包括说服三要素、修辞规范、言语品质、言语活动类型、交际类型等。考虑到学习者的年龄特点,"言语体裁"部分首先涉及日常交际题材(问候、告别、原谅、祝贺、恭维),然后是与课堂教学有关的体裁(提问与回答、内容摘要、简介、笔记等)和对话体裁(交谈、争论、讨论),随后是事务性体裁(正式信件、自我介绍、推荐信、报告、记录)和政论话语体裁(信息性话语、典礼性话语、论辩性话语),最后是与大众传媒相关的体裁(访谈、评论、信息等)。对学习对象年龄的考量还体现在这套教材的理论讲解和练习设计上。较为繁复的修辞学理论在低年级的讲授是用较为通俗易懂并且生动的语言编写的,一个理论的讲解在每个年级都有所体现,程度逐渐提高。这套系列教材体现了非常明显的交际指导意义,并且在交际知识教授的过程中修辞知识被赋予了方法论的意义。

米哈利斯卡娅也编写了供10年级—11年级使用的修辞学教科书。作者将修辞学理解为合适言辞的理论、实践和艺术,因此,该教科书的目的被设置为讲解现代修辞教育基础和教授欧洲修辞文化,即思维和话语的文化。教科书由以下章节构成:"引言""修辞学和人的言语活动""修辞规范:构思""修辞规范:布局""修辞规范:表达""公众演讲技巧基础""俄罗斯修辞学的来源、产生及特点"。每个章节都包括供学习者自我检查和思考的问题以及其他的书面及口头练习题。这套教科书的特点是全面介绍了修辞理论,并将这些理论规则同体裁学习结合起来。该教材再版的时候还同时推出了与之配套的教师参考用书。

5.3.2.3 高等学校修辞课程

高等学校的修辞课程教学大纲分为普通修辞学教学大纲和专域修辞学教学大纲两部分。不同于中小学的修辞学课程,大学的修辞教育是建立在专业方向的区分上的。不同的专业涉及不同交际场景的话语建构，分属不同的专域修辞学领域。因此，高等学校修辞课程大纲的编纂通常会进行普通修辞学和专域修辞学的区分。本节主要介绍使用较为广泛的安努什金、帕诺夫、图明娜和沃尔科夫的大纲。

安努什金编写了几版普通修辞学的大纲，包括1993年出版的《修辞学．理论课程．大纲》（Риторика. Теоретический курс. Программа），2001年出版的《修辞学（通论）》（Риторика（общий курс））和《俄罗斯修辞学史》（История русской риторики）等。高校修辞学课程的主要任务体现在以下几个方面：第一，培养学习者认识到话语的意义，因为话语是人类组织任何类型行为的工具；第二，传授在形成社会良性互动过程中话语实践意义的相关知识；第三，帮助学习者形成表达个人观点的话语能力，这也是个性表达、交际和学习的工具。安努什金认为修辞课程的效果应该体现在学习者形成对话语技能的主动认知、养成他们在交际活动中的自信、培养他们对母语的热爱、教会他们用合适的和富有表现力的话语表达思想和情感、培养他们在交际中的审美情操这几方面。

2003年出版了帕诺夫和图明娜的《普通修辞学》（Общая риторика）。这本教学大纲详细阐述了公共演讲生成的所有步骤（也就是我们常说的普通修辞学的"五艺"）。作者还对古典修辞学演讲理论的现代意义进行了解读。大纲的最后部分强调了论辩理论的重要性。

沃尔科夫编写的大纲是2008年出版的供莫斯科大学语文系修辞学专业的本科生使用的《修辞基础》（Основы риторики）。大纲分为三部分：第一部分论述修辞学理论，第二部分是普通修辞学（构思、布局和表达），第三部分是专域修辞学。大纲中提供了不同类型实践课程的模式。

高校的修辞学教学带有明显的跨学科性质，对于不同专业的学习者来说，专域修辞学的开设对于他们适应未来的职业生活具有重要的意义。2001年伊波利托娃出版了《教育修辞学》（Педагогическая рито-

第五章　现代俄罗斯社会的修辞教育教学

рика)（分别于2003年和2009年再版）。作者认为,教师必须了解教学活动的基本规律,掌握言语交际的基本规则,洞悉职业话语的本质所在,只有这样才能保证教学活动的有效性。大纲审视了教育修辞活动的若干现象:教师的非言语交际手段、教师各类言语行为的特点以及教师教学演讲的艺术。

2003年帕诺夫和图明娜出版了大纲合集《修辞课程:方法与实践》(Риторика: Методология и практика)。合集中包括中小学修辞课程教学大纲、普通修辞学教学大纲、教育修辞学教学大纲、国外修辞学教学大纲、事务交际课程教学大纲、古希腊罗马演讲艺术史教学大纲等内容。该合集是供师范院校、大学人文系、法律系和经济系的学生和教师以及中小学教师使用。

2006年大纲合集《修辞学. 俄语和言语文化》(Риторика. Русский язык и культура речи)问世。合集的编著者是伊波利托娃和谢尔宾妮娜(Ю.В. Щербинина)。大纲的第一部分是《语文系学生教学大纲》,内容涉及修辞学、新闻学的修辞基础、现代修辞学、职业修辞学、中小学修辞课程教学法、言语理论基础和交际理论。第二部分是《非语文系学生教学大纲》,包括"音乐教师话语中语言与非语言信息的相互影响""律师言语行为"等面向音乐教育专业和法律专业的大学生的内容。

2013年米哈利斯卡娅出版了《教育修辞学》(Педагогическая риторика)。该书以教育修辞学教学大纲为结语部分,阐述了作者对于修辞课程教学基本方法论的思考。大纲强调了职业交际中教育话语的作用和地位。

接下来我们对俄罗斯高等学校使用的教材进行梳理。2003年出版了安努什金的《历史视角下的俄罗斯修辞学》(Русская риторика: исторический аспект)一书。该书供大学语言学专业的师生以及对俄罗斯语文学历史、语言和文化感兴趣的学习者使用。书中对古典修辞学的三个概念"构思""布局"和"表达"的历史演进进行了梳理,还对修辞学在语文学学科体系中的地位进行了分析。教科书由四章构成:"古罗斯的修辞学""彼得时期的俄罗斯修辞学""18世纪的俄罗斯修辞学"和"18世纪末19世纪初的俄罗斯修辞学"。书中主要讲授的核心概念是"修辞学""构思""布局""表达""发音""话语建构法"和"辞格"等。书中并未过多涉及言语体裁。该教材适用于理论学习。

2006年出版了安努什金的《修辞学导论》(Риторика. Вводный курс)。该教材供文科专业的大学生使用,是为修辞学和交际文化课程编写的教材。教材包括的章节是"古典和现代修辞学的定义""修辞学教授方法""俄罗斯语文学科历史""修辞者的形象和个性""构思""话语风格和品质""发音风格和身体语言""演讲艺术"和"教学修辞学"。同上一本书相似,该教科书没有涉及言语体裁部分。

沃尔科夫编写的《俄罗斯修辞学教程》(Курс русской риторики)初版于2001年,再版于2009年。沃尔科夫在修辞学研究领域以修辞论辩研究见长。他将修辞学理解为有关话语创新,也就是论辩的科学。这一理解作为主导思想贯穿在整本教材中。教科书供高校和中学高年级学生使用,也可供宗教学校的学生使用。从专业适用的角度来说,该教科书的适用范围较广,法律、政治、新闻等专业的话语活动都离不开论辩,因此高等教育中这些专业修辞课程的教授都可以使用以修辞论辩为主要教学内容的这部教材。

2002年出版了利沃夫编写的教材《修辞学和言语文化》(Риторика. Культура речи)。该教材供高校人文专业的学生使用。利沃夫将修辞学理解为有关修辞实践的科学和艺术。教材分为"理论"和"实践"两个部分。理论部分以陈述修辞学历史发展为主线,包括俄罗斯修辞学历史、修辞典范、修辞话语类型、修辞学和言语文化之间的关系、言语文化的语言视角、辞格和新修辞学等内容。实践部分以"构思""布局"和"表达"三部分为主线教授话语建构的实践知识。

2012年出版了伊波利托娃的《普通修辞学》(Общая риторика)教

第五章 现代俄罗斯社会的修辞教育教学

科书。该教材以论述普通修辞学为主要任务,将普通修辞学理论作为修辞实践分析的支撑与框架,因此其适用面极广。伊氏将修辞学理解为研究在交际过程中建构话语的方式、方法、规则、规范的科学。教材包括的章节有:"修辞学历史""作为科学的修辞学""交际的修辞学视角""作为交际单位的文本""言语事件与言语行为""修辞规范:构思""修辞规范:布局""修辞规范:表达""演讲艺术""科学话语的修辞学视角"和"论辩话语"。

通过对俄罗斯各级教育体系中各类修辞课程大纲和教材的综述不难发现,修辞课程的内容、目的和结构在不同学术背景的教育工作者的概念中是不同的,这也说明这门课程还处在不断的整合和完善之中。但不论有什么样的区别,各级各类教育教学机构开设修辞课程的目的存在着共同之处——那就是培养和发展学习者的言语交际能力、完善作为社会文化组成要素的言说者个性。

结　语

本书将俄罗斯修辞学作为一种社会文化现象来看待,力图描述学科本身的社会属性,即社会政治、经济和文化发展和学科成长之间的相互影响及相互作用。纵观俄罗斯修辞学的发展历程,其中较为重要的学术思想和学术著述均产生在社会发展的转折或转型时期。对俄罗斯修辞学社会功能的研究有助于解释该学科的发展动力及发展模式,这对于我国修辞学的发展极具借鉴意义。

本书涉及的核心概念均在历史比较的视角下进行了分析。修辞学的发展已有两千多年的历史,其核心概念,如"普通修辞学""专域修辞学""五艺说""修辞典范""论题体系""说服性""对话性"等的内涵和外延在不同的学科发展历史时期都呈现出了一个历史发展的动态过程。我国的西方修辞学研究专家刘亚猛指出,任何领域的研究都有三个维度,其中一个维度就是历史的维度。对核心概念历史发展的回顾是准确理解概念的基础和前提条件。这也是俄罗斯修辞学历史研究的意义所在。

本书中的部分论述采取了和汉语相关术语进行对比的研究方法。一方面,俄罗斯语文学家对于汉学的兴趣一直存在,他们借中国语文学的相关概念来解决本国的学术问题。对俄罗斯学者相关思想的综述是构建俄罗斯修辞学研究全貌的必要组成；另一方面，从我国学者的角度对这种跨文化背景下所进行的学术对话进行反观，有助于我们理解中国文化在世界文化图景中的地位。

本书从普通修辞学、专域修辞学和作为教育教学课程的修辞学三个方面对该学科如何适应俄罗斯社会现状进而发挥其社会功能进行了论述。这三个方面从本质上说涵盖了修辞学宏观和微观的研究范围：从话语建构的思想创新到有效合理的话语表达；从话语在职业发展中的意义到职业话语的建构策略；从话语交际能力的培养到完善话语个性的形成。这三个方面与社会发展息息相关，也是该学科社会功能的综合体现。

在当前的社会文化条件下，俄罗斯普通修辞学的理论发展以构建和谐话语社会为目的。该学科积极建构符合俄罗斯社会发展、有利于提升俄罗斯民族认同感的话语观，力求在宏观思想上形成具有指导性的创新体系。在专域修辞学视野中，大部分职业都是话语性的，因为任何职业立场、职业见解都需要通过话语表达。专域修辞学所进行的以职业话语特征为划分的研究有助于提高职业交际的有效性。教育教学领域的修辞课程则承担了培养和发展学习者的言语交际能力、完善他们的民族文化和社会文化意识，养成发展全面的言说者个性的责任。

本书的研究还有继续延伸的空间。普通修辞学建构的是一个修辞理想图景。很多学者在普通修辞学框架内提出的理念、范畴和概念是他们理解中完美的话语交际的体现。这对于本国、本民族的话语实践者来说是宏观意义上思想完善的方法，其对现代俄罗斯社会的积极意义是显而易见的。但是作为研究对象来说其有效性应该如何评价，是值得在后续研究中进行思考的问题。本研究将专域修辞学的研究重点放在了与各类社会职业相关的教育修辞学、政治修辞学、法律修辞学和大众传媒修辞学上，虽然所选择的这四个专域修辞学分支学科是目前俄罗斯修辞学研究较为成熟的部分,但是还存在一些片面性的风险:与社会职业联系并不紧密、但与人的日常交际共生的口语修辞学(риторика разговорной речи)及家庭修辞学(семейная риторика);在职业领域也初具规模的事务修辞学(деловая риторика)等等。本研究受资料的限制没有将上述部分纳入论述的范围,期待能够在未来的研究中加以完善。

　　正如在引言部分论述的那样,俄罗斯修辞学在我国的研究还处在起步阶段,对该学科所进行研究的最终目的还是要为我国修辞学和语文建设发展服务。对修辞学社会功能的探究实质上是要找到人文学科如何在问题意识的指导下实现社会关怀的模式和途径,以期为社会话语环境的完善提供方法。

参考文献

1. Абрамов Н. Дар слова. СПб., 1900—1912.
2. Адамов Е.А. Мысли об ораторском искусстве. М., 1966.
3. Алексеев А.П. Аргументация. Познание. Общение. М., Издательство Московского университета, 1991.
4. Алексеев В.М. Китайская литература // Китайская литература. Избранные труды. М., 1978.
5. Алексеев Н.С., Макарова З.В. Ораторское искусство в суде. СПб., 1985.
6. Альбеткова Р.И. Русская словесность: от слова к словесности Учеб. для 7 класса общеобразоват. учреждений. М., 2000.
7. Аннушкин В.И. Риторика. Учебное пособие. Пермь, 1994.
8. Аннушкин В.И. Что такое словесность (К определению научного термина и границ учебного предмета) // Русская словесность. 1994 (5). С. 33—40.
9. Аннушкин В.И. История русской риторики. Хрестоматия: Учебное пособие для студентов гуманитарных факультетов вузов. М., 1998.
10. Аннушкин В.И. История русской риторики. Хрестоматия. 2-е изд. М., 2002.
11. Аннушкин В.И. Русская риторика: исторический аспект. М., 2003.
12. Аннушкин В.И. Риторика. Вводный курс. 2-е изд, испр. М., 2006a.
13. Аннушкин В.И. Первая русская «Риторика» XVII века. 2-е изд. М., 2006b.
14. Аннушкин В.И. Риторика. Экспресс-курс. М., 2007.
15. Аннушкин В.И. Язык и жизнь. Книга о русском языке—речи—слове. М.,

2009.
16. Античные риторики / Под ред. А.А. Тахо-Годи. М., 1978.
17. Апресян Г.З. Ораторское искусство. М., 1972.
18. Аристотель. Риторика // Античные риторики / Под ред. А.А. Тахо-Годи. М., 1978.
19. Баронов М.Т. От риторики к развитию речи в школах России // Русский язык в школе. 1998 (4). С. 50—57.
20. Бахтин М.М. Эстетика словесного творчества. 2-е изд. М., Искусство. 1986.
21. Бердяев Н.А. Русская идея; Судьбы России. М., 2000.
22. Благова Г.Ф. Владимир Даль и его последовательность в тюркологии Лазарь Будагов. // Вопросы языкознания, 2001 (3).
23. Будилович А.С. Ломоносов как натуралист и филолог. Приложение III. Риторика Ломоносова в подлинных текстах. СПб., 1869.
24. Брутян Г.А. Очерк теории. Изд-во АН Армении, 1992.
25. Валгина Н.С. Активные процессы в современном русском языке. М., 2001.
26. Васильев А.Д. Слово в российском телеэфире. М., 2003.
27. Введение в культурологию. Курс лекций. Под ред. Ю.Н. Солонина, Е.Г. Соколоа, СПб., 2003.
28. Виноградов В.В. Толковые словари русского языка. Язык газеты. М., 1941.
29. Виноградов В.В. Итоги обсуждения вопросы стилистики. // Вопросы языкознания, 1955 (1).
30. Виноградов В.В. Грамматика русского языка. М., Изд-во АН СССР, 1954.
31. Виноградов В.В. Поэтика и риторика. // Избранные труды: О языке художественной прозы. М., 1980.
32. Винокур Т.Г. Говорящий и слушающий. Варианты речевого поведения. М., 1993.
33. Волков А.А. Основы русской риторики. М., 1996.
34. Волков А.А. Начертание христианского нравоучения. М., Правило веры, 1998.
35. Волков А.А. Курс русской риторики. М., 2001.
36. Волков А.А. Основы риторики. М., 2003.
37. Волков А.А. Теория риторической аргументации. М., Изд-во Моск. ун-та, 2009.
38. Волков А.А. Курс русской риторики. Изд. 3-е исправленное и дополненное.

М., Издательский дом «Русская панорама»; Издательство «Кафедра» 2013.
39. Галич А.И. Теория красноречия. СПб., 1830.
40. Гольдинер В.Д. Защитительная речь. М., 1970.
41. Горелов А.А. Политология. Учебник. М., 2002.
42. Граудина Л.К. Русская риторика: Хрестоматия. М., 1996.
43. Граудина Л.К., Кочеткова Г.И. Русская риторика. М., 2001.
44. Граудина Л.К., Миськевич Г.И. Теория и практика русского красноречия. М., 1989.
45. Греч Н.И. Учебная книга российской словесности, или избранные места из русских сочинений и переводов в стихах и прозе с присовокуплением кратких правил риторики и пиитики и истории русской словесности. СПб., 1819—1822.
46. Давыдов И.И. Чтения о словесности. М., 1837—1843.
47. Далецкий Ч.Б. Риторика: заговори, и я скажу, кто ты. Учебное пособие для вузов. М., 2003.
48. Даль В.И. Толковый словарь живого великорусского языка. СПб. М., 1882.
49. Добросклонская Т.Г. Медиалингвистика: системный подход к изучению языка СМИ: современная английская медиаречь: учеб. пособие. М., Флинта-Наука, 2008.
50. Ерастов Н.И. Культура публичного выступления: беседы с начинающим оратором. Ярославль, 1972.
51. Зарецкая Е.Н. Риторика: теория и практика речевой коммуникации. М., 1998.
52. Зеленецкий К.П. История русской литературы для учащихся. Одесса. 1849.
53. Зеленецкий К.П. Курс русской словесности для учащихся: I. Общая реторика. Одесса, 1849.
54. Зеленецкий К.П. Курс русской словесности для учащихся: II. Частная реторика. Одесса, 1849.
55. Зеленецкий К.П. Курс русской словесности для учащихся: III. Пиитика. Одесса, 1849.
56. Ивакина Н.Н. Основы судебного красноречия (риторика для юристов). Учебное пособие. М., 2000.
57. Иванова С.Ф. Искусство диалога или беседы о риторике. Пермь, 1992.
58. Иванова С.Ф. Введение во храм Слова: Книга для чтения с детьми в школе

и дома. М., 1994.

59. Иванова С.Ф. Риторика. Авторские программы С.Ф. Ивановой // Программы по риторике и русской речи: Сборник / Сост. Н.А. Купина и С.А. Минеева. Пермь, 1995. С. 34—87.

60. Иванова С.Ф. Говори!.. Уроки развивающей риторики. М., 1997.

61. Конрад Н.И. Понятие «литература» в Китае // Избранные труды. Синология. М., 1977.

62. Кожин А. и др. Функциональные типы русской речи. М., 1982.

63. Кожина М.Н. О речевой системности научного стиля сравнительно с некоторыми другими. Пермь, 1972.

64. Кожина М.Н. Стилистика русского языка. М., 1977.

65. Кожина М.Н. Стилистика и риторика в их взаимоотношении. // Stylistyka. Opole, 2000.

66. Концепция модернизации российского образования на период до 2012 года. М., 2002.

67. Коряковцева Е.И. Язык современной российской прессы: варваризмы и арготизмы как сигналы речевой агрессии. Warszawa, 2008.

68. Кохтев Н.Н. Риторика. Учебное пособие для учащихся 8—11 классов учебных заведений с углубленным изучением гуманитарных предметов, а также для лицеев и гимназий. М., 1994.

69. Кошанский Н.Ф. Общая реторика. СПб., 1829.

70. Крысин Л.П. Социолингвистические аспекты изучения современного русского языка. М., 1989.

71. Крысин Л.П. О лексике русского языка наших дней // Русский язык в школе и дома. 2002 (1).

72. Кузин Ф.А. Культура делового общения. М., 2005.

73. Культура общения. 9 класс / Сост. Е.Ю. Лазуренко и др. Под общ. ред. проф. И.А. Стернина. Воронеж, 2000.

74. Культура русской речи: Энциклопедический словарь-справочник / Под ред. Л.Ю. Иванова, А.П. Сковородникова, Е.Н. Ширяева и др. М., 2003.

75. Купина Н.А. Риторика в играх и упражнениях. М., 2004.

76. Ладыженская Н.В. Обучение успешному общению. Речевые жанры. М., Баласс, Ювента, 2005.

77. Ладыженская Т.А. Устная речь как средство и предмет обучения: Учеб. по-

собие для студентов. - 2. изд., перераб. - М., Флинта : Наука, 1998.
78. Ладыженская Т.А. и др. Обучение общению: методика школьной риторики. Учеб. пособие для педагогов, студентов педвузов, преподавателей и слушателей системы повышения квалификации. М., Баласс, 2013.
79. Лазарева В.А. Теория судебной речи: учеб. пособие. Самара: Самарский университет, 2001.
80. Лаптева О.А. Живая русская речь с телеэкрана. М., 2001.
81. Лаптева О.А. Теория современного русского языка. М., 2003.
82. Латинский текст с англ. переводом: The Loeb Classical Library, 1st ed., 1967 (repr. 1942).
83. Литанско-русский словарь. М., 1986.
84. Линь Мэй. Риторический анализ русского телефонного диалога. М., 2009.
85. Линь Мэй. Курс риторики в китайских филологических вузах: проблемы и перспективы. 2010 (6): 48—52.
86. Линь Мэй. Русская риторика в Китае как предмет научного исследования и обучения коммуникативным навыкам. Русский язык за рубежом, 2018(2): 11—17.
87. Лобанова Л.П. Новый стиль речи и культура поколения: политическая политкорректность. М., 2004.
88. Ломоносов М.В. Краткое руководство к красноречию // ПСС. М., С., 1952a.
89. Ломоносов М.В. Краткое руководство к риторике // ПСС. М., Л., 1952b.
90. Ломоносов М.В. Российская грамматика. // полное собрание сочинений. М., Л. 1952c.
91. Лосев А.Ф. История античной эстетики. Высокая классика. М., 1974.
92. Львов М.Р. Риторика. Учебное пособие для учащихся старших классов средних учебных заведений. М., 1995.
93. Марк Туллий Цицерон. Три трактата об ораторском искусстве. Под редакцией М. Л. Гаспарова. Москва, Издательство «Наука», 1972.
94. Марченко О.И. Ораторское искусство как явление гуманитарной культуры: Автореф. дис. ... канд. филос. наук. СПб., 1992.
95. Марченко О.И. Риторика как норма гуманитарной культуры. Учебное пособие для высших учебных заведений. М., 1994.
96. Матвеева Т.В. Учебный словарь: русский язык, культура речи, стилистика, риторика. М., 2003.

97. Методика преподавания риторики: учебное пособие. Под ред. докт. пед. наук, проф. Н.А. Ипполитовой. М., издательство «Экзамен», 2014.

98. Мерзляков А.Ф. Краткая риторика, или правила, относящиеся ко всем родам сочинений прозаических. 4-е изд. М., 1828.

99. Минеева С.А. Риторика: проблемы и трудности преподавания в школе // Программы по риторике и русской речи: Сборник / Сост. Н.А. Купина и С.А. Минеева. Пермь, 1995. С. 73—80.

100. Минеева С.А. Риторика диалога в моделях и обобщениях (дидактические материалы). Пермь, 2006.

101. Минеева С.А. Риторика диалога: теоретические основания и модели. М., Флинта, 2014.

102. Михальская А.К. Основы риторики: Мысль и слово. М., 1996.

103. Михальская А.К. Педагогическая риторика: история и теория: Учебное пособие для студ. пед. университетов и институтов. М., 1998.

104. Михальская А.К. Лекторское мастерство: учеб. Пособие. М., НИФРА-М, 2018.

105. Моисеева Г.Н. Ломоносов и древнерусская литература. Л., 1971.

106. Мурашов А.А. Риторика. Хрестоматия-практикум. М., Российское педагогическое агентство, 2001.

107. Николай Спафарий. Эстетические трактаты. Подготовка текстов и вступительная статья О.А. Бeлобровой. Л., 1978.

108. Панов М.И. Тумина Л.Е. Русское красноречие: история, теория, практика. // Риторика: методология и практика. Сборник программ. Ed/Eds. М. Ярославль: МПУ, РЕМДЕР, 2003.

109. Петрова Н.Е. Рацибурская Л.В. Язык совеменных СМИ: средства речевой агрессии. М., Флинта-Наука, 2011.

110. Перевод Ф. А. Петровского, комментарии М. Л. Гаспарова. Перевод сделан по изданию: M. Tullii Ciceronis scripta... p. 1, v. 2, rec. Gul. Friedrich. Lps., 1891.

111. Плаксин В.Т. Учебный курс словесности. СПб., 1843.

112. Политология: Курс лекций / Под ред. М.Н. Марченко. Изд. 3-е, перераб. и доп. М., 1999.

113. Попов М.Н. Политическое красноречие: Что нужно для оратора. СПб., 1906.

114. Программы по риторике и русской речи: Сборник / Сост. Н.А. Купина и С.А. Минеева. Пермь, 1995.

115. Райская Л.М. Лекции по русскому языку и культуре речи. Томск: Изд-во

Томского политехнического университета, 2009.—148 с.

116. Речевое общение // Научно-теоретический журнал / Под рад. проф. А.П. Сковордникова. Красноярск, 2007. Вып. 16—17.
117. Риторика диалога в становлении научно-гуманистической системы образования: проблемы исследования и преподавания. Материалы XI научно-практической конференции. 10—11 ноября 2002г. / Под ред. С.А. Минеевой. Пермь, 2002.
118. Риторика диалога: развитие коммуникативной компетентности: проблемы и практические достижения: Материалы XIV научно-практической конференции. 1 ноября 2006 г. / Под ред. С.А. Минеевой. Пермь, 2006.
119. Риторика для юристов: учебник / А.А. Тарасов, А.Р. Шарипова.—Москва: Юстиция, 2017.
120. Риторика: 8 класс: Учебное пособие для общеобразовательной школы: В 2-х ч. / Под ред. Т.А. Ладыженской. М., 1999.
121. Риторика: 9 класс: Методические рекомендации / Под ред. Т.А. Ладыженской. М., 1999.
122. Риторика: 9 класс: Учебное пособие для общеобразовательной школы: В 2-х ч. / Под ред. Т.А. Ладыженской. М., 1999.
123. Рождественский Ю.В. О правилах ведения речи по данным пословиц и поговорок. // Паремиологический сборник. Пословица, загадка. М., 1978.—С. 211—229.
124. Рождественский Ю.В. Введение в общую филологию. М., 1979.
125. Рождественский Ю.В. Слово в нашей жизни // Вопросы лекционной пропаганды. М., 1985.
126. Рождественский Ю.В. Риторика публичной лекции. М., 1989.
127. Рождественский Ю.В. Лекции по общему языкознанию. М., 1990.
128. Рождественский Ю.В. Общая филология. М., 1996.
129. Рождественский Ю.А. Принципы современной риторики. М., 1999.
130. Рождественский Ю.В. Словарь терминов. (Общеобразовательный тезаурус): Общество. Экономика. Культура. Образование. М., 2002.
131. Рождественский Ю.В. Теория риторики. 4-е изд. 2006.
132. Романенко А.П. Риторика массовой культуры. М., Филнта-Наука, 2007.
133. Рузавин Г.И. Логика и основы аргументации. Учебник для вузов. М., 2003.
134. Русская грамматика. Академия наук СССР. М., 1980.

135. Савкова З.В. Техника звучащего слова. М., 1988.
136. Савкова З.В. Энергия живого слова. СПб., 1991.
137. Сборники материалов международных конференций Российской риторической ассоциации. 1997—2017.
138. Сиротинина О.Б. Изучение разговорной речи как одна из проблем русской стилистики. Stylistyka, 1997.
139. Сиротинина О.Б. Риторическая грамотность как составляющая речевой и общей культуры человека. // Риторика в системе гуманитарного знания. М., 2003.
140. Словарь Академии Российской (в 6 томах), СПб., Императорская Академия Наук, 1789, Электронное переиздание.
141. Словарь древнерусского языка XI-XIV веков. М., 1988—1991.
142. Словарь иностранных слов в русском языке. М., 1996.
143. Словарь русского языка XI-XVII веков. М., 1975—2002.
144. Словарь современного русского литературного языка. М., 1950.
145. Смирнов В. Защитительная речь адвоката // Советская юстиция, 1987 (2). С. 26—27.
146. Соболева А.К. Топическая юриспруденция. Аргументация и толкование в праве. М., Добросвет, 2002.
147. Соловьев Вл.С. Сочинения в 2 т. М., 1990.
148. Сперанский М.М. Правила высшего красноречия. СПб., 1844.
149. Срезневский И.И. Материалы для словаря древнерусского языка. СПб., 1983.
150. Стернин И.А. Практическая риторика: Учебное пособие для студентов высш. учебн. заведений. М., 2003.
151. Сумароков А.П. Стихотворения / Под ред. А.С. Орлова. М., 1935.
152. Толерантность и коммуникативная культура педагога: Материалы Всероссийской научно-практической конференции. 17—19 ноября 2004 г., г. Ачинск / Под ред. А.П. Сковордникова. Красноярск, 2005.
153. Толмачев Я.В. Правила словесности. СПб., 1815.
154. Трошкина Т.И. Тенденция в современном русском совообразовании и их реализация в языке средств массовой информации // Вопросы лингвистики и лингводидактики. Познань, 2004.
155. Формановская Н.И. Коммуникативно-прагматические аспекты единиц об-

щения. М., 1998.
156. Хазагеров Г.Г. Политическая риторика. М., 2002.
157. Харченко Е.В. Шкатова Л.А. Межкультурные коммуникация—проблема XXI века // Межкультурные коммуникации: Сб. науч. тр. / Отв. Ред А.а. Панова.—Челябинск, 2002: с. 5—9.
158. Химик В.В. Болезнь языка или язык болезни? // Современная русская речь: состояние и функционирование.—Вып. II.—СПб, 2006.
159. Хоружий С.С. После перерыва. Пути русской философии. М., 1994.
160. Цицерон Марк Туллий. Три трактата об ораторском искусстве. М., 1972.
161. Шевченко Н.В. Риторика. 8 класс: Учебное пособие. Саратов, 2000.
162. Юнина Е.А. О специфике риторической науки и ее отношении к стилистике, культуре речи, прагматике // Статус стилистики в современном языкознании. Пермь, 1992.
163. Язык СМИ как объект междисциплинарного исследования. Под редакцией Володиной М.Н., М., Издательство МГУ, 2003.
164. Якоб Л.Г. Курс философии для гимназий Российской империи, сочиненный доктором Лудвигом Генрихом Якобом, изданный от Главного правления училищ. СПб., 1813.
165. Augustine. On Christian Doctrine. D.W. Robertson (trans.). Indianapolis, IN: Library of Liberal Arts.
166. Bhatia V.K. Analyzing Genre: Langunge Use in Professional Setting. New York: Longman,1993.
167. Bizzell, P. & Herzberg, B. The Rhetorical Trandition: Readings from Clfssical Times to the Present. Doston: Bedford Books of St. Martin's Press. 1990.
168. Corbett, Edward P.J. Classical Rhetoric for the Morden Student, New York: Oxford University Press. 1971.
169. Fortenbaugh, W.W. Aristotle on Emotion. New York: Barnes and Noble. 1975.
170. Gage, J.T. An Adequate Epistemology for Composition: Classical and Modern Perspectives. In Stephen W. Smith (ed.), Essay on Classical Rhetoric and Morden Discourse (pp. 152—169). Carbondale: The Board of Trustees, Southern Illinois University. 1984.
171. Greenblantt, Stephen and Gills Gunn, eds. Redrawing the Boundaries. New York: MLA, 1992.
172. Halliday, M.A. K Language Context and Text: Aspects of Language in a Social-sem

iotick Perspective. Victoria: Deakin University Press,1985.
173. Heidegger M.. On the Way to Language. New York: Harper Collins, 1971.
174. Herrick, James A. The History and Theory of Rhetiric: An Introduction. Boston: Allyn and Beacon. 2005.
175. Mukařovský, The Esthetics of Language.—Paul Garvin (ed). A Prague School Reader on Esthetics, Literary Structure, and Style. Washington: Georgetown University Press, 1964: 31—69.
176. N. E. Enkvist, J. Spencer & M. J. Gregory, Linguistics and Style. London: Oxford University Press, 1964.
177. Nietzsche, Friedrich. Friedrich Nitzsche on Rhetoric and Language. Sander L. Gilman, Carole Blair, and David J. Parent (eds. and trans.). New York: Oxford University Press. 1989.
178. Perelman Ch. The Safeguarding and Foundation of Human Rights // Law and Philosophy. 1982（1）: 124.
179. Robins，R.H. A Short History of Linguistics. Beijing: Foreign Language Teaching and Research Press, 2001.
180. 安启念. 东方国家的社会跳跃与文化滞后. 北京: 中国人民大学出版社, 1994.
181. 奥古斯丁. 忏悔录. 北京: 世界图书出版公司, 2011.
182. 巴赫金. 巴赫金全集. 石家庄: 河北教育出版社, 1998.
183. 白春仁, 汪嘉斐, 周圣, 郭聿楷. 俄语语体研究. 北京: 外语教学与研究出版社, 1999.
184. 北京大学哲学系外国哲学史教研室编. 古希腊罗马哲学, 北京: 生活·读书·新知三联书店, 1957.
185. 便携俄汉大辞典. 北京: 商务印书馆, 1989.
186. 柏拉图. 苏格拉底的申辩. 北京: 商务印书馆, 1983.
187. 布洛克. 西方人文主义传统. 董乐山译. 北京: 群言出版社, 2011.
188. 韦恩·C. 布斯. 修辞的复兴: 韦恩·布斯精粹. （美）约斯特编; 穆雷等译. 南京: 译林出版社, 2009.
189. 曹顺庆. 比较文学与文论话语—迈向新阶段的比较文学与文学理论. 北京: 北京师范大学出版社, 2011.
190. 曾毅平, 杜宝莲. 修辞学实证研究的意义与方法. 修辞学习, 2004（3）: 8—14.
191. 辞书编辑委员会. 辞海. 上海: 上海辞书出版社, 1980.
192. 从莱庭, 徐鲁亚. 西方修辞学. 上海: 上海外语教育出版社, 2007.
193. 陈佳璇、崔蓬克、胡范铸. 言者身份与修辞力量: 国家形象修辞分析中的一个问题.当代修辞学,2011(2):70—76.
194. 陈望道.修辞学发凡.上海:上海教育出版社,1979.
195. 陈汝东.认知修辞学.广州:广东教育出版社,2001.
196. 陈汝东.当代汉语修辞学.北京:北京大学出版社,2004.
197. 陈汝东.新兴修辞传播学理论.北京:北京大学出版社,2011.
198. 程雨民.英语语体学.上海:上海外语教育出版社,2005.
199. 褚敏.俄语修辞学教程.上海:上海外语教育出版社,2010.
200. 大俄汉词典.北京:商务印书馆,1985.
201. 大俄汉词典(修订版).北京:商务印书馆,2001.
202. 罗伯特·A.达尔.现代政治分析.王沪宁,陈峰,译,上海:上海译文出版社,1987.
203. 邓志勇.修辞学中的悖论与修辞哲学思考——论修辞学的重新定位.西安外国语大学学报,2007(1).
204. 杜维运.史学方法论.北京:北京大学出版社,2006.
205. 俄汉大词典.北京:商务印书馆,1963.
206. 俄汉详解大词典.哈尔滨:黑龙江人民出版社,1998.
207. 俄罗斯社会民族问题独立研究院编写.世纪之交的俄罗斯.莫斯科:俄罗斯政治百科出版社,2000.
208. 樊明明.话语权力在两种文化中的结构与功能—中西古典修辞学中说服三要素比较.外语学刊,1999(3):28—32.
209. 樊明明.俄罗斯 РИТОРИКА 的发展历史与现状.解放军外国语学院学报,2001(1):16—20.
210. 樊明明.修辞论辩的机制.北京:军事谊文出版社,2003.
211. 康泽民、樊明明.论古典修辞学与新修辞学的"部目"观.山东外语教学,2005(1):13—16.
212. 樊明明.再论 риторика 与 стилистика.中国俄语教学,2006(2):22—25.
213. 樊明明、李葵、宋尧、张惠芹.人文修辞学.上海:上海外语教育出版社,2007.
214. 冯绍雷、相蓝欣.转型理论与俄罗斯政治改革.上海:上海人民出版社,2005.
215. 弗·多博林科夫.全球化条件下的俄罗斯意识形态.徐海燕摘译.国外理论动态,2007(2):14—16.
216. 弗兰克.俄国知识人与精神偶像.徐凤林译.上海:学林出版社,1999.
217. 顾霞君、冯玉律.俄语实践修辞学.上海:上海外语教育出版社,1991.
218. 桂诗春,宁春岩.语言学方法论.北京:外语教学与研究出版社,1997.
219. 郭德宏.中国现代社会转型研究评述.安徽史学,2003(1):87—91.
220. 尤尔根·哈贝马斯.交往行为理论.第二卷.重庆:重庆出版社,1985.

221. 马丁·海德格尔.存在与时间.北京:生活·读书·新知三联书店,1987.
222. 赫拉克利特.赫拉克利特著作残篇.桂林:广西师范大学出版社,2007.
223. 黑龙江大学俄语语言文学研究中心辞书研究所.大俄汉词典.北京:商务印书馆,2003.
224. 胡世雄摇.俄语修辞格.重庆:重庆出版社,2005.
225. 胡曙中.美国新修辞学研究.上海:上海外语教育出版社,1999.
226. 胡曙中.现代英语修辞学.上海:上海外语教育出版社,2004.
227. 胡曙中.英汉修辞跨文化研究.青岛:青岛出版社,2008.
228. 黄华新、王华平.论跨学科研究.光明日报,2010年3月16日.
229. 吉尔比.经院辩证法.王路译.上海:上海三联书店,2000.
230. 焦宝乾.法律中的修辞论证方法.浙江社会科学,2009(1):46—51.
231. 金立鑫.语言研究方法导论.上海:上海外语教育出版社,2007.
232. 鞠玉梅.社会认知修辞学:理论与实践.北京:外语教学与研究出版社,2011.
233. 科仁娜.俄语功能修辞学.白春仁等译.北京:外语教学与研究出版社,1982.
234. 昆体良著.任钟译.雄辩术原理.北京:人民教育出版社,1989.
235. 拉佐夫斯基.俄罗斯大众传媒:范式转换.//《转型时期的大众传媒—第六届中俄大众传媒发展学术研讨会论文集》.北京:中国广播电视出版社,2010.41—43.
236. 蓝纯.修辞学:理论与实践.北京:外语教学与研究出版社,2010.
237. 李葵.论演讲说服力的三大源泉.中国俄语教学,1999(1):42—45.
238. 李葵.俄罗斯现代修辞学:渊源·分支·民族特色.北京外国语大学博士研究生学位论文,2001.
239. 李琳.关于巴赫金对话主义的思考.解放军外国语学院学报,2005(4):102—105.
240. 列宁全集.第6卷.北京:人民出版社,1986.
241. 林梅.俄罗斯现代人文修辞学在中国的研究.西安外国语大学学报,2010(4):8—11.
242. 林梅.社会转型语境下俄罗斯传媒话语建构的修辞批评.新闻知识,2012(5):14—16.
243. 林梅.跨文化语境下的俄罗斯修辞学研究—再论修辞学研究思路及方法.外语教学,2012(4):46—48+57.
244. 林梅."道""文"之镜中的"话语—逻各斯"—兼论中国古典文论重要思想在俄罗斯的阐释和接受.中国比较文学,2014(2):150—157.
245. 林梅.俄罗斯民族话语观的宗教哲学思想探析—以"修辞典范"为例.西安外国

语大学学报,2015(4):33—36.
246. 吕凡、宋正昆、徐仲历. 俄语修辞学. 北京:外语教学与研究出版社,1988.
247. 凌建侯. 试析巴赫金的对话主义及其核心概念"话语"(слово). 中国俄语教学,1999(1):54—59.
248. 凌建侯. 巴赫金哲学思想与文本分析法. 北京:北京大学出版社,2007.
249. 刘文科、张文静. 当代政治传播的研究领域. 云南行政学院学报,2010(1):39—41.
250. 刘亚猛. 追求象征的力量——关于西方修辞思想的思考. 北京:生活·读书·新知三联书店,2004a.
251. 刘亚猛. 当代西方修辞学科建设:迷惘与希望. 福建师范大学学报(哲学社会科学版),2004b(6):1—7.
252. 刘亚猛. 修辞与当代西方史学论争. 修辞学习,2007(4):7—12.
253. 刘亚猛. 西方修辞学史. 北京:外语教学与研究出版社,2008.
254. 刘亚猛. 当代西方人文学科的范式转换及中国修辞学的发展模式. 修辞学习,2009(6):17—22.
255. 刘亚猛. 当代西方修辞研究的两个特点及其缘由. 当代修辞学,2010(2):12—21.
256. 彭世勇. 国际跨文化交际主流研究中常用的定量数据分析方法. 外语教学,2005(4):23—26.
257. 普京. 千年之交的俄罗斯,独立报(俄),1999年12月30日.
258. 普京文集(2012—2014). 北京:世界知识出版社,上海:华东师范大学出版社,2014.
259. 戚雨村. 现代语言学的特点和发展趋势. 上海:上海外语教育出版社,1997.
260. 钱钟书. 管锥编. 北京:中华书局,1979.
261. 阿·普·丘季诺夫. 现代政治语言学. 杨可、郭利、胡荣哲译. 海口:南方出版社,2012.
262. 施春宏. 语言规范化的基本原则及策略. 汉语学报,2009(2):2—17+95.
263. 昆廷·斯金纳. 霍布斯哲学思想中的理性和修辞. 王加丰、郑崧 译,上海:华东师范大学出版社,2005.
264. 斯特洛夫斯基. 作为歪曲信息之源的俄罗斯传媒. // 转型时期的大众传媒——第六届中俄大众传媒发展学术研讨会论文集. 北京:中国广播电视出版社,2010. 56—62.
265. 宋尧. 西方古典修辞学及其修辞论证的魅力. 外语学刊,1998(3):33—37.
266. 孙汉军. 俄语修辞学. 西安:陕西人民出版社,1999.

267. 孙汉军. 论修辞学发展的动力及其意义. 解放军外国语学院学报, 2007（6）: 22—26.
268. 孙汉军. 修辞学的研究方法. 解放军外国语学院学报, 2009（3）: 27—31.
269. 孙周兴. 说不可说之神秘: 海德格尔后期思想研究. 上海: 上海三联书店, 1994.
270. 唐纳德·布莱恩特. 修辞学: 功能与范围. 当代西方修辞学: 演讲与话语批评. 肯尼斯·伯克等著, 常昌富、顾宝桐译. 北京: 中国社会科学出版社, 1998.
271. 童兵. 比较新闻传播学. 北京: 中国人民大学出版社, 2002.
272. 童庆炳. 文学理论教程.（修订二版）. 北京: 高等教育出版社, 2004.
273. 托克维尔. 旧制度与大革命. 北京: 商务印书馆, 1992.
274. 王德春. 修辞学探索. 北京: 北京出版社, 1983.
275. 王德春. 语言学教程. 济南: 山东教育出版社, 1987.
276. 王福祥. 现代俄语辞格学概论. 北京: 外语教学与研究出版社, 2002.
277. 王福祥、吴汉樱. 现代俄语功能修辞学概论. 北京: 外语教学与研究出版社, 2010.
278. 王立新. 试析转轨时期俄罗斯的政党制度. 世界经济与政治论坛, 1999（5）: 28—31.
279. 王铭玉、于鑫. 功能语言学. 上海: 上海外语教育出版社, 2007.
280. 王希杰. 修辞学通论. 南京: 南京大学出版社, 1996.
281. 王希杰. 汉语修辞学. 北京: 商务印书馆, 2004.
282. 汪嘉斐. 俄语讲演体研究. 中国俄语教学, 1990（2）: 8—15.
283. 汪嘉斐. Риторика: 基本思想的理解与应用. 外语学刊（黑龙江大学学报）, 1998（3）: 9—117.
284. 汪嘉斐. 俄语演讲集. 北京: 外语教学与研究出版社, 2001.
285. 汪嘉斐. 语林思行——汪嘉斐文集. 哈尔滨: 黑龙江人民出版社, 2007.
286. 王浦劬等. 政治学基础. 北京: 北京大学出版社, 2005.
287. 王筑吟. 美国大学修辞教育探微. 贵州教育学院学报（社会科学）, 2004（3）: 72—75+103.
288. 马克斯·韦伯. 经济与社会（上卷）. 林荣远, 译. 北京: 商务印书馆, 1997.
289. 温科学. 20世纪西方修辞学理论研究. 北京: 中国社会科学出版社, 2006.
290. 温科学. 中西比较修辞论: 全球化视野下的思考. 北京: 中国社会科学出版社, 2009.
291. 吴爱荣. 乌兹别克斯坦"去俄罗斯化"进程探析. 俄罗斯东欧中亚研究 2017（1）: 134—158.
292. 邬昆如. 庄子与古希腊哲学中的道. 台北: 台湾编译馆, 1973.

293. 尼古拉斯·布宁、余纪元.西方哲学英汉对照辞典.北京:人民出版社,2001.
294. 萧净宇.超越语言学—巴赫金语言哲学研究.上海:上海人民出版社,2007.
295. 肖连河、斯捷潘琴科.俄语修辞学.长春:吉林大学出版社,2003.
296. 唐远清、贾乐蓉、张晓辉.转型时期的大众传媒—第六届中俄大众传媒发展学术研讨会论文集,北京:中国广播电视出版社,2010:383—389.
297. 谢岳.当代中国政治沟通.上海:上海人民出版社,2006.
298. 向明.现代俄语实践修辞学.北京:商务印书馆,1966.
299. 徐凤林.俄罗斯宗教哲学.北京:北京大学出版社,2006.
300. 徐国栋.共和晚期希腊哲学对罗马法之技术和内容的影响.中国社会科学,2003(5):74—85.
301. 许华.从乌克兰危机看俄罗斯的国际传播力—兼议国际政治博弈中的传播之争.俄罗斯学刊,2015(3):61—69.
302. 亚里士多德.修辞学.罗念生译.北京:生活·读书·新知三联书店,1991.
303. 杨适.哲学的童年.北京:中国社会科学出版社,1987.
304. 姚殿芳、潘兆明.实用汉语修辞.北京:北京大学出版社,1987.
305. 姚小平.论语言和人文研究中实证法的必要性及可能性.外语学刊,2003(1):90—96.
306. 姚小平.西方语言学史.北京:外语教学与研究出版社,2011.
307. 姚喜明等.西方修辞学简史.上海:上海大学出版社,2009.
308. 姚喜明、王惠敏.肯尼斯·伯克的戏剧主义修辞思想研究.外语教学,2011(1):20—23.
309. 龙金顺.巴赫金对话理论的修辞学研究.南阳师范学院学报(社会科学版),2013(2):47—49
310. 喻国明.大众媒介公信力理论初探(上)——兼论我国大众媒介公信力的现状与问题.新闻与写作,2005(1):11—13.
311. 袁影.西方修辞学经典选译—核心概念地图集.上海:上海外语教育出版社,2017.
312. 曾毅平、杜宝莲.修辞学实证研究的意义与方法.修辞学习,2004(3):8—14.
313. 宗廷虎.中国现代修辞史.杭州:浙江教育出版社,1990.
314. 张弓.现代汉语修辞学.石家庄:河北出版传媒集团、河北教育出版社,1993.
315. 张惠芹.Риторика与стилистика.中国俄语教学,2000(1):45—49.
316. 张惠芹.教师的语言艺术.北京:中国国际广播出版社,2008.
317. 张会森.修辞学通论.上海:上海外语教育出版社,2001.
318. 张会森."修辞学/Rhetoric/Стилистика"与当代修辞学.当代修辞学,2010(4):

41—44.
319. 张会森.近二十年来的俄罗斯修辞学.当代修辞学,2011(2):85—91.
320. 张隆溪.道与逻各斯—东西方文学阐释学.冯川 译.南京:凤凰出版传媒集团、江苏教育出版社,2006.
321. 张钦文.俄罗斯转型期意识形态研究.南京师范大学博士研究生学位论文.2015.
322. 张星久.论合法性研究的依据、学术价值及其存在的问题.法学评论,2000(3):26—35.
323. 张瑜.翻译的修辞学研究.南京师范大学博士研究生学位论文,2013.
324. 张志公.张志公自选集(上).北京:北京大学出版社,1998.

附录1　外国人名对照

A.

阿布拉莫夫(Н. Абрамов)
阿达莫夫(Е. Адамов)
阿赫玛诺娃(О.С. Ахманова)
阿尔贝特科娃(Р.И. Альбеткова)
阿克顿(Lord Acton)
阿里亚(С.Л. Ария)
瓦·阿列克谢耶夫(В.М. Алексеев)
尼·阿列克谢耶夫(Н.С. Алексеев)
阿列克谢·普什科夫(Алексей Пушков)
阿那克西米尼(Анаксимен)
阿尼西莫娃(Т.В. Анисимова)
阿普列相(Г.З. Апресян)
艾伯里克(Альберик)
奥古斯丁(Августин Блаженный)
奥金措夫(В.В. Одинцов)
奥热戈夫(С.И. Ожегов)
安德烈·埃什帕伊(Андрей Эшпай)
安德烈耶夫(А.А. Андреев)
安德烈耶夫斯基(С.А. Андреевский)
安东诺娃 Г. (Г.Г. Антонова)
安东诺娃 С. (С.М. Антонова)
安东诺娃(Л.Г. Антонова)
安努什金(В.И. Аннушкин)

B.

巴赫金(М.М. Бахтин)
巴拉诺夫(М.Т. Баранов)
巴拉霍维奇(И.И. Барахович)
巴勒扎克(И.А. Баржак)
巴提亚(Bhatia)
巴意(Балли Шарль)
鲍里斯·戈东诺夫(Борис Годунов)
鲍里斯·季托夫(Борис Титов)
彼得罗娃(Н.Е. Петрова)
彼得·莫吉拉(Пётр Могила)
彼得·阿列克谢耶维奇·罗曼诺夫(Пётр Алексеевич Романов)
比泽尔(Bizzell)
别尔佳耶夫(Н.А. Бердяев)
别列戈夫斯卡娅(Э.М. Береговская)
别林斯基(В.Г. Белинский)
别什科夫(И.В. Пешков)
波波夫(М.Н. Попов)
波罗霍夫希科夫(П.С. Пороховщиков)
波扎尔斯基(Д.М. Пожарский)
柏拉图(Платон)
布拉戈娃(Г.Ф. Благова)
布雷斯卡娅(О.П. Брынская)
布鲁强(Г.А. Брутян)
布洛克(Alan Bullock)
布斯拉耶夫(Ф.И. Буслаев)
邦达尔丘克(Е.М. Бондарчук)

D.

达里(В.В. Даль)
达尼利娜(В.В. Данилина)
达维多夫(И.И. Давыдов)
达维塔亚(П. Давитая)
丹斯基(А. Данский)

德奥特罗·斯图底特(Феодор Студит)
多博林科夫(В.И. Добреньков)
多布罗斯克隆斯卡娅
　　(Т.Г. Добросклонская)
多利宁(К.А. Долинин)

E.
恩克威斯特(N.E.Enkvist)

F.
梵·迪克(Ван Дейк)
福尔曼诺夫斯卡娅(Н.И. Формановская)
弗拉基米尔·莫诺马赫(Владимир Мономах)
弗拉基米尔·沃尔福维奇
　　(Владимир Вольфович)
福滕博(Fortenbaugh)

G.
盖奇(Gage)
格奥尔吉(Георгий Амартол)
格奥尔吉耶夫斯基(П.Е. Георгиевский)
格尔玛诺娃(Н.Н. Германова)
戈夫曼(Виктор Гофман)
格拉诺夫斯基(Т.П. Грановский)
格拉乌金娜(Л.К. Граудина)
格里戈里·亚夫林斯基
　　(Григорий Явлинский)
格列奇(Н.И. Греч)
戈列洛夫(А.А. Горелов)
格列伊季娜(Н.Л. Грейдина)
戈卢布科夫(В.В. Голубков)

H.
哈贝马斯(Jürgen Habermas)
哈尔琴科(Е.В. Харченко)
哈扎格罗夫(Г.Г. Хазагеров)
海德格尔(Мартин Хайдеггер)
海森(Hasan)
韩礼德(Halliday)
赫茨伯格(Herzberg)
赫拉克利特(Гераклит)
赫利克(Herrick)
胡罗夫斯基(Георгий Хуровский)
霍鲁日(С.С. Хоружий)
霍米亚科夫(А.С. Хомяков)

J.
吉尔比(Gilby)
吉尔斯·冈恩(Giles Gunn/Джайлз Ганн)
基里尔·图罗夫斯基
　　(Кирилл Туровский)
基洛夫(С.М. Киров)
吉洪诺夫(С.Е. Тихонов)
吉姆别里松(Е.Г. Гимпельсон)
季亚琴科(В.Ю. Дьяченко)
基谢廖夫(Я.С. Киселёв)
基谢尼什斯基(И.М. Кисенишский)
加利奇(А.И. Галич)
加里宁(М.И. Калинин)
杰克·富勒(Jack Fuller)

K.
卡尔塔绍夫(А. Карташов)
卡甘(Cagan)
卡梅舍娃(С.Ю. Камышева)
康拉德(Н.И. Конрад)

附录1 外国人名对照

康斯坦丁诺娃(Л.А. Константинова)
考克斯(Cox, J.R).
科比特(Corbett)
科赫捷夫(Н.Н. Кохтев)
克赖斯基(Порфирий Крайский)
科里亚科夫采娃(Е.И. Коряковцева)
克雷辛(Л.П. Крысин)
克柳切夫斯基(В.О. Ключевский)
科尼(А.Ф. Кони)
科任娜(М.Н. Кожина)
科斯托马罗夫(В.Г. Костомаров)
科尚斯基(Н.Ф. Кошанский)
克谢尼娅·索布恰克(Ксения Собчак)
肯尼斯·伯克(Kenneth Burke)
库尔采娃(З.И. Курцева)
库平娜(Н.А. Купина)
昆体良(Квитилиан)

L.

娜·拉德任斯卡娅(Н.В. Ладыженская)
泰·拉德任斯卡娅(Т.А. Ладыженская)
拉齐布尔斯卡娅(Л.В. Рацибурская)
拉琴科(В.Н. Радченко)
拉普捷娃(О.А. Лаптева)
拉扎廖娃(В.А. Лазарёва)
拉佐夫斯基(Б.Н. Лазовский)
赖斯卡娅(Л.М. Райская)
利哈乔夫(Д.С. Лихачёв)
利胡德(Сафроний Лихуд)
利沃夫(М.Р. Львов)
里日斯基(И.С. Рижский)
列昂季耶夫(А.А. Леонтьев)
列福尔马茨基(А.А. Реформатский)
列宁(В.И. Лении)

卢卡舍维奇(В.К. Лукашевич)
卢那察尔斯基(А.В. Луначарский)
鲁扎温(Г.И. Рузавин)
罗宾斯(R.H. Robins/Робинс)
罗曼年科(А.П. Романенко)
罗蒙诺索夫(М.В. Ломоносов)
罗日杰斯特文斯基(Ю.В. Рождественский)
洛谢夫(А.Ф. Лосев)

M.

米·马尔琴科(М.Н. Марченко)
奥·玛尔琴科(О.И. Марченко)
马卡里(Макарий)
马克西缅科(М.В. Максименко)
马克西缅科娃(М.В. Максименкова)
马克西姆·苏莱金(Максим Сурайкин)
马泰休斯(Матезиус)
马特维延科(В.И. Матвиенко)
马特维耶娃(Т.В. Матвеева)
梅尔兹利亚科夫(А.Ф. Мерзляков)
梅兰希顿(Филипп Меланхтон)
米尔托夫(А.В. Миртов)
尼·米哈利斯卡娅(Н.Г. Михальская)
安·米哈利斯卡娅(А.К. Михальская)
米哈伊尔·菲利波夫(Михаил Филиппов)
米哈伊尔·罗曼诺夫(Михаил Романов)
米赫耶娃(Л.Н. Михеева)
米罗诺维奇(И.И. Миронович)
米宁(К.З. Минин)
米涅耶娃(С.А. Минеева)
米西科维奇(Г.И. Миськевич)
穆拉绍夫(А.А. Мурашов)
穆卡洛夫斯基(Jan Mukarovsky/Джан Мукаровский)

N.

尼采(F.Nietzsche)

尼古拉一世(Николай Ⅰ Павлович)

尼科利斯基(А.С. Никольский)

诺任(Н.Д. Ножин)

P.

帕尔申娜(О.Н. Паршина)

帕诺夫(М.И. Панов)

帕维尔·格鲁季宁(Павел Грудинин)

佩雷尔曼(Перельман)

皮罗戈夫(Н.И. Пирогов)

普京(В.В. Путин)

普拉赫瓦季洛娃(О.А. Прохватилова)

普拉克辛(В.Т. Плаксин)

普列瓦科(Ф.Н. Плевако)

普罗科波维奇(Ф.Л. Прокопович)

普罗塔哥拉(Протагор)

普什科夫(А.К. Пушков)

普希金(А.С. Пушкин)

Q.

奇斯佳科娃(И.Ю. Чистякова)

丘季诺夫(А.П. Чудинов)

丘瓦金(А.А. Чувакин)

R.

日古廖娃(А.М. Жигулёва)

S.

萨芭廖娃(А.К. Соболёва)

萨利耶娃(Л.К. Салиева)

萨夫科娃(З.В. Савкова)

萨洛宁(Салонен)

莎莉波娃(А.Р. Шарипова)

萨沙·潘克拉托维(Саша Панкратовый)

什雷科娃(И.В. Шлыкова)

什卡托娃(Л.А. Шкатова)

施奈德(А.К. Шнейдер)

斯别兰斯基(М.М. Сперанский)

斯蒂芬·葛林伯雷(Stephen Greenblant/Стивен Гринблатт)

斯捷措夫斯基(Ю.И. Стецовский)

斯捷尔宁(И.А. Стернин)

斯捷潘琴科(И.И. Степанченко)

斯科沃罗德尼科夫(А.П. Сковородников)

斯拉维涅茨基(Е. Славинецкий)

斯列兹涅夫斯基(И.И. Срезневский)

斯米尔诺夫(В. Смирнов)

斯梅斯洛娃(В.А. Смыслова)

斯莫特里茨基(Мелетий Смотрицкий)

斯帕索维奇(В.Д. Спасович)

斯佩兰斯基(М.М. Сперанский)

斯特洛夫斯基(Д.Л. Стровский)

斯托雷平(П.А. Столыпин)

斯维亚托斯拉夫(Святослав)

苏格拉底(Сократ)

索罗金(Ю.С. Сорокин)

索洛维约夫(В.С. Соловьёв)

索菲亚·伊万诺娃(София Филипповна Иванова)

索绪尔(Фердинанд де Соссюр)

舍甫琴科(Н.И. Шевченко)

什韦茨(А.В. Швец)

什雷科娃(И.В. Шлыкова)

圣奥古斯丁(Блаженный Августин)

圣约翰(大马士革的)(Иоанн Дамаскин)

附录1 外国人名对照

T.

塔拉索夫(А.А. Тарасов)

唐纳德·布莱恩特(Donald Bryant)

特列季阿科夫斯基(В.К. Тредиаковский)

特朗普(Дональд Трамп)

特罗什金娜(Т.И. Трошкина)

图尔明(Тулмин)

图明娜(Л.Е. Тумина)

托尔马乔夫(Я.В. Толмачев)

托克维尔(Токвиль)

托马斯·威尔逊(Thomas Wilson)

W.

瓦尔吉娜(Н.С. Валгина)

瓦西里耶夫(А.Д. Васильев)

瓦西里耶娃(А.Н. Васильева)

韦恩·布斯(Уйин Клейсон Бут)

维诺格拉多夫(В.В. Виноградов)

维诺库尔(Г.О. Винокур)

沃尔科夫(В.В. Волков)

乌萨乔夫(М.И. Усачёв)

乌沙科夫(Д.Н. Ушаков)

X.

西拉耶夫(П.В. Силаев)

西罗季宁娜(О.Б. Сиротинина)

希米克(В.В Химик)

西塞罗(Цицерон)

谢尔巴(Л.В. Щерба)

谢尔盖·巴布林(Сергей Бабурин)

谢尔盖伊齐(П. Сергеич)

谢尔宾妮娜(Ю.В. Щербинина)

谢列布里亚尼科夫(А. Серебрянников)

休基娜(Д.А. Щукина)

Y.

雅各布(Л.Г. Якоб)

雅罗斯拉夫(Ярослав Мудрый)

亚里士多德(Аристотель)

亚历山大二世(Александр II Николаевич)

亚沃尔斯基(Стефан Яворский)

叶戈雷切娃(Н.А. Егорычева)

叶卡捷琳娜(Екатерина II Алексеевна)

叶拉斯托夫(Н. Ерастов)

伊波利托娃(Н.А. Ипполитова)

伊格纳季(Игнатий Брянчанинов)

伊拉里昂(Иларион)

伊瓦金娜(Н.Н. Ивакина)

伊万诺娃(С.Ф. Иванова)

尤宁娜(Е.А. Юнина)

尤里·布罗丹(Юрий Продан)

尤里·列瓦达(Юрий Левада)

约翰·克罗恩什塔茨基(Иоанн Кронштадтский)

Z.

泽列涅茨基(К.П. Зеленецкий)

附录 2 达里《俄罗斯民间谚语》摘录

Пословицы с концептом ЯЗЫК

1. Язык телу якорь. Язык с богом беседует.
2. Мал язык, да всем телом владеет.
3. Язык мал, великим человеком ворочает.
4. Мал язык—горами качает. Языком, что рогачом.
5. Язык—стяг, дружину водит. Язык царствами ворочает.
6. Язык языку весть подаёт.
7. Язык языку весть подает, а голова смекает.
8. Язык голову кормит (он же до побоев доводит).
9. Язык поит и кормит, и спину порет.
10. Язык хлебом кормит и дело портит.
11. До чего язык не договорится! Языце, супостате, губителю мой!
12. Язык один, и в будни и в праздник.
13. Язык до Киева доведет (и до кия, т.е. до палки, побоев).
14. Язык доведет до кабака.
15. Бог дал два уха, а один язык.
16. Не спеши языком, торопись делом.
17. Языком не торопись, делом не ленись.
18. Никто за язык не тянет. Врать—своя неволя (охота).
19. Держи язык короче! Держи язык на привязи (на верёвочке)!
20. Держи язык за замком (за зубами)!
21. Язык блудив, что коза (что кошка).
22. Ешь пирог с грибами, а язык держи за зубами!
23. Языком капусты не шинкуют. Языком и лаптя не сплетешь.
24. Кто языком штурмует, не много навоюет.
25. Верти языком, что корова хвостом (что кочадыком)!
26. За твоим языком не поспеешь босиком.
27. Шкуру на сапожки, язык на подошву.
28. Язык лепечет, а голова не ведает.
29. Язык болтает, а голова не знает.

30. Язык ворочается, говорить хочется.
31. Как сорвалось (с языка), так и брякнулось (совралось).
32. Язык наперед ума рыщет.
33. Язык без костей—мелет. Язык—балаболка.
34. Язык мягок: что хочет, то и лопочет (чего не хочет, то и лопочет).
35. Язык, что вехотка: все подтирает.
36. Язык—жернов: мелет, что на него ни попало.
37. На язык нет пошлины. Со вранья пошлин не берут.
38. Бьёт языком (баба), что шерстобит струной жильной.
39. Плети лапти не языком, а кочадыком! Плетёт, что кочадыком.
40. Языком плетет, что коклюшками. Языком кружева плетет.
41. Бабий язык—чертово помело.
42. Язык мой—враг мой. Свой язычок первый супостат.
43. Язык мой—враг мой: прежде ума (наперед ума) глаголит.
44. Язык мой—враг мой: прежде ума рыщет, беды ищет.
45. Мужик ражий, да язык-то вражий.
46. Язык до добра не доведёт.
47. Всякая сорока от своего языка гинет.
48. Достанется сычке от своего язычка.
49. Кабы на сойку (сороку) не свой язычок (век бы по воле не летала).
50. Ты, язычок, смалчивай: за тебя я бедку плачивал.
51. Он роди язык (т.е. он красно говорит).
52. Что на уме, тои на языке. Что ни видит, тои бредит.
53. Короток язык, так вытянут, а длинен, так окоротают.
54. Рот нараспашку, язык на плечо.
55. Каковы свойства, таковы и речи. Знать сороку по язычку.
56. Он зубаст, он остер на язык. У него язык как бритва.
57. Не ножа бойся, языка. Бритва скребет, а слово режет.
58. Видно, у него язык чешется. Почесать язык (врать вздор).
59. У него язык длинен. У него язык длинней лизуна (т.е. коровьего языка).
60. Языку каши дай! Смолчи язычок! Накорми язык (замолчи).
61. Прикуси язык! Набери в рот воды!
62. Один язык перемелется (примелется), другой переболтается.
63. Сболтнул бы коток, да язык короток (т.е. нет воли).

64. Будь хоть дураком, да болтай языком (работают).
65. Мужик кочадычком, а чистоплюйка язычком.
66. Этого, не свихнув языка, не выговоришь.
67. Свой язык, своя и говоря (произношение, выговор).
68. Суконный язык (шепелявый, картавый).
69. Языком, что помелом возит. У него вехотка во рту.
70. От языка не уйдёшь. Язык везде достанет.
71. Язык змеиный (злобный, клеветник).
72. Глаза не зажать, а языку каши не дать.
73. Языком не расскажешь, так и пальцами не растычешь.
74. Языком болтай, а руками воли не давай!
75. Языком, как хошь, а руками не ворошь.
76. Языком хоть ноги лижи, а руки покороче держи.
77. На язык пошлины нет. Безоборочная мельница.
78. Вымолвить не хочется, так и язык не ворочается.
79. В прохладе живём: язык болтает, и ветерок продувает.
80. Не пройми копьём, пройми языком!
81. Языком не слизнёшь.
82. От приветливых слов язык не отсохнет.

Пословицы с концептом РЕЧЬ

1. Красна речь слушаньем (а беседа смиреньем).
2. Сижу у печи и слушаю людские речи.
3. Чиста,藜иста, да и говорить речиста.
4. Недолгая речь хороша, долгая — поволока.
5. Короткую речь слушать хорошо, под долгую думать хорошо.
6. Сперва подумай, а там и скажи! Э, дура, непасёная речь!
7. Мелева много, да помолу нет (т.е. нет толку в речах).
8. Ну, это пошло: зачинается-починается (т.е. сказка, пустая длинная речь).
9. Речист, да на руку нечист. И речисто, да нечисто.
10. Не всякую речь (правду) сказывай! Не всяку думку при людях думай!
11. Каковы свойства, таковы и речи. Знать сороку по язычку.
12. Речист как наш Феклист. Лепетливее (крикливее) наседки.

13. Он речь сквозь зубы цедит. Говорит что в цедилку цедит.
14. Хорошую речь хорошо и слушать. Красную речь красно и слушать.
15. Короткие речи и слушать неча (нечего).

Пословицы с концептом СЛОВО

1. Блюди хлеба до обеда, а слово до ответа!
2. На словах его хоть выспись (а на деле и головы не приклонишь).
3. За кукушку (т.е. Пустословие) бьют в макушку.
4. На думах — что на вилах; на словах — что на санях, а на деле — что в яме.
5. От слова не сбудется (не станется, не прикинется).
6. Словом человека не убьёшь. Слово не обух, в лоб не бьёт.
7. Словом не перелобанишь.
8. За ветром в поле не угоняешься; за всяким словом не поверстаешься.
9. За словом в карман не полезет. Пасеное словцо за щекой.
10. На словах блажен муж, а на деле — вскую шаташася!
11. На словах что на гуслях, а на деле что на балалайке.
12. На словах что на санях, а на деле что на копыле.
13. На словах что на перинке, а проснёшься — наголе.
14. Лишнее слово в досаду (в грех, в стыд) вводит.
15. От одного слова да навек ссора.
16. Из-за пустых слов пропал как пёс.
17. Худое слово доведёт до дела. За худые слова слетит голова.
18. Для красного словца не пожалеет ни мать, ни отца.
19. Ради красного словца не пожалеет родного отца.
20. Сказал бы словечко, да волк недалечко.
21. Не ножа бойся, языка. Бритва скребет, а слово режет.
22. Когда он заговорит, то и собаке не даст слова сказать.
23. Не доищется (не доискался) слова.
24. Сказанное словцо — серебряное, не сказанное — золотое.
25. Он на мах (на ветер, на вей-ветер) слова не молвит.
26. Он спроста не говорит: растопырит слово что вилы, да и молчит.
27. У него слово слову костыль подаёт.
28. Слово за словом на тараканьих ножках ползёт (лепится).

29. Слово к слову приставляет словно клетки городит.
30. Слово за словом вперебой идёт. Слово за слово цепляется.
31. Слово вымолвит ровно жвачку пережуёт.
32. Слово по слову что на лопате подаёт.
33. Прожуй слово, да и молви! Разжевав слова, да выплюнь.
34. Слово не стрела, а пуще стрелы (а разит).
35. Слово не стрела, а сердце сквозит (язвит).
36. Слово не обух, а от него люди гибнут.
37. Воздух словами не наполнить. Всего не переговоришь.
38. На великое слово — великое дело. От избытка глаголют уста.
39. Живое слово. Живым словом победить.
40. Живое слово дороже мёртвой буквы.
41. Есть, словко — как мёд сладко, а нет, словко — как полынь
42. Горько.
43. Что слово молвит, что рублём подарит.
44. Слово не воробей: вылетит — не поймаешь.
45. И дорог б дал за словечко, да не выкупишь.
46. Коня на вожжах удержишь, а слова с языка не воротишь.
47. Сказанное слово в кадык назад не ворочается.
48. Слово выпустишь, так и крюком (и валом) не втащишь.
49. Выстрелив, пулю не втащишь, а слово, сказав, не поймаешь.
50. Кстати промолчать что большое слово сказать.
51. Ошибка в слове — не спор. Не всякое слово (лыко) в строку.
52. Иное слово пропуская мимо ушей.
53. К пиву едется, к слову молвится.
54. К пиру пошлось, к слову молвилось.
55. Слово слово родит, третье само бежит.
56. На грубое слово не сердись, на ласковое не сдавайся!
57. От приветливых слов язык не отсохнет.
58. Ласковое слово и кость ломит.

附录 3　讲座话语分析

В потоке страстных призывов спасти природу, мрачных пророчеств, оптимистических обещаний(антитеза 1), сухих экономических оценок(антитеза 2, сравните «страстных»), изящных математических моделей непросто разобраться даже специалисту (вся фраза—классический период).

Проблемы природной среды многообразны и много лики, как сама природа (сравнение).

Вопросы развития человеческого общества сложны и многосторонни, как само человечество (сравнение; параллелизм двух предыдущих фраз).

Когда же речь заходит о взаимодействии человека и природной среды, эти сложности и многообразия перемножаются (метафора 1).

И так нужно, так необходимо (градация 1, повтор), проводя детальные, тщательные, скрупулезные исследования (градация 2), сохранить при этом и возможность бросить взгляд издалека если не навесь этот волнующийся океан проблем (метафора 2), то хотя бы не его по возможности большую часть.

Палеонтология, пожалуй, единственная из биологических наук, которая в принципе не умеет разглядывать события вблизи (олицетворение), страдает, так сказать, принципиальной дальнозоркостью (метафора 3). Через «горы времени» неразличимы подробности происходившего (метафора 4). Позади угадываются лишь общие контуры событий, общие очертания канувших в небытие миров (метафора 5), но значительные перемены, великие перевороты не теряются и во мгле времен (метафора 6). Сейчас, в эпоху массовой экологической тревоги, изучение крупнейших кризисных перемен в органическом мире прошлого приобрело неожиданную актуальность.

附录 4　美国教科书片段

Что делать, чтобы не дрожали коленки

Волнение, беспокойство при выступлении, боязнь сцены, трибунная паника—можно назвать, как угодно, но это не приуменьшает проблемы, с которой сталкивается каждый оратор. В принципе нет ничего плохого в том, что вы чувствуете волнение перед выступлением. Это только говорит о том, что вы серьезно к этому относитесь и хотите произнести речь как можно лучше. Однако пока вы не научитесь преодолевать или контролировать свой страх, он будет мешать вам.

Вот несколько советов, как можно преодолеть волнение:

1. Получше узнайте место, где вы будете говорить. Можете приехать пораньше и осмотреться. Встаньте на кафедру, попробуйте говорить в микрофон. Если вы используете иллюстративный материал, потренируйтесь заранее. Пройдитесь от своего места к кафедре, как вы сделаете, когда вас представят.

2. Имейте представление об аудитории. Если возможно, поприветствуйте некоторых приехавших и побеседуйте с ними. Всегда легче обращаться к друзьям, чем к совершенно незнакомым людям.

3. Владейте материалом. Если вы плохо знаете свой доклад, то это естественно усилит ваше волнение. Потренируйтесь дома или повторите речь перед выступлением.

4. Расслабьтесь. Вы можете снизить напряжение, делая упражнения. Сядьте удобно, выпрямив спину. Медленно вдохните, задержите дыхание на 4—5 секунд, затем медленно выдохните. Повторите 10—20 раз. Или же делайте физические упражнения. Встаньте прямо, вытяните руки над головой. Затем согнитесь и коснитесь кончиков пальцев. Повторите 10 раз. Встаньте ноги врозь, руки вытяните в стороны, затем поверните туловище и голову влево. Вернитесь в исходное положение, затем повернитесь вправо. Повторите 10 раз. Чтобы расслабить мышцы лица, широко откройте глаза и рот, затем крепко сожмите. Повторите 5 раз.

5. Мысленно представьте, что вы произносите речь. Представьте, как вы будете идти от своего места от кафедры, когда вам аплодируют. Как вы

говорите громко, четко и уверенно. Аудитория аплодирует, вы возвращаетесь на свое место. Если вы представите себя удачливым, то вы им будете.

6. Подумайте о том, что люди хотят, чтобы у вас все получилось. Аудитория всегда заинтересована в том, чтобы доклад был интересен и информативен. Они готовы вас поддержать, особенно это касается вашего Клуба Ораторов. Будьте уверены, вы найдете внимательных и благодарных слушателей.

7. Не извиняйтесь. В основном ваше волнение никак не проявляется. И если вы не будете акцентировать на этом, никто даже не заметит. Если вы говорите, что волнуетесь или извиняетесь за некие возникшие, по-вашему мнению, проблемы, слушатели наоборот будут обращать на это внимание.

8. Сосредоточьтесь непосредственно на сообщении. Ваше волнение рассеется само собой, если вы уделите большее внимание тому, что вы говорите и кому, чем как вы говорите.

9. Постарайтесь использовать ваше волнение с пользой для себя. Преобразуйте его в позитивную энергию, выступайте с энтузиазмом.

10. Приобретайте опыт. С опытом приходит уверенность—ключ к успешному выступлению. Начинающие ораторы говорят, что с каждым разом они волнуются все меньше.

附录 5 俄罗斯教科书中对培养言语技能的建议

Современные советы к овладению речевым мастерством

Данные ниже советы к обучению риторике исходят из опыта современного обучения риторике, который накоплен в российской и зарубежной педагогической практике.

Совет 1-й: Ищите собственный образ оратора, утверждайте свою позицию, индивидуальный стиль личности. Действуя в речи, необходимо стремиться ясно зафиксировать свои взгляды и убеждения, стремиться повлиять на людей. Однако нельзя навязывать свою речь или свои взгляды, необходимо быть уместным и убеждать только ту аудиторию, которая готова выслушать. В иных ситуациях необходимо «взять паузу» и промолчать—не исключено, что доказать свою точку зрения удастся позднее. В речи выявляются личность, воля и своеобразие говорящего. Аристотель определяет это так: «Чтобы убедить кого-то в чем-то, необходимо показать себя человеком известного склада» (1978: 20), то есть найти свой уместный образ оратора, маску говорящего.

Образ оратора—центральное понятие риторики, совокупное выражение характеристик человека в речи. Образ, или «маска», -- то, каким предстает говорящий для слушающий в содержании речи, словах, произношении, телодвижении. Формирование образа, или «маски», говорящего должно осуществляться применительно к собственным возможностям, особенностям аудитории, места и времени речи.

Совет 2-й: Учитесь говорить практически, приобретайте опыт речевых сражений. Практика будет постепенно оттачивать ваше искусство. В тепличных условиях оратор не может сформироваться, поэтому если хочешь научиться говорить, «говори!» Оратором становятся только в реальной практике, живых столкновениях, речевой борьбе.

А.В. Миртов, классик теории ораторского искусства XX века пишет так: «Смелость, решимость, настойчивость в выступлениях, обдумывание этих выступлений, подготовка к ним, наблюдения чужих выступлений—вот лучшая школа ораторства. Школой красноречия может быть лишь жизнь, практика. А книга—только пособие, освещающее эту жизнь и практику.» (1827: 4)

附录5　俄罗斯教科书中对培养言语技能的建议

Совет 3-й: Анализируйте собственные и чужие выступления, учитесь находить в них достоинства и недостатки, перенимая первые и отказываюсь от последних. Даже если вы сетуете на свою плохую речь, это уже верный признак того, что вы над нею задумались. Это уже начало риторической учебы. Значит, завтра вы постараетесь не повторять вчерашних ошибок, а послезавтра забудете про них. Активное отношение к недостаткам собственной речи, самоанализ и стремление совершенствоваться, наблюдение над другими ораторами ведут нас к следующему совету:

Совет 4-й: Найдите образец и у него учитесь! Во всяком случае постарайтесь понять, какой стиль вы несете своей личностью. Наверняка каждый из нас тайно восхищался чьей-либо речью, значит, мы чувствуем, что имеются образцы речевого творчества, которым хочется подражать. В детстве такими образцами бывают родители или родственники (авторитетные в глазах ребенка), когда мы взрослеем, такими образцами нередко становятся старшие товарищи, а в школе—понравившиеся учителя. Ответьте же сами себе честно: кому я следую в жизни (при том, что каждый из нас, конечно, стремится к самостоятельности)?

Имея «образцы» перед глазами, необходимо анализировать, в чем причина их успеха, а затем формировать свой собственный облик, «образ», стиль как индивидуальную манеру поведения. Собственно, этим мы и заняты всю жизнь: ищем свой «облик», свое «лица необщее выражение». Вот почему, кстати, не стоит в публичном обсуждении присоединяться к «мнению предыдущего оратора».

Совет 5-й: «Изучайте законы и правила риторики». Законами называются теоретические положения, выведенные из практики ораторского красноречия или речевого общения в целом. Эти законы показывают речевую реальность и распространяются на разные виды общественно-речевой практики. Из законов выводятся правила для практического пользования речью. Сами правила есть следствия удачного или неудачного применения речевых законов.

Так, одним из главных риторических законов является закон создания государства средствами речи. Правилом для этого закона будет эффективность организации речи: если государство-организовано таким образом, что правило на речь имеет только один человек или ограниченный круг людей, а сами граждане е имеют юридического права или физической возможности высказывать свое мнение, государство не будет благополучным и эффективным.

Законом речи является отношение содержания речи к действительности и времени. Это закон смыслового ограничения речи. Так, в совещательной государственной речи рекомендуется разбирать вопросы пользы или вреда будущих предлагаемых действий. Если же оратор начнет заниматься разбором прошлых поступков, то он будет похож на судью. И напротив, судья как оратор не должен рассуждать о возможностях будущего, его речь будет неудачна, если он не ограничит свои слова разбором совершенных поступков и их оценкой. Таковы некоторые правила, от которых зависит успех речи.

Совет 6-й: «Знакомьтесь с творчеством писателей и ораторов разных эпох и стилей». Невозможно стать хорошим оратором (говорящим), не зная образцовых сочинений как той культуры, в которой вы родились и формируетесь как личность, так и культур иноязычных. Всякий человек, входящий в культуру, стремится овладеть результатами деятельности, познакомится с классическими примерами. Так, для русской художественной культуры образцами литературного творчества являются сочинения Ломоносова, Пушкина, Лермонтова, Гоголя. В зависимости от идеологических установок эпохи состав образцовых авторов может смешаться или меняться: в конце XX-начале XXI вв. мы отмечаем, что вместо сочинений Горького, Маяковского, Шолохова (авторитетных советских авторов) за образцы литературного стиля теперь берутся сочинения пастернака, Булгакова, Ахматовой, Зощенко и др.

Кто является образцом русской ораторской классики? Ответить на этот вопрос непросто, потому что ораторика (ораторское искусство) в русской традиции не являлась предметом специального школьного образования. Тем не менее в каждом виде ораторского красноречия можно найти культурнообразующие образцы: для служебного красноречия—известные судебные деятели второй половины XIX—начала XX веков Ф.Н. Плевако, А.Ф. Кони, П.С. Пороховщиков; для академического красноречия—профессора университетов историки Т.П. Грановский, В.О. Ключевский, филологи И.И. Давыдов, Ф.И. Буслаев, И.И. Срезневский в XIX веке, Н.И. Конрад, В.В. Виноградов в XX веке. Образцами духовного красноречия были многие церковные ораторы: митро-

附录5 俄罗斯教科书中对培养言语技能的建议

полит Платон Левшин, митрополит Филарет (Дроздов), Иоанн Кронштадтский, патриарх Тихон, в настоящее время образцами церковного ораторства несомненно являются речи и послания Патриарха Алексия Второго.

Возможно, наиболее сложный вопрос—образцы политической риторики, поскольку многие авторитетные для своего времени политики были критикованы впоследствии. Кроме того, в русской политической истории сравнительно невелик собственно парламентский период, где зафиксированы открытые политические споры и столкновения. Между тем образцы политического красноречия мы находим и у киевских князей, и у сподвижников Петра Великого (Феофан Прокопович), и в воззваниях Александра I, написанных академиком А.С. Шишковым во дни нашествия Наполеона, и в Государственных думах начала XX века (речи П.А. Столыпина, Витте и многих других). Несомненно и то, что лидеры советского коммунистического государства считались не только главными идеологами, но и прекрасными ораторами, чьи идеи и слова раскололи нацию и по-разному оценивались противоположными сторонами. Если мы обратимся к ораторской практике Ленина, Сталина, Кирова, Калинина, то увидим, что именно речевая пропаганда во многом обеспечила им политический успех.

Три последующих совета объединяются главной рекомендацией, которую обычно ждут обучающиеся риторике: «развивайте практические способности». Кроме того, что сама жизнь, речевая действительность развивают наши способности, сознательное обучение и тренировка могут многое сделать для того, чтобы ускорить этот процесс.

Совет 7-й: «Упражняйтесь и практикуйтесь в написании и произнесении речей». Примеры произнесения речей для развития речевых способностей предлагают, как классические риторические школы античности и России (впрочем, и других стран), так и современные способы организации риторической подготовки. Действительно, человечество ничего другого не выдумало, как, представляя себя в ситуации будущей речи, вытренировывать свою речь, ожидая наставлений от преподавателя. Впрочем, такие занятия всегда более эффективны, когда произнесение речей имеет характер серьезной, не театрально-игровой защиты своей точки зрения, своей позиции. Тогда в общение может вступать аудитория, которая задает вопросы, высказывает критические замечания, одним словом, также участвует в дискуссии.

Исторические и современные примеры таковы. При обучении в Киевской, Московской и других духовных академиях студентам риторического класса назначались темы, и учащиеся писали, а затем произносили «орации» (речи) на классных занятиях, учитель же не только проверял письменный текст, где делал сувои заметки, но и оценивал устно произнесенную речь. Многочисленные рукописные сборники до сих пор неопубликованных студенческих речей-сочинений показывают, сколь разнообразны были темы, касавшиеся нравственно-философских, воспитательных и научных проблем: «О приятности учения», «В похвалу философии», «О добродетели», «О разуме и чувствах», «О производящей причине мира», «Надо ли проявлять снисхождение к порокам человеческим или суровость?», «Речь о том, что изучение философии надо соединять с обучением красноречию» и т.д. К последней речи учитель сделал приписку по-латыни: «Мог бы лучше, если б захотел», после чего студент получил фамилию «Михаил Нехотенов», которая и записана в названии речи (ее текст опубликован: [Аннушкин 2002: 209—211]).

Пример риторического обучения в XX веке: преподаватель ораторского искусства в Институте живого слова, организованном в 1918 году, Александр Карлович Шнейдер на занятиях со слушателями предлагал произносить без подготовки 3-минутные речи, а затем здесь же, в аудитории, подвергал их анализу, разбирая достоинства и недостатки.

Очевидно, что эта педагогическая схема повторяется в наше время, скажем более, ученические монологи, напоминающие ораторское выступление (при ответе у доски), повторяют все тот же риторический опыт человечества. Учителя становятся невольными риторами. Поскольку они оценивают именно речь, не будучи при этом профессионально подготовленными специалистами. Так не следует ли обеспечить именно риторическую подготовку учителей для того, чтобы улучшить учебный процесс?

В сегодняшнем риторическом обучении придумываются новые «современные» темы, и мы видим, как соревнования в ораторском искусстве организуются в американском обществе «Toastmaster international», насчитывающем тысячи членов, как организуются конкурсы ораторского искусства в России, например, на студенческих или школьных олимпиадах и конференциях (ср. конкурсы «Юный златоуст» на Всероссийских олимпиадах по русскому языку, «Юный оратор» на Международных олимпиадах по русскому

附录5　俄罗斯教科书中对培养言语技能的建议

языку для стран СНГ и Балтии, региональные конкурсы «Юный ритор» в Перми и мн. др., опыт российских педагогов, преподающих риторику в вузах, школах, на курсах риторики и культуры общения).

Эти речи-упражнения необходимы, чтобы представить себя в будущих ситуациях речевой борьбы. Если солдат не участвовал в учениях и не прошел боевой подготовки, не отточил навыки поведения в боевом строю, он не сможет участвовать в сражении. Футболист, прежде чем выйти на поле в составе известной команды, тренируется ежедневно. Ежедневной муки тренировок и репетиций требуют искусства белета, музыки, театра. Церка, любой вид спорта... Не странно ли, что искусство речи не удостаивается чести и внимания со стороны тех, кто реально, каждодневно пользуется языком?

Ответ на этот вопрос интересно поискать. Во-первых, языком пользуются все люди, причем пользуются даже не ежедневно, а ежечасно и ежеминутно. Большинство людей усыплены обладанием «словесного дара» -- им кажется, что они умеют говорить—и этого достаточно... И множество обстоятельство отвлекает нас от этих насущных вопросов, решение которых сделало бы человеческую жизнь счастливее и благолеченее.

Риторические упражнения не должны превращаться в праздноговорение и краснобайство—всякая речь, произносимая на занятиях, должна готовить будущее реальное речевое событие, требующее эффективного воздействия на аудиторию.

Совет 8-й: «Разбирайте и декламируйте вслух образцовые тексты». Следует выбрать понравившийся вам текст (он может быть и прозаический и поэтический), разобрать его с точки зрения содержания и стиля, а затем читать вслух, постепенно выучивая наизусть. Это могут быть и занятия с учителем, режиссером (вот почему полезен театр), но не менее полезно и самостоятельное чтение—в таком случае вы будете сами себе судией, сами будете отмечать и корректировать свои ошибки. Полезно записать себя на магнитофон или на видеокамеру—тогда вы сами увидите недомтатки своего образа оратора (например, неумение стоять или двигаться), услышите убыстренный темп речи, отсутствие пауз, словесные повторы, однообразие интонаций и т.д. А зетем все будет зависеть от того, сколько спросить с себя: ни один оратор или просто хороший профессионал в своем деле не складывался без самостоятельной работы над собой.

Результатом же работы над декламацией чужих текстов или чтением собственных ораторских речей (будущих докладов, выступлений) будут разработанное дыхание, уверенный голос, отсутствие боязни говорить и ненужной сосредоточенности на себе. В результате вы забудете о себе и сосредоточитесь на слушателях и материале своей речи. А это то, что ведет к успеху.

Совет 9-й: «Занимайтесь техникой речи». Эти занятия предполагают комплекс упражнений на постановку дыхания, развитие ясного и четкого произношения, темпа речи, интонации, «полетного» голоса. Занятия техникой речи в некотором смысле напоминают спортивную тренировку—если вести их энергично, серьёзно проделывать упражнения на отработку звуков, скороговорок, которые лишь кажутся «несерьезными», постепенно вырабатываются навыки правильного дыхания, интонирования, голосоведения, ритма, темпа, паузации, совершенствуется тембр речи.

Конечно, при этом необходимо ясно понимать, что риторика—это не «красивоговорение». И одной техники речи недостаточно, чтобы стать удачным ритором. Но согласитесь, что грустно наблюдать молодых людей, умеющих мыслить и имеющих слова, однако не способных выразить свои намерения в звуках, жестах, мимике, тембре голоса, интонации, голосоведении.

Как показывает опыт работы и в школьной, и во взрослой аудитории, развитие речевых способностей следует вести в трех направлениях сразу: необходимо, чтобы совершенствовалась собственная изобретательность в создаваемых речах, предлагались образцы речей, тренировался речевой аппарат в технических упражнениях.

Таким образом, мы записали девять советов, руководствуясь которыми можно организовывать риторическое обучение:

1. Ищите и формируйте уместный образ ритора.
2. Учитесь практически в реальной речевой борьбе.
3. Анализируйте критически свою и чужую речь.
4. Изучите образец и у него учитесь.
5. Изучите законы и правила риторики.
6. Знакомитесь с творчеством писателей и ораторов разных эпох и стилей.
7. Упражняйтесь и практикуйтесь в написании и произнесении разных

附录5 俄罗斯教科书中对培养言语技能的建议

текстов.

8. Читайте и декламируйте образцовые тексты.
9. Занимайтесь техникой речи.

Конечно, эти советы далеко не исчерпывают возможные пути риторического воспитания. Скажем более: реальная речевая действительность постоянно будет ставить новые вопросы, но воспитание и образование ритора продолжаются всю жизнь. И ритор не просто совершенствует свои речевые навыки—риторическая учебы развивает всю духовную сферу человека и через языковое совершенство преобразует окружающий мир.

后 记

初识俄罗斯修辞学是在国立普希金俄语学院硕士研究生阶段的求学时期,那时我对修辞学的理解还停留在"结构修辞学"和"功能语体学"的相关知识阶段,简单地认为修辞学就是研究修辞格和语言单位情感表现力色彩的学科。时至今日,我仍然清晰地记得最初在修辞课堂上的懵懂和不解。随着学习的深入和研究的展开,我在俄罗斯修辞学会会长、普希金俄语学院教授安努什金的指引下逐渐步入了修辞学的殿堂:在这里,古典和现代的修辞思想交相辉映,典范性的修辞实践彰显着话语的力量……修辞学深邃广博,蕴含着无尽的宝藏,每一次探索都有令人惊喜的收获。博士研究生毕业后我回到母校执教,看待修辞学的视角也有了变化和发展:如果说博士研究生阶段修辞学的探索是"身在其中"的"建构",那么之后的研究则更多地带有旁观者"解读"的性质。

本书是在我的博士后出站报告的基础上进一步修改和完善而成的。我于2014年末进入北京外国语大学博士后流动站,2018年1月份顺利通过了出站报告答辩。在站期间,我按照进站前拟定的工作计划,完成了论文发表的任务,并先后获得了博士后面上基金项目的一等资助和国际学术交流项目的资助,在站期间发表的一项科研成果还获得了西安市人文社科研究优秀成果奖。在站工作的三年多时间里,我得到了诸多有力的支持和温暖的帮助。

我的合作导师是北京外国语大学俄语学院的黄玫教授。黄老师亦师亦友,科研上悉心指导,工作中鼓励支持,生活上温暖关怀。我在博士后流动站期间发表的论文、撰写的出站报告以及获得的科研项目立项,都离不开黄老师的指导和规划。每次和黄老师交流,我获得的不仅是新的知识和思路,还有不断前行的精神动力。黄老师以她渊博的学识和豁达的生活态度为我指明了努力的方向。

本书的研究工作在不同阶段得到了王立业、史铁强、夏忠宪、郭淑芬、刘素梅、李葵、樊明明、张惠芹等诸位专家的指导,感谢他们在繁忙的科研教学工作之余评阅我的开题报告、中期报告、出站报告和书稿,并提出了非常宝贵的建议。他们的评阅意见扩大了我的学术视野,丰富了我的研究方法,尤其是在修辞学和其他邻近学科进行跨学科合作方面,专家们的观点勾勒出了更为广阔的研究空间。

本书虽然以现代修辞学为研究对象,但研究工作中多采用历史对比的研究视角,对西方古典修辞学和俄罗斯传统修辞学都有论述,这需要大量的历史资料作为支撑。此外,本书对俄罗斯现代修辞学相关成果的评价带有一定史学批评的性质,因此选取有效的相关文献是避免评价现代学术成果过程中可能出现偏颇的前提条件。特别感谢普希金俄语学院的华而直博士,他无私地分享了大量修辞学发展历史的相关文献和近年俄罗斯修辞学研究前沿的代表性成果,为本书研究工作的顺利进行提供了宝贵的资料。

感谢西安外国语大学俄语学院的安新奎、李喜长、李肃、张好雨、林艳、姜西平、董静等诸位老师,他们不仅在本书的撰写过程中提出了严谨的学术建议,更是在我辗转于西安、北京两地之时给予了诚挚的关怀和帮助。

本书成稿后,南岚、闫笑、薛艳艳、王瑾、侯典文、费卓颖等多位西安

后 记

外国语大学俄语学院的研究生同学分别承担了文字校对、人名及书名等专有名词核对、译文出处校对等工作。他们对修辞学的兴趣和求知的热情也激励着我不断探索。

本书的出版得到了西安外国语大学学术出版基金的资助,感谢西安外国语大学科研处杨晓钟处长和黄桂婷老师所组织的评审工作。本书的顺利付梓还要特别感谢北京大学出版社的李哲老师,他在学术专著出版方面专业的意见和建议弥足珍贵,保证了出版工作有条不紊地顺利进行。

最后要深深感谢的是我父母、先生和孩子。他们陪伴我一路前行,在我焦虑时安慰我不要急于求成,倦怠时提醒我注重平日积累,取得进步时督促我要不断完善……感谢家人的关爱与深情,他们的鼓励与支持永远是我前行的动力!

林梅

2019 年 7 月